Diccionario básico de Historia Argentina

DICCIONARIOS BÁSICOS

La Bisagra | Buenos Aires | 2014

Fau, Mauricio Enrique

Diccionario básico de historia argentina. - 1a ed. - Buenos Aires : La Bisagra Editorial, 2014.
256 p. ; 17x11 cm. - (Diccionarios básicos / Mauricio Enrique Fau; 11)

ISBN 978-987-1719-40-2

1. Historia Argentina. 2. Diccionarios. I. Título
CDD 982.03

Fecha de catalogación: 12/02/2014

Colección Diccionarios Básicos
Director de la colección › Lic. Mauricio E. Fau

Mauricio Fau se graduó en la Licenciatura en Ciencia Política en la Universidad de Buenos Aires, UBA. Cursó también estudios de grado en la Carrera de Derecho de la UBA y en la Carrera de Periodismo de la Universidad de Morón.

Asimismo realizó materias de posgrado de la Maestría en Ciencias Sociales con especialización en Ciencia Política de la Facultad Latinoamericana de Ciencias Sociales, FLACSO.

Asistió a diversos talleres y seminarios en instituciones educativas, entre ellas el Instituto Argentino de Desarrollo Económico, IADE.

Representando a FLACSO participó con una ponencia en las Jornadas Nacionales Nietzsche 1994 y su exposición forma parte del libro alusivo, editado por la Editorial Universitaria de Buenos Aires, EUDEBA. Ha colaborado también con publicaciones vinculadas a las Ciencias Sociales y co-dirigió programas radiales de temática histórico-política.

Profesionalmente, se desempeñó como docente de la Carrera de Ciencia Política de la UBA y actualmente es Director Académico de La Bisagra Editorial y autor de numerosos libros de temática universitaria.

Derechos exclusivos © 2014, La Bisagra Editorial.
Tonelero 5971, CP 1408, CABA, 4642-3802.
Salón de ventas: Librería TODO CBC, Viamonte 2011, CABA.
Impreso en Arieimpresores, Mariano Acha 2415 (1430), C.A.B.A., en el mes de marzo de 2014.

1° impresión en esta colección: 200.
Hecho el depósito que prevé la ley 11.723
Impreso en Argentina

Diseño de tapa e interior: María Eugenia Vigna
Ilustración de tapa: Leandro Fernández Fau

Escribo para que la muerte no tenga la última palabra.

Odysseus Elytis, poeta griego

DATOS BIOGRÁFICOS

DEL AUTOR

Mauricio Fau se graduó en la Licenciatura en Ciencia Política en la Universidad de Buenos Aires, UBA.

Cursó también estudios de grado en la Carrera de Derecho de la UBA y en la Carrera de Periodismo de la Universidad de Morón.

Asimismo realizó materias de posgrado de la Maestría en Ciencias Sociales con especialización en Ciencia Política de la Facultad Latinoamericana de Ciencias Sociales, FLACSO.

Asistió a diversos talleres y seminarios en instituciones educativas, entre ellas el Instituto Argentino de Desarrollo Económico, IADE.

Representando a FLACSO participó con una ponencia en las Jornadas Nacionales Nietzsche 1994 y su exposición forma parte del libro alusivo, editado por la Editorial Universitaria de Buenos Aires, EUDEBA.

Ha colaborado también con publicaciones vinculadas a las Ciencias Sociales y co-dirigió programas radiales de temática histórico-política.

Profesionalmente, se desempeñó como docente de la Carrera de Ciencia Política de la UBA y actualmente es Director del Departamento Académico de la firma Soluciones Universitarias, especializada en la elaboración de materiales didácticos para el ingreso a la Universidad.

PREFACIO

Elaborar este diccionario –y los demás que forman la colección de Diccionarios Básicos– ha sido una tarea ardua e intensa, pero muy satisfactoria.

Las miles de horas dedicadas al trabajo se ven recompensadas por la convicción de que el lector encontrará un material realmente valioso, realizado con la mayor seriedad.

En lo personal, me ha sido de suma utilidad el verme ante el desafío de elaborar un contenido que incluya las más diversas manifestaciones del pensamiento, con la convicción de que es desde el conocimiento de lo diverso como se constituyen las propias ideas.

Sin caer en un eclecticismo vacío ni oportunista, la legítima aspiración a la objetividad científica se topa indefectiblemente con la toma de posición, la cual –a la inversa– es puesta en cuestionamiento, es interpelada, por ideas diferentes e incluso antagónicas.

Estoy convencido de que la verdadera libertad del hombre pasa, no por una pretendida objetividad dogmática, sino por la posibilidad de tener acceso a todas las voces, a todos los discursos, a todos los conflictos. Sólo de ese modo –es decir conociendo perfectamente aquellas ideas que no son las nuestras– podremos realmente elegir de un modo no dogmático las propias.

La vieja idea ilustrada del enciclopedismo mantiene su vigencia. El objetivo de este Diccionario es aportar un granito de arena en la titánica lucha por la liberación humana de toda forma de opresión.

Si por intermedio de este libro el lector logra aprender y aprehender algo más de lo que ya sabía. O mejor, si se topa con ideas que contradicen las suyas hasta hacerlas tambalear. Si se produce esa *sacudida*, entonces el objetivo estará cumplido. Las grandes revoluciones de la historia requieren tanto de una transformación social material como de un cambio en la cabeza de sus protagonistas.

El autor

CARACTERÍSTICAS
DEL DICCIONARIO

• Los términos más utilizados en el ámbito universitario

• Explicación breve, pero precisa y completa

• Definiciones basadas en la bibliografía propuesta en los programas de las materias del Ciclo Básico Común de la Universidad de Buenos Aires (CBC), el sistema a distancia UBA XXI y otros de diversos universidades públicas y privadas

• Gran cantidad de remisiones, para que el lector encuentre el término que busca

• Referencias cruzadas destacadas que permiten pasar de una definición a otra vinculada y así sucesivamente. Así, partiendo de cualquier definición del Diccionario es posible recorrer diversas rutas: el conjunto de una teoría, cotejar teorías diferentes, asociar y agrupar términos, recorrer la obra completa de un autor por medio de sus conceptos claves

• Contextualización rápida: en las entradas referentes a personajes históricos y pensadores, inmediatamente después del apellido y nombres se ofrecen datos como la fecha de nacimiento y muerte, nacionalidad, profesión, etc

• Términos no unívocos: en el caso de las entradas cuyas definiciones dependen de la teoría en la que se encuadren, esto se aclara
específicamente. Esto es útil a los lectores para comparar y advertir
la diversidad ideológica que tienen muchos términos, reforzando el
espíritu pluralista y crítico, reconociendo las cargas ideológicas diferentes y hasta opuestas

• Obras claves: libros fundamentales con su autor y fecha en el que
fueron escritos. Este recurso resulta muy útil para comenzar a leer
un libro ya que permite contextualizarlo (con la época y el lugar en
que se hizo) y ver sus ideas principales

• Términos clave de un autor: se trata de términos pertenecientes o
muy ligados a un autor en particular

• Inicial: en la definición se utiliza la inicial de la entrada en cuestión

• Ejemplos: cada vez que lo hemos considerado necesario se han
introducido ejemplos aclaratorios

• Letras Ch y Ll: de acuerdo con las recomendaciones de la Asociación de Academias de la Lengua Española para los diccionarios, las
letras ch y ll no figuran en forma independiente sino que aparecen
en el orden correspondiente dentro de la c y la l respectivamente

• Términos de otras lenguas: las palabras pertenecientes a lenguas
distintas del español son presentadas en letra cursiva

• Bibliografía: al final del Diccionario, el lector hallará una bibliografía cuidadosamente seleccionada que constituye una verdadera
biblioteca esencial de cada disciplina

Diccionario básico de Historia Argentina

A

AAA: Ver **Triple A.**

A Perón no le da el cuero para volver (Alejandro A. Lanusse, 27-7-1972): Esta frase del Presidente **Lanusse** hacía referencia a que **Perón** no volvería al país dada la gravedad de la crisis nacional. Perón volvió un año después.

ABC (25-5-1915 →): Bloque formado por Argentina, Brasil y Chile tras el acuerdo de amistad y cooperación firmado con el fin de resolver pacíficamente sus mutuas controversias y complementar sus economías.

Aberdeen Angus: Raza bovina proveniente de Inglaterra, introducida en la Argentina en 1879 para mejorar la calidad de la carne vacuna. Fue clave en el desarrollo del **modelo primario-exportador.**

Abuelas de Plaza de Mayo (10-1977 →): Organismo de derechos humanos formado por madres de **desaparecidos** durante la dictadura militar del **Proceso de Reorganización Nacional,** quienes buscan a sus nietos nacidos en cautiverio en centros clandestinos de detención. Con su trabajo, se logró encontrar a cerca de 80 niños.

Acción Católica (1922 →): Organización laica de la Iglesia Católica fundada por el Papa Pío XI, con el fin de difundir la acción eclesiástica. En la Argentina fue creada El 5 de abril de 1931. De ideología de extrema derecha, edita la revista *Criterio*.

Acción por la República (1997 →): Partido de orientación **neoliberal** fundado por Domingo **Cavallo,** Ministro de Economía en ese momento del Presidente Carlos **Menem.** Obtuvo más de un millón ochocientos mil votos, casi el 10 %, en las elecciones presidenciales de 1999, pero entró en decadencia tras la salida de Cavallo del gobierno en 2001, año en que éste lanzó el *"corralito"* que –entre otros factores– desató el *Argentinazo*.

Acero o caramelos (José Alfredo Martínez de Hoz, 1978): Frase del Ministro de Economía del **Proceso de Reorganización Nacional** que planteaba que la Argentina debía especializarse en producir aquellos bienes para los que contara con ventajas comparativas, lo que implicaba en los hechos renunciar a industrializar al país. La consigna es demostrativa de la tendencia **liberal** del gobierno militar.

Achicar el Estado es agrandar la Nación (Proceso de Reorganización Nacional): *Slogan* lanzado por el Ministro de Economía del **Proceso de Reorganización Nacional,** José A. Martínez de Hoz, con el fin de buscar consenso para las medidas **libera-**

les que estaba implementando, consistentes en un importante retroceso del intervencionismo estatal.

Acta de Chapultepec (América, 3-3-1945): Acuerdo firmado en esa ciudad mexicana por los países americanos (Argentina lo ratificó poco después) en el marco de la **Guerra Fría**, que se centraba en el enfrentamiento del **comunismo**, de acuerdo con la política exterior de EE.UU. El ACH estableció la defensa común ante un ataque extracontinental, lo que se concretó con la firma del **TIAR** en 1947.

*Acuerdistas***:** Ver **acuerdo**.

Acuerdo (19-3-1891 / 10-7-1897): Entendimiento político entre B. **Mitre** de la **Unión Cívica Nacional** y J. A. **Roca** del **PAN** que derivó en un respaldo común a la candidatura presidencial de Luis **Sáenz Peña**. Desde entonces, los mitristas serán calificados de **"acuerdistas"**, enfrentados a los "intransigentes" de la **UCR**. La proclamación de la candidatura a la presidencia del propio Roca en 1897 para suceder a José E. **Uriburu**, provocará la ruptura del A.

Acuerdo de San Nicolás (31-5-1852): Pacto que sentó las bases de la **Organización Nacional**, al convocar a un Congreso General Constituyente para dictar lo que sería la **Constitución Nacional** de 1853. El ASN fue posible por la derrota de **Rosas** a manos de **Urquiza** en la **Batalla de Caseros**. Buenos Aires se mantuvo al margen hasta su derrota en **Cepeda**, en 1859.

Acuerdo General sobre Aranceles y Comercio: Ver **GATT**.

Acuerdos de Bretton Woods: Ver **Bretton Woods**.

Acuerdos de Ottawa: Ver **Conferencia de Ottawa**.

Acuerdos de Postdam: Ver **Conferencia de Postdam**.

Acuerdos de Yalta: Ver **Conferencia de Yalta**.

A.F.J.P. (23-9-1993 / 9-12-2008): Sigla de las Administradoras de Fondos de Jubilaciones y Pensiones, sociedades anónimas privadas que administran los aportes jubilatorios de los trabajadores a cambio de una comisión. En la Argentina, se implementaron con la reforma previsional que les adjudicó una comisión del 35 % del aporte. Ese porcentaje considerado por muchos abusivo, más el desfinanciamiento de las cajas jubilatorias estatales, convirtieron a las A en organismos muy cuestionados, lo que llevó a la reestatización durante el gobierno de Cristina **Fernández de Kirchner**. Sin embargo, la caja de fondos jubilatorios de ANSES continúa siendo destinada a gastos ajenos a los intereses de los jubilados afiliados, tales como subsidios a empresas privatizadas y pagos de deuda externa. ANSES ha acumulado bonos de dudosa cobrabilidad, provocando un vaciamiento que explica que cerca del 80 % de los jubilados actuales cobre un haber que no llega a cubrir la tercera parte de una canasta familiar, comprometiendo además a los jubilados de las próximas generaciones.

Aguinaldo: Pago que se realiza una vez al año (o en dos o más veces) y que equivale a un salario extra anual. En la Argentina, el gobierno de **Perón** lo implementó en 1946 para todos los trabajadores con el nombre de Sueldo Anual Complementario.

ALADI: Ver **ALALC**.

ALALC (América Latina, 18-2-1960 →): **Asociación Latinoamericana de Libre Comercio**, posteriormente denominada **ALADI** (1980), es la agrupación más grande de América Latina, incluyendo a todos los países hispanoamericanos del sur, más Brasil y México. Fue creada con la intención de crear una zona de libre comercio con rebaja de aranceles y para promover la **sustitución de importaciones** privilegiando –frente a los limitados **mercados** nacionales– el desarrollo de economías de escala a partir de acuerdos comerciales y la aper-

tura preferencial a las regiones más próximas. El surgimiento del Pacto Andino y del **Mercosur** han debilitado a estos organismos.

Alberdi, Juan Bautista (1810-1884): Político y jurisconsulto argentino. Férreo opositor al **rosismo** y aliado de **Urquiza**, su obra principal, las *Bases*, fue el fundamento de la **Constitución Nacional** de 1853. Participó de la **Asociación de Mayo**, de la **Generación del 37** y de la redacción del *Dogma Socialista*. Se opuso a la **Guerra de la Triple Alianza** y a **Mitre** y mantuvo una aguda polémica con **Sarmiento**. Sus ideas **liberales** y positivistas, su admiración por la Europa de la **Revolución Industrial** y su rechazo a la cultura hispánica y tradicionalista influyeron decisivamente en la **Generación del 80: federalismo**, fuerte presidencialismo, sufragio elitista, inmigraciones, inversiones extranjeras.

Alberti, Manuel Máximo (1763-1811): Sacerdote argentino. Participó en la **Revolución de Mayo** y fue vocal de la **Primera Junta**, alineándose con Mariano **Moreno**.

ALCA: Sigla de la Asociación de Libre Comercio de las Américas, proyecto impulsado por EE.UU. para crear una zona de libre comercio en América. El proyecto es resistido, ya que se argumenta que EE.UU. pretende desindustrializar a América Latina y someterla económica y políticamente.

Alcabala: Voz árabe que designa un impuesto indirecto difundido en la Europa medieval y moderna por los reyes, que implicaba el cobro de un 10 % sobre la compraventa de cualquier mercancía. Fue aplicado durante la **colonización española** de América.

Alem, Leandro Nicéforo (1842-1896): Político y abogado argentino, fundador y líder de la **Unión Cívica de la Juventud** en 1889 y de la **Unión Cívica Radical** un año después. Encabezó el levantamiento armado de sectores desplazados de la **oligarquía**, conocido como la **Revolución del Parque**, que derrocó al **Presidente** Miguel **Juárez Celman** en 1890. Se suicidó, dejando la jefatura del radicalismo en manos de su sobrino, H. **Yrigoyen**.

Alemann, Juan (1925 →): Economista y empresario argentino, de ideas **neoliberales**. Entre 1976 y 1981 fue secretario de Hacienda del **Proceso de Reorganización Nacional**.

Alemann, Roberto (1922 →): Economista argentino. Partidario del **liberalismo**, fue Ministro de Economía durante los gobiernos de A. **Frondizi** y L. **Galtieri**. También fue embajador en EE.UU. durante la presidencia de J. M. **Guido**.

Alende, Oscar (1909-1996): Político y médico argentino. Formó parte de la **UCR** y fue Gobernador de la Provincia de Buenos Aires por la **UCRI** entre 1958 y 1962. Candidato a Presidente por la UCRI en 1963, por la **APR** en 1973 y por el **Partido Intransigente** en 1983, organización a la que fundó tras romper con A. **Frondizi** y llegó a ser tercera fuerza con planteos vinculados con los derechos humanos y una economía **nacionalista**. En 1989 apoyó al candidato presidencial C. **Menem**.

Alfonsín, Raúl Ricardo (1927-2009): Político y abogado argentino, fue Presidente de la Nación entre 1983 y 1989 por la **Unión Cívica Radical**, primer gobierno civil posterior a la dictadura militar del **Proceso de Reorganización Nacional**. Fue también la primera vez que un radical venció en elecciones libres al **peronismo**. Puso el eje de su gobierno en las instituciones democráticas, pero cedió al poder militar, luego de juzgar a los responsables de las violaciones a los derechos humanos en el **Juicio a las Juntas** (Leyes de **Punto Final** y **Obediencia Debida**), y al poder económico (acuerdos con el **FMI**). Sin el apoyo de los **sindicatos** y abandonado por los grandes grupos económicos que en un principio lo respaldaban, debió dejar el cargo en 1989 en un contexto de hiperinflación y saqueos.

Alfonsín, Ricardo Luis (1951 →): Político y abogado argentino, miembro de la **Unión Cívica Radical**. Diputado nacional y candidato a Presidente de la Nación en las elecciones de 2011 por la **Unión para el Desarrollo Social, UDESO**, alianza que incluyó al empresario Francisco **De Narváez** y que obtuvo poco más del 11 % de los votos.

Alianza (3-8-1997 / 20-12-2001): Coalición electoral de la **UCR** y el **FREPASO** que ganó las elecciones presidenciales de 1999 llevando al gobierno a la fórmula Fernando **de la Rúa**-Carlos "Chacho" **Álvarez**. A pesar de ciertos planteos productivistas, el gobierno de la A dio un rápido giro hacia la ortodoxia **neoliberal**, lo que llevó al Vicepresidente Álvarez (de orientación **populista**) a renunciar. El plan económico implementado por Domingo **Cavallo** en 2001 culminó en una rebelión popular (el *Argentinazo*) que derivó en la caída de De la Rúa.

Alianza Anticomunista Argentina: Ver **Triple A.**

Alianza Civil (6-8-1931): Alianza electoral entre el **Partido Demócrata Progresista** y el **Partido Socialista**. Presentó la fórmula L. **de la Torre**-N. **Repetto**, obteniendo cerca de medio millón de votos.

Alianza de Centro (14-10-1989): Coalición electoral de centroderecha formada por la **UCEDE**, el **PDP** y partidos menores. Obtuvo un millón doscientos mil votos con la fórmula **Alsogaray**-Natale, ocupando el tercer lugar y consagrando a nueve diputados nacionales.

Alianza Demócrata Socialista (30-10-1983): Coalición electoral de centroderecha formada por el **PSD** y el **PDP**. La fórmula **Martínez Raymonda**-Balestra obtuvo unos cincuenta mil sufragios, el 0,33 %.

Alianza Federal (25-6-1982 / 30-10-1983): Unión de partidos del espacio del centroderecha integrada por el **Partido Federal**, FUFEPO, MOLIPO y Concentración Demócrata. En las elecciones del 30 de octubre de1983 la fórmula **Manrique**-Belgrano Rawson obtuvo unos setenta y cinco mil votos (0,51 %).

Alianza Libertadora Nacionalista (1-5-1943 / 16-9-1955): Organización paramilitar de ultraderecha anteriormente denominada Alianza de la Juventud Nacionalista (1937, proveniente a su vez de la **Legión Cívica**). Apoyó a **Perón** para las elecciones de 1946 pero rompió con éste cuando su gobierno adhirió al **Acta de Chapultepec** y **la Argentina se** incorporó a la **ONU** (un sector se sumó al **peronismo** con el nombre de Unión Cívica Nacionalista). En los años subsiguientes sufrió diversas deserciones y escisiones y recibió un golpe mortal con la destrucción de su edificio central el mismo día en que se produjo el golpe de Estado que derrocó al General **Perón**. De su sector juvenil, la Unión Nacionalista de Estudiantes Secundarios, UNES, surgirá en 1956 el **Movimiento Nacionalista Tacuara**. Entre sus dirigentes estaban Juan Queraltó (luego expulsado) y Guillermo Patricio Kelly.

Alianza para el Progreso (América, 13-3-1961 / 1970): Pacto propuesto por EE.UU. y firmado por todos los países de América, con excepción de Cuba. La APP proponía enfrentar el atraso socio-económico latinoamericano **con inversiones norteamericanas**. En el marco de la **Guerra Fría**, la APP fue una estrategia del Presidente norteamericano J. F. **Kennedy** para intentar detener la influencia de la Revolución Cubana en el continente. Hacia fines de la década de 1960, prácticamente ninguna de las promesas de la APP –préstamos, reforma agraria, etc- se habían cumplido. Por el contrario, se agravó la dependencia del continente respecto de las transnacionales estadounidenses.

Alianza Popular Federalista (1-12-1972 / 11-3-1973): Alianza electoral de la que participaron el **PDP** y lo que poco después sería el **Partido Federal**. La APF obtuvo casi un millón ochocientos mil de votos (un 14 %) en las elecciones de marzo de 1973 con la fórmula **Manrique**-Martinez Raymonda.

Alianza Popular Revolucionaria (5-12-1972/ 11-3-1973): Alianza electoral de la que participaron el **PI**, el **PC**, el **PDC** y **UDELPA**. La APR obtuvo casi novecientos mil votos en las elecciones de marzo de 1973 con la fórmula **Alende**-Sueldo.

Alianza Republicana Federalista (11-3-1973): Alianza electoral de partidos **conservadores** ligados al entonces Presidente de facto Alejandro A. **Lanusse**. La fórmula formada por el Brigadier Ezequiel **Martínez** y el bloquista sanjuanino Leopoldo Bravo obtuvo cerca de trescientos cincuenta mil votos en las elecciones de marzo de 1973.

Alpargatas sí, libros no (1949): Consigna **peronista** contra los estudiantes universitarios opositores a la reforma constitucional. Las alpargatas simbolizan a los trabajadores creadores de la riqueza nacional; los libros, a los estudiantes que, según los peronistas, despreciaban al trabajador por su bajo nivel educativo y cultural.

Alsina, Adolfo (1829-1877): Político y abogado argentino, hijo de Valentín **Alsina**. Fue gobernador de la Provincia de Buenos Aires y Vicepresidente de Domingo F. **Sarmiento**. Líder del **Partido Autonomista**, se unió a

N. **Avellaneda** en el **PAN** en 1874. Fue uno de los impulsores de la **Conquista del desierto**.

Alsina, Valentín (1802-1869): Político **liberal** argentino, partidario de la autonomía de la Provincia de Buenos Aires. Participó en el derrocamiento de **Dorrego** en 1828 y en la revolución del **11 de septiembre** de 1852 contra **Urquiza**, siendo elegido Gobernador de Buenos Aires, cargo al que renunció tras la **Batalla de Cepeda**. Ejerció también la presidencia del Senado. Fue padre de Adolfo **Alsina**.

Alsogaray, Álvaro Carlos (1913-2005): Político, ingeniero militar y economista **liberal** argentino, fundador de varios partidos de la derecha, como el **Partido Cívico Independiente**, **Nueva Fuerza** y la **UCEDE, Unión del Centro Democrático**. Vinculado a diversos intereses burgueses nacionales y extranjeros, participó como funcionario en la mayor parte de los golpes de Estado de su época. A pesar de oponerse históricamente al **peronismo**, en la década de 1990 apoyó el proyecto **neoliberal** del Presidente peronista C. **Menem**.

Altamira, Jorge (1943 →): Político **marxista** argentino, fundador de **Política Obrera** en 1964 y del **Partido Obrero** en 1983, ambos de orientación **trotskista**. Militante y teórico, intervino en la política nacional denunciando que el regreso de J. D. **Perón** en 1972 tenía el objetivo de estrangular una revolución obrera iniciada en 1969 con el *Cordobazo*. También combatió a lo que llamó la "izquierda democratizante" (Nahuel **Moreno**, el **Partido Comunista**, etc), colaboró en la organización de sindicatos clasistas y en el desarrollo del movimiento **piquetero**, en particular con la fundación del **Polo Obrero** en 2000. Varias veces candidato a Presidente de la Nación, fue electo legislador por la Ciudad de Buenos Aires en 2000. Actualmente lidera el **Frente de Izquierda y de los Trabajadores**.

Alto Perú: Denominación de Bolivia antes de su independencia en 1825.

Aluvión zoológico **(1945):** Expresión utilizada por los opositores al **peronismo**, que hace referencia a la llegada a las ciudades de masas cultural y políticamente atrasadas del interior del país, una de las bases sociales fundamentales de este movimiento. El símbolo del AZ fueron los obreros que el **17 de octubre** de 1945 se lavaron los pies en las fuentes de la Plaza de Mayo.

Álvarez, Carlos "Chacho" (1948 →): Político **peronista**, opositor al **menemismo**. Fundador del **Frente Grande** y del **FREPASO**, fue electo Vicepresidente en 1999 por la **Alianza** de su partido con la **UCR** de F. **De la Rúa**, cargo al que renunció al año siguiente haciendo denuncias de corrupción. Posteriormente mantuvo posiciones cercanas al Presidente N. **Kirchner**.

Álvarez Jonte, Antonio (1784-1820): Político español. Trabajó desde Chile por la independencia del Perú y en 1812 formó parte del **Segundo Triunvirato**. Colaboró también con el General **San Martín**.

Álvarez Thomas, Ignacio (1787-1857): Político y militar peruano. Participó en la defensa durante las **invasiones inglesas**, actuó en la **Revolución de Mayo** y fue Director Supremo interino en reemplazo de J. **Rondeau** tras el **Motín de Fontezuelas**. Combatió a **Artigas** y posteriormente se alineó en el bando **unitario**.

Alvear, Carlos María de (1789-1852): Político y militar argentino. Colaboró en la creación del Regimiento de Granaderos a Caballo y de la **Logia Lautaro**. Fue Presidente de la **Asamblea del Año XIII** y Director Supremo en 1815, cuando negoció con Inglaterra para formar un protectorado. Esto, junto con su oposición al **federalismo** liderado por José **Artigas**, determinó su caída. Participó en la **Guerra del Brasil** y fue funcionario de **Lavalle** y de **Rosas**.

Alvear, Marcelo Torcuato de (1868-1942): Político argentino, uno de los fundadores de la **Unión Cívica Radical** y Presidente de la **República** entre 1922 y 1928. Participó en las revoluciones de 1890 y 1905, y estuvo ligado a los **antipersonalistas**, el ala aristocrática y **conservadora** del partido, en contraposición a Hipólito **Yrigoyen**, representante de los sectores medios. Ayudado por el contexto mundial, su presidencia se dio en un período de relativa prosperidad, con bajo desempleo, moneda estable y flujo de capitales e **inmigrantes** desde el exterior.

Alvearismo: Línea moderada de la **UCR** encabezada por Marcelo T. de **Alvear**. Representó en las primeras décadas del siglo XX al sector más **conservador** y oligárquico del partido, en oposición a la "**chusma**" yrigoyenista, ligada a los sectores medios.

Anarcosindicalismo (1907-mediados del siglo XX): Movimiento sindical **anarquista** surgido en el Congreso de Amsterdam, que procuró superar el terrorismo individualista del anarquismo del siglo XIX. El A favoreció la intervención de los anarquistas en los **sindicatos**, sobre todo en las ciudades más industrializadas de Europa y América, donde impulsaron medidas obreras de acción directa, como el sabotaje, el boicot, la ocupación de fábricas, los piquetes de huelga y la huelga general, aunque siempre en un plano económico y no político. En este sentido, como el anarquismo originario, el A se opuso al planteo **marxista** de la construcción de un partido político de la clase obrera. En EE.UU. fueron duramente reprimidos y, por ejemplo, la ejecución de los militantes del A Sacco y Vanzetti recorrió el mundo.

Anarquía del año 20 (Argentina, 23-4-1819 / 1-2-1820): Período de siete meses de guerras y caídas de gobiernos, entre Buenos Aires y el **Litoral**, tras el rechazo de la unitaria **Constitución de 1819**. El proceso se cerró con el triunfo de los caudillos de Entre Ríos y Santa Fe, Francisco **Ramírez** y Estanislao **López** sobre el Director José **Rondeau** en la **Batalla de Cepeda**.

Anarquismo (fines del siglo XVIII →): Doctrina política que aspira a la eliminación de la propiedad privada de los medios de producción y a una sociedad sin clases y sin **Estado.** El A surgió en Europa a mediados del siglo XIX, postulando la revolución social de los obreros a través de la acción directa, los **sindicatos** y la huelga general. A diferencia del **marxismo**, el A se opone a la formación de un partido obrero que tome el poder, ya que rechaza la dictadura del proletariado. Entre sus principales representantes están Pierre Proudhon –que postulaba una variante no violenta-, Max Stirner (A individualista), Mijail Bakunin (anarco-colectivismo) y P. Kropotkin (anarco-comunismo). En América, las ideas del A llegaron con las grandes migraciones –especialmente desde Italia y España- que impulsaron las organizaciones llamadas **anarco-sindicalistas** o del **sindicalismo revolucionario**, siendo perseguidas duramente –se destaca la ejecución de los anarquistas Sacco y Vanzetti en EE.UU.-. El A declinó hacia 1920, aunque resurgió en la década del ´60, especialmente con el Mayo Francés. En la Argentina, el A fue la corriente obrera mayoritaria entre 1890 y 1910, cuando las continuas persecuciones fueron provocando su decadencia (ver **anarquistas**).

Anarquistas (Argentina, 1870 →): En la Argentina, los A fueron dominantes entre los obreros en el período 1880-1910 –período de auge de la **FORA**– en especial entre los menos calificados. Víctimas de duras persecuciones (por ejemplo, en los acontecimientos de la **Semana Trágica**), desde entonces comenzaron a perder terreno a manos de **socialistas** y **sindicalistas**. Su órgano de prensa más conocido fue *La Protesta*, diario fundado el 13 de junio de 1897.

Andresito: Ver **Guacurari, Andrés.**

Angeloz, Eduardo (1931 →): Político radical, Gobernador de Córdoba y candidato a Presidente por la **UCR** en 1989, cuando fue derrotado por C. **Menem.**

ANT (2002 →): Sigla de la **Asamblea Nacional de Trabajadores**, agrupamiento de los sectores más **combativos** y anti-gubernamentales, como el movimiento **piquetero** –el **Bloque Piquetero Nacional** y otros grupos menores–, **sindicatos**, comisiones internas y agrupaciones opositoras a la llamada **burocracia sindical**, **asambleas populares**, estudiantes, ahorristas y partidos de **izquierda**. Tiene como antecedente a dos asambleas nacionales de piqueteros realizadas en 2001, antes de la caída del Presidente F. **De la Rúa**. La A se transformó en la oposición política más dura e intransigente frente a los gobiernos **peronistas** que dirigieron al país desde el *Argentinazo* –Rodríguez **Saá** y Duhalde–, a los que denunció como continuadores de la entrega nacional y la miseria de los trabajadores. Su dirigente más destacado fue Néstor **Pitrola**, dirigente histórico del sindicato gráfico y miembro del **Polo Obrero**.

Antipersonalistas **(Argentina, 23-8-1924 / 2-5-1943):** Corriente del **radicalismo** liderada por Bernardo de **Irigoyen**, Leopoldo Melo y Vicente **Gallo**, opuesta al caudillo Hipólito **Yrigoyen**. Durante la primera presidencia de éste, criticaron el aumento **del gasto público, las reiteradas** intervenciones **federales** y el débil papel del Congreso, coincidiendo con las críticas que hacía la derecha conservadora

Si bien actuaban desde dos años antes, en 1924 rompieron formalmente con la **UCR** y formaron la **UCR A**, con el guiño del Presidente M. T. de Alvear. Con apoyo de los **conservadores**, presentaron la fórmula presidencial Melo-Gallo en 1928 -perdiendo con Yrigoyen- y en 1931 apoyaron a la **Concordancia**, llegando a contar con sesenta diputados en 1934. En 1938 el A Roberto M. **Ortiz** accedió a la presidencia.

Años Dorados **(Eric Hobsbawm, 1945-1973):** Período de auge económico del capitalismo occidental, desde el fin de la **Segunda Guerra Mundial** hasta la **Crisis del Petróleo**. El aumento del PBI a escala internacional fue del 2,9% anual, y en los últimos diez años del período se acercó al 5,3%. Las características básicas de los AD fueron: la innovación tecnológica, la expansión del comercio mundial y de los movimientos de capital, la cooperación económica interbloques sobre la base de la estabilidad cambiaria y el compromiso de los gobiernos con políticas keynesianas, de estímulo a la demanda agregada. También llamada La edad de oro.

Años Locos **(década de 1920):** Época de expansión productiva y derroche sobre la base del **petróleo** y el acero, y de la plena confianza en el **liberalismo**, una era de optimismo por el futuro. En los AL, los gobiernos comenzaron a dar créditos baratos (a bajo interés) a los capitalistas, que los invirtieron en la producción, generando un alza. Ante la perspectiva de que subiera el precio de las acciones de sus empresas, los empresarios tomaron más créditos a los bancos. Con ese dinero, en lugar de invertir en la producción, compraron acciones a bajo precio para revenderlas más caras cuando subiera su cotización (se esperaba que subieran porque la producción se relanzó a partir de los créditos baratos), devolviendo el crédito al banco y obteniendo una ganancia. Así, muchos capitalistas compraron acciones, lo que provocó que las mismas subieran más su cotización, generando una burbuja especulativa: la economía ficticia crecía muy por encima del crecimiento de la economía real. Estaban sentadas las bases para el estallido de la **crisis del 30** (ver).

APDH (18-12-1975 →): Asamblea Permanente por los Derechos Humanos, organismo de derechos humanos formado por dirigentes políticos, sindicales, sociales y religiosos que surgió en la época de la **Triple A** para defender los principios de la Declaración Universal de Derechos Humanos y la **Constitución Nacional.** Su trabajo se incrementó durante la dictadura militar, denunciando las violaciones a los DD.HH. y asesorando a familiares y víctimas de la represión.

APR: Ver **Alianza Popular Revolucionaria.**

Aramburu, Pedro Eugenio (1903-1970): Militar **liberal** argentino, activo participante de la **Revolución Libertadora** y Presidente de la Nación entre 1955-58 al suceder a Eduardo **Lonardi** al mando de la **Revolución Libertadora.** Reprimió con dureza al **peronismo** y los **sindicatos**, atrajo **al capital extranjero, redujo salarios y ordenó el fusilamiento de militares peronistas** alzados en 1956 (ver *Operación Masacre*). Posteriormente se presentó a elecciones por **UDELPA**, sin éxito. En 1970 fue secuestrado y asesinado por los **Montoneros.**

Arequito: Ver **Motín de Arequito.**

Argentina, por su interdependencia recíproca es -desde el punto de vista económico- parte del Imperio Británico (Julio A. Roca (h), 10-4-1933): Frase pronunciada por el Vicepresidente **Roca** en ocasión de las negociaciones que derivaron en el **Pacto Roca-Runciman.** La expresión reflejó en forma transparente la situación de dependencia del país frente al Imperio Británico y la disposición favorable de la **oligarquía** frente a la misma.

Argentinazo (19 y 20-12-2001): Rebelión popular que provocó la caída del Presidente Fernando **de la Rúa.** Fue protagonizada por masivas movilizaciones con fuerte rechazo al régimen político establecido (ver *que se vayan todos*). Se inició el 19 de diciembre, con saqueos en zonas populares que –más allá de ciertas interpretaciones que plantean que fueron alentados por punteros peronistas- se produjeron por la desesperación y el hambre de vastos sectores. Ante ello, De la Rúa decretó el estado de sitio, pero se encontró con un repudio generalizado, El 20 tuvo como protagonistas a los sectores medios –ahorristas y clase media pauperizada-, que con los "cacerolazos" cuestionaban el *"corralito"* y medidas económicas anti-populares. El gobierno reprimió duramente, provocando la muerte de más de treinta manifestantes, lo que derivó en su caída. Aunque ciertas visiones han destacado el elemento espontáneo de los sucesos del A, analizada en perspectiva histórica, esa rebelión fue el punto culminante de un proceso de organización popular novedoso, iniciado con las luchas de los **piqueteros** a mediados de los ´90. Una semana después, otro cacerolazo provocaba la renuncia del **peronista** Adolfo **Rodríguez Saá**.

ARI (27-12-2000 →): Sigla de la Alternativa por una República de Iguales, partido de centroizquierda orientado por la diputada Elisa **Carrió**, proveniente de la **UCR**. Poniendo el énfasis en la honestidad, logró captar apoyos en los sectores medios, logrando el tercer lugar en las elecciones presidenciales de 2003 –ya como Coalición Cívica-ARI- con dos millones setecientos mil votos, el 14,14 %. Postula una moralización de la política, aunque no cuestiona las bases capitalistas de la economía nacional. La llegada al gobierno del **peronista** N. **Kirchner** y su esposa Cristina **Fernández** han colocado al ARI en la oposición, especialmente tras el conflicto del gobierno con el campo, cuando el partido de Carrió se alineó decididamente con la llamada **oligarquía** terrateniente. En las presidenciales de 2011 Carrió obtuvo el 1,8 % de los votos, ocupando el último lugar, aunque fue reelecta diputada en 2013.

ART (Argentina, 1996 →): Sigla de las Aseguradoras de Riesgos del Trabajo, que en la Argentina se implementaron con la sanción de la Ley de Riesgos del Trabajo, lo que significó que las indemnizaciones laborales por accidentes o enfermedades ya no fueran responsabilidad de la patronal sino de esas empresas. Se argumentó que reducirían los accidentes de trabajo, pero el resultado no fue el esperado.

Artigas, Andrés: Ver **Guacurari, Andrés**.

Artigas, José Gervasio (1764-1850): Político, militar y ganadero de la **Banda Oriental**, actual Uruguay. Luchó contra las **invasiones inglesas**, se sumó a las fuerzas patrióticas en la **Revolución de Mayo** y fue nombrado Gobernador de la Banda Oriental en 1813, donde impulsó medidas **federalistas** y de reformas sociales y enfrentó a los centralistas porteños, liberándose de su control en 1815 al formar la **Liga de los Pueblos Libres**. Por su defensa de la independencia, la confederación y una reforma agraria en beneficio de sectores populares (en particular de los indios) fue combatido por la **oligarquía** de Buenos Aires, que negoció secretamente la invasión portuguesa en 1816 para aplastarlo. Fue derrotado definitivamente en 1820, debiendo exiliarse en Paraguay.

Asamblea de 1813: Ver **Asamblea del año XIII.**

Asamblea del año XIII (31-1-1813/ 15-4-1815): Congreso convocado por el **Segundo Triunvirato** para declarar la independencia y establecer una Constitución republicana para las recientemente formadas **Provincias Unidas del Río de la Plata.** No logró su objetivo principal, entre otras cosas por el marginamiento de los representantes artiguistas por parte de la *élite* porteña liderada por Carlos M. de **Alvear** y por una minoritaria representación del interior, pero algunas de las medidas más importantes que tomó fueron: la **libertad de vientres** (medida morigerada por la presión de los esclavistas brasileños) y de las torturas, la supresión de la **mita** y el **yanaconazgo** y de los títulos de nobleza, la acuñación de una moneda nacional y la oficialización de los símbolos patrios.

Asamblea General Constituyente: Ver **Asamblea del año XIII.**

Asamblea Nacional de Trabajadores: Ver **ANT.**

Asamblea Permanente por los Derechos Humanos: Ver **APDH.**

Asambleas populares (2001-2002): Organismos de democracia directa formados a fines de 2001, al calor de los hechos que derivaron en el llamado *Argentinazo*. Las AP se formaron a partir de vecinos, trabajadores, ahorristas y estudiantes, en protesta contra las medidas anti-populares del gobierno de F. **De la Rúa**. Llevaron adelante medidas de acción directa –asambleas en plazas y esquinas, escraches, movilizaciones y los cortes de calles tomados del movimiento **piquetero**–. Durante el primer año, las AP se agruparon en una organización común –la Interbarrial de Parque Centenario, con un componente social mayoritariamente de clase media–. En su desenvolvimiento, encontramos varias tendencias: a) la de aquellos que postulan una forma de organización vecinal-municipal, cercana a la de una sociedad de fomento, hostil a los partidos políticos, b) la que pregona una postura de tipo autonomista pero más politizada y, c) la de **izquierda**, ligada a los partidos de esa orientación. La etapa de reflujo de la lucha las debilitó; algunas de ellas se integraron a organismos de gobierno, otras mantienen una postura centrada en el trabajo barrial y otras se vincularon con diferentes corrientes del movimiento piquetero (**FTV, CCC, Bloque Piquetero Nacional,** etc).

Asociación Anticomunista Argentina: Ver **Triple A.**

Asociación de Mayo (23-6-1838 / 3-2-1852): Organización secreta fundada por Esteban **Echeverría** y Juan B. **Alberdi,** también conocida como **Joven Argentina.** La AM propugnaba una superación del conflicto entre **unitarios** y **federales.** Recibió influencias de **Saint-Simon** y de **Mazzini** y sus ideas se escribieron en el *Dogma Socialista,* obra fundamental del antirrosismo.

Asociación Internacional de Trabajadores: Ver **Primera Internacional.**

Asociación Latinoamericana de Libre Comercio: Ver **ALALC.**

Asociación Nacional del Trabajo (1918-1922): Cuerpo especial de represión de las luchas obreras, constituido por sectores oligárquicos durante el gobierno de **Yrigoyen.**

Audiencia (colonización española): Tribunal superior en España y América que se encargaba de la administración de justicia civil de última instancia y penal. El territorio actual de la Argentina estuvo asignado a la A de Charcas (también llamada Chuquisaca, actual Sucre, creada en 1559 por sus importantes riquezas en plata). En el Río de la Plata fue creada entre 1661 y 1671 (primera A) y en 1785 (segunda A, ya en el **Virreinato del Río de la Plata** y con Charcas rebajada a la condición de ser una de las ocho intendencias). En 1812 pasó a ser la Cámara de Apelaciones.

Autodeterminación y Libertad (3-2001 →): Partido porteño fundado por Luis **Zamora** y su esposa Noemí Oliveto. Se define como anticapitalista y autonomista, promoviendo la autoorganización de los pueblos por medio de la deliberación en asambleas, sin dirigentes ni partidos. En 2001 obtuvo más del 10 % de los votos en la Ciudad de Buenos Aires, consagrando dos diputados nacionales: el propio Zamora y Marte Castaño. Dos años después superó el 12 % y obtuvo dos nuevos legisladores. En la legislatura porteña llegó a tener ocho legisladores, pero su bloque estalló ante las críticas al personalismo de Zamora y su mujer,

Desde entonces, redujo sus votos a entre 2 y 3,5 %. En 2013, AyL rechazó la propuesta del **Frente de Izquierda y de los Trabajadores** para realizar una alianza electoral, lo que impidió a la izquierda consagrar un diputado nacional por la Capital.

Autonomismo: Ver **Partido Autonomista.**

Avellaneda, Nicolás (1836-1885): Político, ganadero y abogado argentino, Presidente de la Nación entre 1874 y 1880, en representación del **Partido Autonomista Nacional**, organización surgida de la unión de su partido –el **Partido Nacional**– con el **Partido Autonomista** de A. **Alsina**. Defendiendo los intereses de los **sectores agropecuarios y comerciales** bonaerenses, durante su mandato culminó la **Conquista del Desierto**, se federalizó la Ciudad de Buenos Aires y se consolidaron las bases del **modelo agro-exportador: inmigraciones, exportación** de cereales y **carne congelada, ferrocarriles**, etc.

Azcuénaga, Miguel de (1754-1833): Militar argentino. Participó en la **Revolución de Mayo** y fue vocal de la **Primera Junta**, con posiciones cercanas a las de Mariano **Moreno**.

***Azules y Colorados* (19 al 24-9-1962):** Enfrentamiento militar entre dos fracciones de las Fuerzas Armadas:

los *Azules*, encabezados por Juan C. **Onganía**, eran **nacionalistas** "legalistas", reclamaban elecciones (Comunicado 150, redactado por Mariano Grondona) y buscaban algún tipo de integración del **peronismo** al régimen político; los *Colorados*, encabezados por Carlos S. Toranzo Montero, eran **liberales** y férreamente antiperonistas y reclamaban un gobierno militar, en especial tras el triunfo del peronismo en varias provincias en las elecciones de marzo de 1962. Los Azules vencieron y alentaron la convocatoria a elecciones en 1963. Sin embargo, Onganía –supuesto antigolpista– encabezó el **Golpe de 1966**, que lo llevó a la presidencia. Entre el 3 y el 7 de abril de 1963 hubo un levantamiento de la Marina, de tendencia colorada, que fue enfrentado por la Aviación y el Ejército –azules– con un saldo de quince muertos.

B

Balbín, Ricardo (1904-1981): Político y abogado argentino, uno de los dirigentes más importantes de la **UCR** a partir de la década de 1940 y cuatro veces candidato presidencial (1951, 1958 y dos veces en 1973). Férreo opositor al **peronismo**, fue encarcelado por éste en 1950. Apoyó el golpe contra **Perón** en 1955 y formó la **UCR del Pueblo** en 1957, en oposición a la **UCRI** de Arturo **Frondizi**. En los años ´70 impulsó **La Hora del Pueblo** y en los años ´80 la **Multipartidaria**. Durante el **Proceso de Reorganización Nacional** mantuvo un apoyo crítico, llamando a eliminar a la *"guerrilla fabril"* aunque señalando excesos cometidos en el combate de la llamada **subversión**.

Banco Interamericano de Desarrollo: Ver **BID**.

Banco Internacional de Reconstrucción y Fomento: Ver **Banco Mundial**.

Banco Mundial (27-12-1945 →): También llamado BIRF, organismo internacional creado luego de la **Segunda Guerra Mundial** para otorgar préstamos a largo plazo a las naciones europeas con el fin de superar su estancamiento económico. En la actualidad, el BM otorga préstamos y asistencia técnica a países en vías de desarrollo con el objetivo declarado de combatir la pobreza. Se diferencia del FMI en que éste último no toma proyectos concretos sino que recomienda medidas de alcance global (por ejemplo, sostener la balanza de pagos o cubrir las reservas de un Banco Central). Ver también Bretton Woods.

Banda Oriental (1778-1828): Antiguo nombre de la República Oriental del Uruguay, cuando formaba parte de la jurisdicción de Buenos Aires durante la colonia, luego incorporada al **Virreinato del Río de la Plata** (1776) y a las **Provincias Unidas de Río de la Plata**. En función de los intereses de la **burguesía comercial** porteña y montevideana, y de los comerciantes británicos, fue desmembrada, desclarando su independencia en 1828.

***Bandeirantes* (Brasil, siglos XVI-XIX):** Exploradores de oro, traficantes de esclavos y cazadores de indios, a los que vendían en Brasil. Los *B* eran portugueses radicados en San Pablo.

***Baring Brothers* y Compañía (1770 →):** Firma bancaria británica fundada por Francis y John Baring, que se convirtió en una de las más importantes empresas financieras de Europa a principios del siglo XIX. Fue la primera compañía en otorgar capital a la recientemente independizada Argentina, en 1824, durante la presidencia de B. **Rivadavia**. Mantuvo vínculos con diversos gobiernos nacionales (**Rosas, Mitre**, etc) y fue vital en los inicios del llamado **modelo agro-exportador**, acumulando millones de libras en bonos argentinos. La crisis económica desatada durante la presidencia de M. **Juárez Celman** llevó a la firma al colapso, impedida de disponer de los bonos argentinos ante las medidas de emergencia tomadas por el Banco de Inglaterra. Posteriormente *BB* continuó, pero sobre una base mucho más limitada.

Bases (**Juan B. Alberdi**, 1852): Obra fundamental de la **Organización Nacional**, *Bases y puntos de partida para la organización política de la República Argentina*, sintetizó los antecedentes que conducían a la Argentina hacia un sistema de **Estado** mixto, de **federación** y de unidad. Incluía un proyecto de Carta Magna –influido por la Constitución de Estados Unidos- que fue utilizado como guía de la **Constitución Nacional de 1853**.

Batalla de Ayacucho (**Perú-Colombia-Argentina-Chile vs España, 9-12-1824**): Triunfo de las fuerzas latinoamericanas, al mando del mariscal A. **Sucre**, sobre las tropas realistas, que consagró la independencia del Perú y de todas las colonias españolas de América Hispana.

Batalla de Ayohuma: (Ejército Libertador vs España, 14-1813): Derrota del Ejército nacional encabezado por Manuel **Belgrano** a manos de los realistas, en territorio de la actual Bolivia. Llevó al reemplazo de Belgrano por **San Martín** al frente del **Ejército del Norte**.

Batalla de Cancha Rayada (Ejército Libertador vs España, 19-3-1818): Derrota del Ejército de **San Martín** y O´Higgins frente a las tropas realistas, en territorio del actual Chile.

Batalla de Caseros (Buenos Aires vs Confederación Argentina, 3-2-1852): Victoria de las fuerzas de la **Confederación** encabezadas por Justo J. de **Urquiza** (y reforzadas con tropas uruguayas y brasileñas), sobre las fuerzas de Buenos Aires, dirigidas por Juan M. de **Rosas**. Significó el fin del gobierno de Rosas, su exilio a Inglaterra y el inicio de la **Organización Nacional**.

Batalla de Cepeda (1-2-1820): Enfrentamiento de los **caudillos** de Entre Ríos y Santa Fe Francisco **Ramírez** y Estanislao **López** contra el **Directorio** de José **Rondeau**, que dio comienzo a la guerra civil entre **unitarios** y **federales** (aunque este federalismo tuvo un contenido *sui generis* que se diferenció del impulsado por **Artigas**). La victoria de los primeros llevó a la caída del Directorio, la firma del **Tratado del Pilar**, el comienzo de las autonomías provinciales y la disgregación nacional.

Batalla de Cepeda (Buenos Aires vs Confederación Argentina, 23-10-1859): Triunfo de la **Confederación**, comandada por Justo J. de **Urquiza**, sobre las fuerzas de la Provincia de Buenos Aires, encabezadas por Bartolomé **Mitre** y Valentín **Alsina**. Con su derrota, Alsina renunció a la gobernación de Buenos Aires y se integró al **Estado** nacional (ver **Pacto de San José de Flores**).

Batalla de Chacabuco (Ejército Libertador vs España, 12-2-1817): Victoria del Ejército de **San Martín** sobre las tropas realistas en territorio del actual Chile, que obligó a la renuncia del gobernador español, Marcó del Pont. Esta victoria fue decisiva para el proceso independentista, dado que confinó a los realistas a su reducto en Perú.

Batalla de Maipú (Ejército Libertador vs España, 5-4-1818): Combate liderado por el General J. de **San Martín** que determinó la independencia de **Chile**.

Batalla de Pavón (Buenos Aires vs Confederación Argentina, 17-9-1861): Triunfo militar bonaerense al mando de **Mitre**, sobre la **Confederación** dirigida por **Urquiza**. Forzó la caída del Presidente **Derqui** y la unidad nacional de las provincias bajo una misma Constitución, con Buenos Aires al mando. Mitre asumió en forma provisional la presidencia del país.

Batalla de Salta (Ejército Libertador vs España, 20-2-1813): Victoria de las fuerzas nacionales encabezadas por M. **Belgrano** que siguió al triunfo en la **Batalla de Tucumán**. Como ésta, fue fundamental para detener el avance realista en el norte del país y consolidó a la **Revolución de Mayo**.

Batalla de San Lorenzo (Ejército Libertador vs España, 3-2-1813): Combate victorioso del **Ejército de los Andes** liderado por el General J. de **San Martín**, en esta ciudad al norte de Rosario.

Batalla de Sipe-Sipe (Ejército Libertador vs España, 29-11-1815): Derrota del Ejército patriota al mando de José **Rondeau** a manos de los realistas, en este lugar ubicado en el centro de Bolivia, cerca de Cochabamba. Esta caída demostró la imposibilidad de liberar el bastión español de Lima a través del **Alto Perú** (cuyas provincias perdieron las **Provincias Unidas**) y abrió el camino para el **cruce de los Andes** y el asalto al Perú desde Chile.

Batalla de Suipacha (Ejército Libertador vs España, 7-11-1810): Primera victoria de las fuerzas patriotas sobre los realistas en el marco de las guerras por la independencia.

Batalla de Tucumán (Ejército Liber-

tador vs España, 23-8-1812): Victoria de las fuerzas nacionales encabezadas por M. **Belgrano**. Fue fundamental para detener el avance realista en el norte del país.

Batalla de Vuelta de Obligado (18 al 20-11-1845): Lugar sobre el río Paraná donde las flotas del bloqueo anglo-francés derrotaron a las fuerzas argentinas –enviadas por **Rosas** y encabezadas por Lucio N. Mansilla– con el objetivo de abrir el río al comercio con Corrientes y Entre Ríos. De todas formas, muchos cargamentos debieron regresar completos: el rechazo del interior frustró los objetivos de llegar hasta Paraguay y el oeste de Brasil de las potencias europeas, necesitadas de mercados ante el enorme crecimiento de la **Segunda Revolución Industrial**. La **libre navegabilidad de los ríos** reclamada por Inglaterra y Francia era apoyada por la **burguesía comercial unitaria** y los estancieros del Litoral, perjudicados por el monopolio porteño de la Aduana, que beneficiaba a los **terratenientes** bonaerenses liderados por Rosas. Éste había bloqueado por tierra y aire a Montevideo en 1842, provocando la reacción británica. En 1844, Inglaterra y Francia exigieron a Buenos Aires la evacuación de Uruguay, pero no hubo acuerdo. En abril de 1845 **Urquiza** derrotó a Fructuoso Rivera en India Muerta y las tropas argentinas tuvieron al alcance de la mano la ocupación de Montevideo, dado que el interior uruguayo repudiaba la intromisión de las potencias. A pesar del retiro en julio de 1847 de las tropas británicas, el bloqueo fue levantado por la pasividad del rosismo –temeroso de un alzamiento popular–, lo que produjo la definitiva escisión de la **Banda Oriental**, allanando el camino para la penetración del capital británico en las décadas posteriores. Si bien la batalla expresa la resistencia nacional contra el extranjero, la historiografía nacionalista coloca a Rosas a la cabeza de la misma, a pesar de su política componedora (en 1849, por ejemplo, se reinició el pago de la deuda por el empréstito otorgado por *Baring Brothers* al gobierno de **Rivadavia**).

Belgrano, Manuel (1770-1820): Político, militar y abogado argentino, activo participante de la **Revolución de Mayo** de 1810 y vocal de la **Primera Junta**. Creador de la bandera nacional y líder en las guerras de independencia, ordenó el **Éxodo Jujeño** ante el ataque de los realistas al **Ejército del Norte**, que comandaba. Tras la restauración de **Fernando VII** en España, experimentó un giro conservador (como la mayoría de los **criollos**) y participó de negociaciones para coronar a un príncipe europeo, manteniéndose leal al **Directorio** para combatir al movimiento popular encabezado por José **Artigas**. Durante el

Congreso de Tucumán, propuso una monarquía constitucional incaica, en momentos en que los portugueses invadían la **Banda Oriental**.

***Belle Époque* (1896-1913):** Etapa caracterizada por una gran expansión económica, en especial en Alemania y EE.UU., pero también en países como Rusia, Suecia e Italia, además de la integración a la economía mundial como países agro-exportadores, de Argentina y Australia, entre otros. Los avances de la ciencia y la tecnología crearon una suerte de espejismo en las clases altas y medias de los países europeos industrializados: urbanización, **ferrocarriles**, reducción de la jornada laboral, tiempo libre, expansión de la cultura y el deporte, crearon un clima de euforia que acabaría con el inicio de la **Primera Guerra Mundial**.

Bergoglio, Jorge Mario (1936 →): Sacerdote **jesuita** argentino y 266º Papa de la Iglesia Católica desde 2013, bajo el nombre de **Francisco**. Fue Arzobispo de Buenos Aires. Aunque entre otras cosas se lo acusa de colaborar con la dictadura militar del **Proceso de reorganización Nacional** (durante la cual fue Provincial de los jesuitas y expulsó a dos curas que habían hecho la "opción por los pobres", secuestrados poco después), de simpatizar con la derecha **peronista** (Guardia de Hierro) y de declarar una *"guerra de Dios"* contra el matrimonio gay, desde su asunción en el papado intenta modificar su imagen, mostrándose más abierto a las diferencias.

***Bicicleta financiera* (1977-1983):** Especulación desenfrenada que creció en forma imparable en el país con las medidas implementadas por el Ministro de Economía del **Proceso de Reorganización Nacional**, José A. **Martínez de Hoz**. En 1977, la reforma financiera acabó con la regulación estatal de la tasa de interés, lo que derivó en la proliferación de bancos y financieras, en un clima de alta especulación, que mantuvo las tasas altas y con ellas la inflación. Esto intensificó la desprotección de la industria. A fines de 1978 se estableció la "pauta cambiaria" (o *"tablita"*), por la que se devaluaba mensualmente al peso, en forma decreciente hasta alcanzar cero. Sin embargo, como la inflación siguió, el peso se revaluó respecto del dólar. Esto trajo una gran afluencia de dólares de los bancos internacionales, generados por el aumento del precio del petróleo ("petrodólares"). El mercado financiero se enriqueció, con inversiones especulativas a corto plazo, que huían rápidamente del país ante el cambio de la coyuntura. La BF, la *"plata dulce"* y los "importados coreanos", dejaron como saldo un endeudamiento externo sin precedentes, la desindustrialización del país y un gran empobrecimiento.

BID (1959 →): El **Banco Interamericano de Desarrollo** es una institución financiera internacional que se declara orientada al desarrollo regional de los países de América Latina y el Caribe. Lo integran diecinueve países latinoamericanos y EE.UU. y en años posteriores se han sumado varias naciones europeas, Japón e Israel.

Bienvenida clase media **(décadas de 1980 y 1990):** Expresión irónica vista en la entrada de algunas villas de emergencia o barrios de viviendas precarias, que hace referencia al surgimiento de los "nuevos pobres", provenientes de los sectores medios.

Big stick **(EE.UU., 1901-1919):** Expresión que designa a la política del "gran garrote", política exterior intervencionista del Presidente Theodore Roosevelt, en particular en América Latina donde –ya desde la **Doctrina Monroe**- EE.UU. reclamaba un poder de policía que lo llevó a reiteradas intervenciones militares, especialmente en Centroamérica.

Bignone, Reynaldo Benito (1928 →): Militar argentino, Presidente de facto del país tras la derrota argentina en la **Guerra de Malvinas**, en 1982. Al año siguiente, convocó a elecciones y entregó el mando a Raúl **Alfonsín.**

Binner, Hermes Juan (1943 →): Político y médico argentino, líder del **Partido Socialista.** Participó en la formación del **Partido Socialista Popular** en 1972. Fue Intendente de Rosario y en 2005 fue electo diputado nacional por el Frente Progresista Cívico y Social (PS, **UCR**, **ARI** y **PDP**). En 2007 fue elegido Gobernador de Santa Fe, siendo el primer miembro del PS en acceder a un cargo ejecutivo. En las elecciones de 2011 fue candidato a Presidente por el **Frente Amplio Progresista**, ocupando el segundo lugar con alrededor de 17 % de los votos. En 2013 asumió nuevamente como diputado nacional.

BIRF: Ver **Banco Mundial.**

Blandos: Ver **participacionistas.**

Blindaje (18-12-2000): Acuerdo entre el gobierno de la **Alianza** y los acreedores internacionales, consistente en un préstamo de casi cuarenta mil millones de dólares para la Argentina. El B, según afirmaba el Ministro de Economía José Luis Machinea, iba a dar al país solidez financiera, pero un año después, la Argentina cayó en *default.*

Bloque Piquetero Nacional (5-12-2001 →): Agrupamiento **piquetero** formado a partir de la oposición al gobierno del **peronista** E. **Duhalde**, e integrado inicialmente por el **Polo**

Obrero, el Movimiento Territorial de Liberación –MTL–, el Movimiento Teresa Rodríguez –MTR–, la Federación de Trabajadores Combativos –FTC– y la Coordinadora de Unidad Barrial –Cuba–. El BPN se opuso al acercamiento al gobierno por parte de los llamados "piqueteros blandos", la **FTV** y la **CCC**, e impulsó la realización de la **Asamblea Nacional de Trabajadores –ANT–**, donde fue la principal fuerza, constituyéndose en la oposición política más firme al gobierno del también peronista N. **Kirchner**, con posiciones **clasistas** y de **izquierda**. Posteriormente el Polo Obrero se retiró del BPN por diferencias con el resto de las organizaciones.

***Boinas blancas* (fines del siglo XIX →)**: Denominación que adoptaron los **radicales**, quienes para identificarse utilizaron una BB, en contraposición a las boinas coloradas de los **conservadores**.

Bolívar, Simón (1783-1830): Político y militar venezolano, líder de la independencia de ese país, Colombia, Ecuador, Bolivia y Perú. En 1812, como parte de los rebeldes de Nueva Granada, obligó a los españoles a irse del país y un año después fue proclamado Libertador y dictador. Luego de algunos retrocesos militares, en 1819 unificó Venezuela y Nueva Granada y creó la República de Colombia. En 1821, con la batalla de Carabobo, terminó la guerra de Venezuela. En 1822 anexó Ecuador tras la batalla de Pichincha y expulsó a los españoles de Perú en 1824. En 1825 el **Alto Perú** fue llamado Bolivia en su honor. En 1829 Venezuela se separó de Colombia. Decepcionado con las divisiones, B renunció y murió poco después.

Bonafini, Hebe de (1928 →): Dirigente de Derechos Humanos, Presidenta de **Madres de Plaza de Mayo**, organismo surgido durante el **Proceso de Reorganización Nacional**. Aunque fue crítica de los gobiernos democráticos desde 1983, apoyó decididamente al matrimonio **Kirchner** y concilió posiciones con las Fuerzas Armadas.

Bonex (1990): Título del **Estado** emitido en dólares por el gobierno de C. **Menem**, canjeado en forma compulsiva a través del llamado **Plan B**.

Borbones (Europa, 1327 →): Dinastía europea de gobernantes, descendientes de Luis I, Duque de Borbón. Hubo B en los tronos de Francia (entre 1589-1791 y entre 1814-1830), España (entre 1700-1931 y a partir de 1975) y de Nápoles y Sicilia (entre 1735-1860). Son emblemáticos los gobiernos absolutistas de Luis XIII –con su Ministro Richelieu– y de Luis XIV. En España, Carlos III se destacó por sus medidas modernizadoras tanto en su país como en las posesiones americanas (**Reformas Borbónicas**).

Bordón, José Octavio (1945 →): Político argentino. Diputado y Gobernador de Mendoza por el **Partido Justicialista**. Formó **PAIS** y en alianza con otros partidos formó el **FREPASO**, por el cual fue candidato a Presidente en 1995, logrando el segundo lugar con el 30 % de los votos. Posteriormente regresó al **justicialismo**.

Boudou, Amado (1962 →): Economista y político argentino, Ministro de Economía entre 2009-2011 y Vicepresidente de la Nación desde ese año. En su juventud militó en la **UCEDE**, partido **liberal**, pero posteriormente se acercó al **kirchnerismo**. Al frente de ANSES, la administradora de jubilaciones, estatizó las **AFJP**. Sin embargo, la medida se vio empañada por los oscuros manejos de los fondos, destinados muchas veces a gastos ajenos a los pagos de jubilaciones (por ejemplo, para pagar intereses de la deuda externa). También se vio envuelto en escándalos de corrupción, entre ellos el de la imprenta Ciccone.

Braden, Spruille (1894-1978): Político norteamericano, embajador en la Argentina. Combatió la llegada de **Perón** al poder acusándolo de **nazi**, por lo que fue visto por los **peronistas** como un símbolo del imperialismo. Éstos popularizaron durante la campaña electoral de 1946 la consigna **"B o Perón"**, que ayudó al triunfo del **caudillo** argentino.

Braden o Perón **(12-2-1946):** *Slogan* del **Partido Laborista** en la campaña presidencial de 1946. Según los **peronistas, Braden** –embajador norteamericano en la **Argentina** y autor del *Libro Azul*– representaba al imperialismo y la entrega nacional y estaba ligado a la **Unión Democrática**. La frase puede interpretarse como "entrega del país al imperialismo o capitalismo nacional".

Bravo, Alfredo (1925-2003): Político y docente argentino, miembro del **Partido Socialista Democrático** y Presidente de la **Asamblea Permanente por los Derechos Humanos**. Diputado nacional, participó en el **FREPASO**, la **Alianza** y el **ARI**.

Bravo, Mario (1882-1944): Político y escritor argentino. Varias veces diputado y senador por el **Partido Socialista**, se destacó por sus proyectos sociales. Fue director del periódico *La Vanguardia*.

Bretton Woods (1 al 22-7-1944): Pacto firmado en esa ciudad norteamericana que determinó la política monetaria mundial de la segunda posguerra. Los acuerdos de BW dictaminaron que cada gobierno establecería un precio del dólar norteamericano en su moneda nacional (sistema de cambios fijos), mientras que EE.UU. fijaría el precio del oro en dólares. El dólar norteamericano se convertiría en moneda de reserva exterior de todos los países y en el medio de pago internacional. El sistema funcionó hasta 1971, cuando EE.UU. declaró la inconvertibilidad del dólar. Desde entonces rigió un sistema de cambio flotante. Del acuerdo surgió la creación del **FMI** y el **BIRD**.

Burguesía agropecuaria: Fracción de la clase **capitalista** dedicada al sector primario de la economía. En la Argentina, está representada, entre otras, por la **Sociedad Rural Argentina** (SRA).

Burguesía comercial: Fracción comercial de la burguesía, dedicada a la circulación y distribución de mercancías. En la Argentina, por ejemplo, pertenecen a la BC los grandes supermercadistas.

Burguesía financiera: Fracción de la clase **capitalista** dedicada al sector terciario de la economía, específicamente a la actividad bancaria. En la Argentina, está representada, entre otras, por la Asociación de Bancos (ADEBA).

Burguesía industrial: Fracción de la clase **capitalista** dedicada al sector secundario de la economía. Los primeros grupos de industriales tuvieron una participación decisiva en la **Revolución industrial**. En la Argentina, la BI está representada, entre otras, por la **Unión Industrial Argentina** (UIA).

Burguesía nacional: Fracción nacional de la clase **capitalista**. En la Argentina, por lo general se la identifica con la **burguesía industrial** de capital nacional, que produce para el mercado interno (ver **UIA** y **CGE**).

Burguesía rural: Ver **burguesía agropecuaria**.

C

Cabecitas negras (1930 →): Calificativo adjudicado a las masas rurales que confluyeron a las ciudades empujadas por el proceso de industrialización y que formaron un nuevo proletariado urbano, uno de los pilares de la base social del **peronismo**.

Cabildo (colonización española): Órgano de gobierno de las ciudades que los españoles fundaron en América durante su colonización, antecedente de las municipalidades.

Cabildo abierto: Ver **Revolución de Mayo**.

Cacerolazo: Forma de protesta que se expresa con el golpeteo de cacerolas. En general, se identifica con los sectores medios. Ejemplos: los C que precedieron a la caída de **Salvador Allende en Chile** (impulsados por sectores derechistas) y los del *"Argentinazo"* que llevaron a la caída de Fernando **de la Rúa** (con participación de sectores medios ahorristas o empobrecidos, desempleados y organizaciones **piqueteras** en rebelión).

Cafiero, Antonio (1922 →): Político y economista argentino, dirigente del **Partido Justicialista**. Ministro de Economía en la segunda y tercera presidencias de J. D. **Perón**. Fue impulsor de la Renovación **Peronista** y Gobernador de la Provincia de Buenos Aires.

Campaña del desierto (28-1-1833 / 25-3-1834): Enfrentamiento militar de las fuerzas **rosistas** y los **caudillos** del interior contra los malones indígenas, que culminó con la conquista de vastos territorios indígenas y el sometimiento de sus pueblos.

Campaña del desierto: Ver **conquista del desierto**.

Cámpora, Héctor José (1909-1981): Político y odontólogo **peronista** argentino, de tendencia **nacionalista** de **izquierda**, elegido Presidente de la Nación tras las elecciones de marzo de 1973. Fue desplazado a los pocos meses por el ala **derecha** del gobierno, permitiendo el regreso al poder de Juan D. **Perón**, tras el gobierno interino de R. **Lastiri**.

Cámpora al gobierno, Perón al poder (1973): Consigna de la campaña electoral de marzo de 1973. Significaba que **Cámpora** –que era el candidato del **peronismo** ante la proscripción de Perón– representaba el poder formal y **Perón**, el poder real.

Cancha Rayada: Ver **Batalla de Cancha Rayada**.

Capitanes de la industria (1880 →):

Fracción de la **burguesía industrial** argentina con capacidad inversora y exportadora, y vínculos con el mercado financiero internacional. En la década de 1880 fueron fundadas gran parte de las empresas más características de los CI: Tornquist, Bunge y Born, Alpargatas, Zorraquín, Bagley y el diario La Nación. Entre 1915 y 1925 se fundaron Ledesma, Astra, Loma Negra, etc. Entre 1945 y 1955 se crearon Fate, Techint, Pérez Companc, Bridas, Arcor, BGH, Massuh y el diario Clarín. Sector habituado a cohabitar con el poder político, la estatización de la **deuda externa** de 1982 benefició a estas empresas de capital local.

Capitanías generales (colonización española): Divisiones territoriales establecidas por la Corona española en América.

Carapintadas (1987 →): Militares argentinos encabezados por Aldo **Rico** y Mohammed Alí Seineldín. En la **Semana Santa** de 1987 –y en acciones posteriores– presionaron al gobierno **radical** de **Alfonsín** para evitar el juzgamiento de los militares acusados de torturas, desapariciones y asesinatos en masa durante el "**Proceso**". Los C obtuvieron lo reclamado, ya que Alfonsín les concedió las Leyes de **Punto Final** y de **Obediencia Debida**.

CARBAP: Sigla de la Confederación de Asociaciones Rurales de Buenos Aires y La Pampa, asociación gremial que forma parte de las **Confederaciones Rurales Argentinas**. Nuclea a los sectores que si bien en algunos casos tienen grandes extensiones de tierra, son de menor valor porque no son de invernada sino de cría (ver **criadores**).

Carne congelada (1883-1921): Tecnología creada por Charles Tellier, que precedió a la etapa de la **carne enfriada**. La carne se congela a entre diez y veinticinco grados bajo cero, manteniéndose inalterable por meses. En nuestro país, fue vital para la instalación de los **frigoríficos** y el enorme crecimiento de las exportaciones de carne, especialmente a Inglaterra. Posteriormente, fue desplazada por la carne enfriada o *chilled beef*.

Carne enfriada (1908 →): Método de mantenimiento y comercialización de la carne que reemplazó a la **carne congelada**. La carne se congela a 0°C de temperatura, con una inalterabilidad limitada (unos cuarenta días), pero con mejor sabor. También conocido como *chilled beef*, a partir de 1900, la técnica del congelado mejoró, permitiendo congelar bovinos (hasta 1900 las gran mayoría de las **exportaciones** eran de carne ovina, en lo que se conoce como **ciclo de la lana**). Pero luego, se logró obtener un tipo de carne que mantuvo las características de la carne fresca: el "*chi-*

lled" o enfriado, explotada por **frigoríficos** norteamericanos desde 1908. Desde 1921, la sustitución del congelado por el enfriado fue muy fuerte, lo que provocó una crisis ganadera. Dado que sólo las tierras del oeste de la Provincia de Buenos Aires eran aptas para alimentar a los *chillers* –eran tierras llanas y secas, donde florecía la alfalfa–, se generó una división en dos fracciones de ganaderos: los **criadores** alimentaban a los animales hasta los diez meses, para trasladarlos al sector más poderoso –los **invernadores**–, que los engordaban y vendían a los frigoríficos.

Carne salada: Carne elaborada en los **saladeros** americanos que se sumergía en trozos dentro de una tina de salmuera durante de un mes. Fue típica de la **estancia colonial.**

Carpa blanca (2-4-1997 / 30-12-1999): Método de protesta implementado por el **sindicato** docente CTERA, consistente en la instalación de una carpa frente al Congreso, donde grupos de docentes se turnaban para hacer ayunos de protesta contra la política educativa del gobierno de C. **Menem.** Fue levantada cuando triunfó la **Alianza**, a la que adhirieron la mayor parte de los dirigentes de la CB.

Carrió, Elisa María Avelina (1956 →): Política y abogada argentina proveniente de la **UCR**, partido con el que rompió para fundar el **ARI**, fuerza que se alineó inicialmente con el llamado **centroizquierda**, predicando el combate a la corrupción y proponiendo un "nuevo contrato moral". Con el ARI, C obtuvo alrededor del 14 % de los votos en las elecciones presidenciales de 2003, llegando al segundo lugar con el 23 % en las presidenciales del 2007 representando a la **Coalición Cívica**. Varias veces diputada, se ubicó en una oposición por derecha a los gobiernos peronistas de N. **Kirchner** y Cristina **Fernández de Kirchner.**

Casa de Contratación (colonización española, 10-1-1503 / 18-6-1790): Organización con sede en Sevilla creada para controlar el comercio entre España y sus colonias americanas. En 1526 se subordinó al Consejo de Indias. Aunque subsistió cincuenta años más, las **Reformas Borbónicas** le quitaron toda importancia.

Caseros: Ver **Batalla de Caseros.**

Castelli, Juan José (1764-1812): Político y abogado argentino. Participó en la **Revolución de Mayo** y fue vocal de la **Primera Junta**, apoyando las posiciones radicalizadas de Mariano **Moreno**. Ordenó la ejecución de Santiago de **Liniers** y proclamó el fin de la servidumbre indígena en el **Alto Perú.**

Castells, Raúl (1953 →): Político, sindicalista y **piquetero** argentino, luego de militar en las filas de varios partidos de **izquierda**, fundó el Movimiento Independiente de Jubilados y Pensionados, con el que se integró a la **CCC**. Posteriormente, rompió con esta organización y el MIJP pasó a ser el **MIJD –Movimiento Independiente de Jubilados y Desocupados**–. Desde 2001, C se agrupó dentro de los llamados "piqueteros duros", aunque siempre desde una posición autónoma, reacia a disciplinarse con el resto de las organizaciones. Se opuso a los gobiernos de **Menem**, **De la Rúa**, **Rodríguez Saá**, **Duhalde** y **Kirchner**, aunque mantiene un estilo pendular, con planteos y acciones de impacto mediático que van desde la derecha a la izquierda. Actualmente es aliado de los hermanos Rodríguez Saá.

Castillo, Ramón S. (1873-1944): Político y abogado **nacionalista conservador** argentino, como Vicepresidente reemplazó a Roberto **Ortiz** en la presidencia en 1942, siendo derrocado por el **golpe de Estado de 1943**. Ligado a la **oligarquía terrateniente**, frente a la **Segunda Guerra Mundial** mantuvo la neutralidad, aunque simpatizaba con el Eje.

Caudillos (1810-1862): Líderes regionales del interior del país (como Facundo **Quiroga**), el Litoral (Francisco **Ramírez** y Estanislao **López**) y de Buenos Aires (J. M. de **Rosas**) que concentraban **poder** político y económico y arrastraban tras de sí a las masas rurales. Aunque levantaban la bandera del **federalismo** popular, la mayoría de ellos terminaron convalidando un orden hegemonizado por las fuerzas centralistas y terratenientes.

Cavallo, Domingo Felipe (1946 →): Economista y político argentino de tendencia neoliberal. Ocupó cargos en la dictadura militar del **Proceso de Reorganización Nacional** –como director del Banco Central estatizó la **deuda externa** privada– y en los gobiernos de Carlos **Menem** –lanzando el **Plan de Convertibilidad**– y Fernando **De La Rúa**–implementando el *corralito*–. Fundador de **Acción por la República**.

CCC (Argentina, 1997 →): Sigla de la **Corriente Clasista y Combativa**, movimiento sindical y **piquetero** ligado al **maoísta Partido Comunista Revolucionario, PCR**. La C ha tenido una importante presencia en el movimiento piquetero en sus inicios, con el sindicalista jujeño Carlos "el Perro" **Santillán** como principal dirigente. De hecho, fue el primer grupo piquetero, desarrollando un amplio trabajo barrial y gremial. Impulsó además, las dos primeras asambleas nacionales piqueteras en 2001, junto con la **FTV** de Luis **D´ Elía** y el **Polo Obrero**. Su alineamiento con la FTV y la **CTA**, llevaron a la C a tener un rol pasivo frente a los hechos del

Argentinazo y a moderar posiciones y negociar con los diversos gobiernos, especialmente con los de signo **peronista**, surgidos tras la caída de F. **De la Rúa** en 2001. Esto ha provocado rupturas en su interior –de su seno surgió el **MIJD** de Raúl **Castells**– y cortocircuitos con los llamados "piqueteros duros", agrupados en la **ANT**. En 2008 se alineó con los sectores rurales patronales en el conflicto de éstos con el **kirchnerismo**.

CEE: Ver **Comunidad Económica Europea**.

Central de Trabajadores Argentinos: Ver **CTA**.

Centro-periferia (CEPAL/teoría de la dependencia): Relación que se estableció a partir del siglo XIX –en el marco de la **Segunda Revolución Industrial**– entre los países desarrollados –el centro– y subdesarrollados –la periferia–, basada en la exportación de bienes primarios desde la periferia hacia el centro y la exportación de manufacturas y capitales desde el centro hacia la periferia, en el contexto de la división internacional del trabajo. El esquema C-P explica, según esta visión (crítica de la teoría de las ventajas comparativas), el atraso de la mayoría de los países latinoamericanos, africanos y asiáticos.

CEPAL (América Latina, 1948 →): Comisión Económica para América Latina y el Caribe, organismo regional de la ONU dedicado al estudio de las economías latinoamericanas. Fue dirigida en sus inicios por Raúl **Prebisch**, economista de posiciones **desarrollistas** y con planteos para industrializar la región profundizando la **sustitución de importaciones**, quien argumentaba que la participación en la **división internacional del trabajo** perjudica a los países primario-exportadores por el deterioro en los términos del intercambio. La C, con una posición que se dio en llamar "dependentista estructuralista", recomendó que América Latina debía corregir su histórico "desarrollo hacia afuera", rompiendo con el esquema centro-periferia e intentando iniciar un "desarrollo hacia adentro" mediante la integración económica y reformas estructurales inspiradas en la teoría de la modernización, incluyendo además una mejora en la distribución del ingreso y políticas proteccionistas, exportadoras y de integración regional. Sus posturas fueron criticadas por los dependentistas **marxistas** y por los neoclásicos. Desde la década de 1980 la CEPAL se orientó a posiciones neoliberales.

Cepeda: Ver **Batalla de Cepeda**.

Cereijo, Ramón Antonio (1913-1996): Economista argentino, Ministro de Hacienda del gobierno de Juan D. **Perón**.

CGE (14-5-1950 →): Sigla de la **Confederación General Económica**, surgida en 1950 pero recreada en 1953 con el auspicio del gobierno **peronista**, siendo José Ber **Gelbard** su presidente, luego Ministro de Economía de J. **Perón** entre 1973 y 1974. En la C participaron la Confederación Económica Argentina, CEA, la **Sociedad Rural Argentina**, **Confederaciones Rurales Argentinas**, la Cámara Argentina de Comercio, la Bolsa de Comercio de Buenos Aires, las cámaras de la intervenida y disuelta **UIA** y CAPIC, que agrupaba a empresarios del interior. Esto significa que prácticamente todas las organizaciones empresariales participaron en la fundación de la C. Consumado el **golpe de Estado de 1955** que derrocó a Perón, los empresarios rurales tradicionales criticaron a la C y se apartaron de ella, diciendo que habían sido obligados por el gobierno peronista a agremiarse en la misma. Tras ser rehabilitada por **Frondizi**, la nueva C cambió su carácter para representar a las pequeñas y medianas industrias, especialmente del interior, tradicionalmente vinculados al desarrollo del mercado interno (a diferencia los grandes grupos exportadores, ligados a la UIA), por ejemplo en las industrias textiles, electrónica, autopartistas, etc, más económicamente vulnerables y necesitados de políticas proteccionistas (sobre todo en momentos en que el capital extranjero estaba entrando fuertemente en el país), constituyendo la parte más débil de la llamada **burguesía nacional.**, Fue disuelta entre 1955-58 por la **Revolución Libertadora** y entre 1976-83 por el **Proceso de Reorganización Nacional.**

CGT (27-9-1930 →): Confederación General del Trabajo, máxima organización que agrupa a los **sindicatos**. Surgió de la fusión de la **Unión Sindical Argentina (USA)** y la **Confederación Obrera Argentina (COA)**. Desde 1936 la C de **socialistas** y **comunistas** fue preminente sobre otros agrupamientos **sindicalistas** (USA, FOM, FOET, ATC y otros). Los comunistas ingresaron a la C en 1935, en base a la idea de un frente popular antifascista. Perseguida durante la *Década Infame*, la C obtuvo reconocimiento con la llegada del **peronismo**, pasando de algo más de trescientos mil afiliados en 1943 a cuatro millones en 1948, aunque fue cooptada por el **Estado**, perdiendo toda independencia (la **C N° 2** formada por socialistas y comunistas fue disuelta) y consolidando en su seno a la llamada **burocracia sindical** (ver **Ley de Asociaciones profesionales**). En abril de 1950 un Congreso extraordinario de la C declaró oficialmente la dependencia de la entidad del Presidente **Perón**. Tras el **golpe de 1955**, la C fue intervenida y se disolvieron todas las comisiones internas en las empresas. Luego de un período de retroceso por la persecución al peronismo y tras varios congresos normalizadores, bajo la conducción de Augusto T. **Vandor** la C apoyó el golpe de Estado de 1966, lo que produjo una escisión izquierdista en 1968, la **C de los Argentinos**. La C volvió a tener fuerza durante el tercer gobierno peronista, entre 1973 y 1976. El **Proceso de Reorganización Nacional** atacó con enorme dureza al sindicalismo, período en que éste se dividió en dos fracciones: la **C Azopardo** y la **C República Argentina**. Posteriormente, la central sindical –unificada en 1984– se opuso a los gobiernos **radicales** de Raúl **Alfonsín** y Fernando **De la Rúa**, y apoyó a los gobiernos peronistas de Carlos **Menem**, Eduardo **Duhalde** y Néstor **Kirchner**. Durante el **kirchnerismo** la C sufrió divisiones; Hugo **Moyano** la lideró apoyando primero al gobierno y rompiendo después, lo que provocó que un sector se mantuviera en el oficialismo. En la actualidad la C está dividida en tres partes y su dirección –la tradicional burocracia sindical peronista– se ha debilitado, permitiendo el crecimiento del sindicalismo combativo de izquierda.

CGT Azopardo (30-3-1968 / 3-7-1970): Uno de los dos sectores en que se dividió la **CGT**, enfrentado a la **CGT de los Argentinos**. La CA planteó un apoyo crítico a la **Revolución Argentina** (su lema era "presionar y negociar") y estaba encabezada por el metalúrgico Augusto T. **Vandor**. Contaba con el apoyo de los **sindicatos** de comercio, carne, gastronómicos, molineros (Roqué fue nombrado Secretario General) y del vestido (José Alonso, líder de las "62 de pie Junto a Perón"). La CA formó la "Comisión de 20 Gremios" para fortalecer su posición de fuerza en las negociaciones con la dictadura militar. A mediados de 1970, ya con los militares planteando su retirada (reemplazo de **Onganía** por **Levingston**), la CGT se volvió a unificar plenamente con el acuerdo entre vandoristas y **participacionistas**, siendo José **Rucci** su secretario general. Las **62 Organizaciones** se rearmaron como brazo gremial del **justicialismo** y el vandorismo logró imponer sus condiciones a los participacionistas de Alonso (que habían sido abiertamente partidarios del gobierno de Onganía).

CGT Azopardo (19-5-1982 / 25-1-1984): Sector sindical de la **derecha peronista** que reemplazó a la CNT. Fue encabezada por Jorge Triaca. A la CA se le opuso otro sector sindical peronista: la **CGT Brasil**. En 1984, ambas tendencias se unificaron.

CGT Azopardo (11-10-1989 / 24-3-1992): Sector sindical encabezado por Saúl **Ubaldini** que se enfrentó a la menemista **CGT San Martín** de Güerino Andreoni.

CGT Azopardo (12-7-2012 →): Sector sindical encabezado por Hugo **Moyano** surgido de la ruptura del sindicalista camionero con el gobierno de Cristina **Fernández de Kirchner.**

CGT Azul y Blanca (2008 →): Sector sindical encabezado por el dirigente gastronómico Luis Barrionuevo. Se mantuvo en la oposición al kirchnerismo, aunque no se unió con el sector de **Moyano** cuando éste rompió con el oficialismo.

CGT Auténtica (1-9-1957): Reunificación de diferentes grupos sindicales **peronistas** que se habían dispersado y actuaban en la clandestinidad tras la intervención de la **CGT** por el gobierno de la **Revolución Libertadora** (CGT Única e Intransigente, CGT de Emergencia, **CGT Negra** y Comando Sindical). Su líder era Andrés Framini, quien años después participara en la conducción de la CGT.

CGT Brasil (29-10-1980 / 25-1-1984): Sector sindical **peronista** encabezado por Saúl **Ubaldini** y Lorenzo **Miguel** también denominado **CGT República Argentina**, enfrentado a la **CGT Azopardo.** El 30 de marzo de 1982 impulsó una marcha a Plaza de Mayo que fue duramente reprimida por la dictadura militar del **Proceso de Reorganización Nacional.** En 1984 se reunificó con el otro sector cegetista.

CGT Catamarca (12-12-1935 / 10-6-1937): Nombre que adoptó la **CGT** cuando los **sindicalistas** quedaron en soledad, tras la escisión del sector **socialista** y **comunista** (que se dio en llamar **CGT Independencia**). Su líder era Antonio Tramonti. En 1937, recuperó la vieja denominación de **USA**, pero quedó en minoría frente al sector de la calle Independencia, que retomó el nombre de CGT.

CGT de los Argentinos (30-3-1968 / 3-7-1970): Organización sindical disidente de la **CGT**, con la cual rompió acusando a ésta de colaboracionista de las dictaduras militares (este sector pasó a denominarse **CGT Azopardo** y la CGTA, **CGT Paseo Colón**). Tenía posiciones **nacionalistas** de **izquierda** y su principal dirigente fue Raimundo **Ongaro**. La CGTA tuvo importante presencia en el *Cordobazo* de 1969, pero se disolvió con la reunificación de la CGT en julio de 1970.

CGT Disidente: Ver **MTA.**

CGT Independencia (12-12-1935 / 10-6-1937): Uno de los dos sectores en que se dividió la **CGT** (el otro era la sindicalista **CGT Catamarca**, que desde 1937 pasó a llamarse **USA**), formada por los principales **sindicatos** (ferroviarios, textiles, **comercio**, etc) vinculados a los **socialistas** y a los **comunistas**. La unidad sindical de estos sectores los convirtió en mayoría, lo que coincidió con la política internacional de la **izquierda** de la época: el frente popular. Su líder era José **Domenech**, quien asumió como Secretario General de la CGT en 1937.

CGT N° 1 (10-3-1943 / 27-8-1943): Uno de los dos sectores en que se dividió la **CGT**, formado por la Unión Ferroviaria, la Unión Tranviarios y otros sindicatos menores, no partidistas (aunque había **socialistas**, como José Domenech). Planteó la prescindencia política y la defensa exclusiva de derechos corporativos, favoreciendo además las negociaciones con los gobiernos. Fue el sector favorecido por los militares que encabezaron el **golpe de Estado de 1943**.

CGT N° 2 (10-3-1943 / 17-1-1944): Uno de los dos sectores en que se dividió la **CGT**, formado por una de las dos fracciones del **socialismo**, junto con los **comunistas**, apoyada por los **sindicatos** industriales, los trabajadores municipales y los empleados de comercio. La nueva dictadura militar surgida del **golpe de Estado de 1943** la disolvió planteando que allí estaba el comunismo y dispuso una serie de limitaciones al movimiento obrero, como la restricción del derecho de huelga. Sus líderes eran el socialista Francisco Pérez Leirós y el comunista Ángel Borlenghi.

CGT Negra (16-11-1955 / 1-9-1957): En torno a la CN hay dos versiones. Una sostiene que se trató de una organización sindical activa durante la *Resistencia peronista*, colaboradora en el intento de golpe de Estado del General **Valle** e impulsora de la huelga general insurreccional contra la **Revolución Libertadora**. Andrés Framini, en cambio, rechaza esta versión y sostiene que la CN fue el primer intento –fallido- de impulsar el *"peronismo sin Perón"* que después encabezara **Vandor**. De acuerdo con la primera versión, la CN se sumó a la **CGT Auténtica** de Framini en 1957; de acuerdo con la segunda, no pasó de un par de reuniones efímeras.

CGT *participacionista* (30-3-68 / 3-7-1970): Línea interna de la **CGT Azopardo**. Su líder era el dirigente del vestido José Alonso, que había formado las **"62** de pie Junto a **Perón"** (disueltas por éste el 20 de mayo de 1968), en oposición al *"peronismo sin Perón"* de **Vandor**. Junto con Rogelio Coria (construcción), representaron al sector más cercano al **gobierno de** Juan C. **Onganía**.

CGT Paseo Colón: Ver **CGT de los Argentinos**.

CGT República Argentina: Ver **CGT Brasil**.

CGT San Martín (10-1989 / 24-3-1992): Sector sindical **menemista** encabezado por Güerino Andreoni que se enfrentó a la **CGT Azopardo** de Saúl **Ubaldini**.

Charque: Finas y anchas tiras de carne vacuna seca, que se colocaban sobre cueros, cubriéndoselas con sal. El C fue un producto propio de la **estancia colonial** y se exportaba a Brasil y Centroamérica por ser una carne de baja calidad destinada a alimentar a los esclavos que trabajaban en esas regiones. Su declinación se produjo a partir de 1850, cuando el surgimiento del **frigorífico** modificó la forma de conservación de la carne. También llamado tasajo o charqui.

Che Guevara: Ver **Guevara de la Serna, Ernesto "Che" Rafael.**

Chicago boys: Denominación de un grupo de economistas que adhirieron a la política económica neoliberal a partir de los planteos emanados de la Escuela de Chicago, orientada entre otros por Milton Friedman, especialmente en las décadas de 1970 y 1980. En la Argentina, el símbolo de los CB fue José A. **Martínez de Hoz.**

Chiclana, Feliciano Antonio (1761-1826): Jurisconsulto argentino. Participó en la defensa frente a las **invasiones inglesas**. En la **Revolución de Mayo** se colocó en la posición moderada, planteando que el Cabildo asumiese el gobierno provisoriamente hasta la restitución del mismo a la Corona española. Luego fue integrante del **Primer Triunvirato**.

Chupaderos **(1976-1983):** Denominación dada a los lugares de detención de opositores políticos durante la dictadura militar del **Proceso de Reorganización Nacional**. Los CH eran campos de concentración, donde fueron torturadas y/o murieron miles de personas. Se calcula que hubo un total de quinientos veinte CH.

Chusma **(décadas de 1910 y 1920):** Expresión de la **oligarquía** y los sectores **conservadores** argentinos, para designar despectivamente a las masas populares que simpatizaban con el **radical** Hipólito **Yrigoyen**.

Ciclo de la lana (1850-1890): Período de auge del ganado ovino, consistente en la obtención de grandes cantidades de lana –que el merino ofrecía– para su exportación a Gran Bretaña, Francia y Bélgica. El CL reemplazó al tasajo como producto pecuario exportable. Los éxitos que en los primeros años de la década de 1880 tuvo el **frigorífico**, llevaron a mejorar los planteles ovinos, reemplazándolos por variedades de Lincoln, con más provisión de carnes. En esta primera etapa, el frigorífico prefería la carne ovina -más pequeña y refinada- a la vacuna. Las existencias de ganado lanar aumentaron en forma continua hasta llegar a un máximo -hacia fines de siglo XIX- cuando superaron los setenta y cuatro millones de cabezas. Sin embargo, hacia 1890, la lana perdió su lugar preponderante para ser ocupado por la **ganadería** vacuna refinada y la agricultura cerealera.

Cimarrón: Ganado salvaje, no domesticado o que –domesticado– escapa al campo. Fue típico de la colonización en América.

Cinco por uno, no va a quedar ninguno **(31-8-1955):** Consigna cantada por los **peronistas** luego de que **Perón** dijera "Por cada uno de los nuestros (los peronistas) que caiga, caerán cinco de ellos (los antiperonistas, los *gorilas*)", días previos al **Golpe del 55** que lo derrocó.

5 y 6 de abril (5 y 6-4-1811): En la noche del 5 de abril y la madrugada del 6 de 1811 se juntaron en la Plaza Mayor de Buenos Aires, las tropas de guarnición y unos mil quinientos labradores de las quintas de los suburbios de la Ciudad, llevados por los alcaldes de barrio, liderados por Tomás Grigera. Los *orilleros* presentaron un petitorio –redactado por el abogado Joaquín Campana– logrando la expulsión y destierro de los vocales morenistas de la **Junta Grande** y el arresto de unos cien simpatizantes. Tras la rebelión, las *élites* tomaron nota de que si por una parte podían restringir la participación electoral del pueblo, éste tenía otras formas de intervención política, por medio de la acción directa.

Cipayo: Término de origen **nacionalista** y **populista** que alude despectivamente a aquel que se ha entregado al interés extranjero. El término C se originó en los soldados indios que peleaban en su país en favor de las potencias europeas. En la Argentina, se suele utilizar en referencia a la **oligarquía** agro-exportadora.

Círculo de Obreros Católicos (2-2-1892 / 5-4-1931): Agrupamiento obrero creado por el padre Federico Grote bajo la influencia de la encíclica *Rerum Novarum*. El COC tenía como objetivo detener el avance de las ideas de la **izquierda revolucionaria** entre los trabajadores instaurando un **sindicalismo** de colaboración de clases (su lema era "proletarios del mundo, uníos en Cristo"). En 1931, ya con monseñor Miguel de Andrea al mando, el COC se integró a la **Acción Católica**. Contaba con unos ochenta **sindicatos** que reunían a unos treinta y cinco mil miembros.

Cisneros, Baltasar Hidalgo de (1755-1829): Almirante español, último **Virrey** en el **Virreinato del Río de la Plata**, destituido por la **Revolución de Mayo** de 1810.

Civilización y barbarie (Domingo F.

Sarmiento, 28-7-1845): Frase dirigida en especial contra **Rosas** y su régimen, que hacía referencia a la superioridad de la vida urbana por sobre la rural. En su visión, Buenos Aires simbolizaba la inmigración y la cultura de Europa, centrada en el progreso económico, un gobierno organizado y una óptica científica (basada en la filosofía del positivismo). Para **Sarmiento**, el mal que aquejaba a nuestro país era la llanura vacía del desierto. La ciudad, en cambio, representaba el progreso, la libertad, la civilización; el campo es antisocial, representa la anarquía, la ignorancia, la barbarie. El interior representaba a la cultura española e indígena, una economía estancada, la falta de un gobierno de la ley y valores tradicionalistas (y religiosos) opuestos a los cambios. CYV representa la idea de que una –la civilización– debe terminar con la otra –la barbarie–. En su obra *Facundo*, Sarmiento dice que de lo que se trata es de "ser o no ser salvajes". Si la eliminación es imposible sólo queda el exterminio, que es lo que finalmente ocurrió con los aborígenes en la **Conquista del Desierto.**

COA (1-2-1926 / 27-9-1930): Sigla de la **Confederación Obrera Argentina**, central sindical **socialista** surgida de la ruptura de éstos con los **sindicalistas de la FORA del 9º Congreso.** La C tenía el apoyo del **sindicato** más importante de la época, la Unión Ferroviaria (su dirección no pertenecía al **Partido Socialista**), con veinte mil afiliados. También estaban los estatales, gráficos, empleados de comercio, etc. Al formarse el Comité Nacional Sindical de la CGI, se le unieron los llamados "antipolíticos". En 1930, la C se unió a la **USA sindicalista** para formar la **CGT.**

Coalición Cívica (10-4-2007 / 14-12-2011): Coalición fundada por el **ARI** y **PAIS** a la que se sumaron el **GEN** y Unión por Todos. En 2009 pasó a llamarse CC-ARI, provocando el retiro del GEN en ese año y de UPT en 2011. Su principal dirigente fue Elisa **Carrió.**

Cobos, Julio (1955 →): Político **radical**, Vicepresidente de Cristina **Fernández de Kirchner** entre 2007-2011, motivo por el que fue expulsado de la **UCR.** Tras su apoyo a los sectores agropecuarios durante la crisis de estos sectores con el gobierno en 2008 rompió con el **kirchnerismo** y volvió a su partido. Diputado nacional desde 2013.

Cocidos **(fines del siglo XIX):** Denominación de los **liberales** mitristas enfrentados a los autonomistas de A. **Alsina**, los *"crudos".*

Código Civil (1-1-1871 →): Fue redactado por Dalmacio Vélez Sársfield en 1864 y aprobado durante la presidencia de Nicolás **Avellaneda**. Materias: Matrimonio, Registro Civil, Derechos civiles de la mujer, Arrendamientos urbanos, Bien de familia, Filiación matrimonial y extramatrimonial, Adopción y Propiedad horizontal.

Código de Comercio (1859 →): Fue redactado por Dalmacio Vélez Sársfield. Está formado por cuatro libros: De las Personas, De los Contratos de Comercio, De los derechos y obligaciones que surgen de la navegación y De las Quiebras.

Código Penal (1886 →): Fue redactado en 1863 por Carlos Tejedor durante la presidencia de Bartolomé **Mitre**, entrando en vigencia dos décadas después.

Codovilla, Vittorio (1894-1970): Político ítalo-argentino, fundador del **Partido Comunista** argentino y el más importante dirigente latinoamericano del **comunismo** prosoviético. Su orientación fuertemente **stalinista** distanció al **PC** de las masas obreras, especialmente con el surgimiento del **peronismo**.

Colonización española (América Latina, 12-10-1492 / 9-12-1824): Proceso de sometimiento de la mayor parte del continente americano por parte de la Corona española, iniciado con el **Descubrimiento de América**. Cuando a fines del siglo XV España y Portugal formaron sus imperios coloniales en la periferia, la economía europea se convirtió en economía mundial de la mano de los metales americanos, la pimienta de Oriente y los esclavos de África. Con el fin de aliviar conflictos sociales, estas fuertes monarquías absolutas prometieron tierras de ultramar a la nobleza de hidalgos empobrecidos. Las ambiciones de todos ellos llevaron al desarrollo de la navegación, la astronomía y la cartografía. La posición geográfica de la península ibérica fue también clave. Así, en 1488 Bartolomé Díaz llegó al sur de África (Cabo de Buena Esperanza), en 1492 Colón recaló en América, en 1498 Vasco de Gama lo hizo en Calcuta y en 1520 Magallanes completó el primer viaje de circunnavegación. El imperio portugués unió una extensa línea de lugares costeros, como puertos, factorías y depósitos, con el fin de controlar el tráfico marítimo. En cambio, España privilegió la conquista de territorios y poblaciones. Ambos imperios compartían la idea de que la riqueza no se creaba sino que se acumulaba. Dada esta concepción estática de la riqueza, el monopolio pasó a ser la mejor garantía de acumulación (ver mercantilismo). La CE implicó la ocupación militar de los territorios aborígenes, la matanza o explotación servil o esclava de éstos (bajo tres formas: **encomienda**, **mita** y **yanaconazgo**), la imposición de una cultura y una religión ajenas y la transferencia de inmensas riquezas desde América hacia Europa. Como consecuencia de las matanzas, las condiciones inhumanas de explotación laboral y la propagación de enfermedades provenientes de Europa –para las que los indígenas no tenían defensas–, la población nativa del continente descendió de entre cuarenta y ochenta millones de habitantes a diez millones (incluyendo los dominios de Portugal), con una cifra similar de europeos y mestizos al final del proceso. La CE fue impulsada por el predominio del mercantilismo y la lucha de España contra las potencias competidoras de la época –Portugal, Inglaterra y Holanda–. En este contexto, la **burguesía comercial** y la Iglesia Católica desembarcaron conjuntamente en el "nuevo continente", obteniendo metales preciosos, materias primas y alimentos, y encontrando un enorme nuevo mercado para la colocación de las crecientes manufacturas elaboradas en Europa. Si bien la CE fue controlada por España, el atraso relativo tanto de ésta como de Portugal abrieron las puertas para que potencias económicamente más avanzadas se llevaran el grueso de los beneficios, como fue el caso de Inglaterra y Holanda. Las discusiones acerca de qué modo de producción imperó en la CE no se han cerrado. Están los que plantean un predominio del **feudalismo**, los que sostienen la formación de un incipiente **capitalismo** y quienes hablan de formas mixtas, que incluyen elementos feudales, capitalistas, esclavistas, artesanales, entre otros. La CE se derrumbó con el triunfo de la **Revolución Francesa** y el avance del capitalismo en Inglaterra, desembocando en los procesos de independencia de las naciones latinoamericanas a principios del siglo XIX.

Colono: Habitante de una colonia o territorio destinado al cultivo de la tierra. El C puede ser un campesino libre o estar adscripto a la tierra en forma forzosa o hereditariamente (aproximándose a la condición del siervo). Ambas formas se dieron en diferentes épocas en Roma antigua y la Edad Media. También se le llama C al individuo que emigra a tierras lejanas dominadas por su país de origen, tierras adonde traslada sus costumbres, su cultura y su lengua. En la Argentina, se llamó C a los **inmigrantes** que entre fines del siglo XIX y principios del siglo XX se hicieron propietarios de pequeñas chacras con un crédito o subsidio del **Estado**. En realidad, fueron una minoría, destacándose especialmente los que se instalaron en Santa Fe (la primera fue la colonia Esperanza, en 1856).

Colorados: Ver *Azules y Colorados.*

Colorados del Monte (siglo XIX): Denominación recibida por el ejército que apoyaba a Juan M. de **Rosas**, formado con peones de sus estancias.

Columna vertebral: Papel adjudicado por J. D. **Perón** a los **sindicatos** dentro del movimiento **peronista**. La CV hace referencia al rol de sostén del movimiento por parte de los trabajadores, lo que implica –por contraste– la no participación de éstos en la conducción del proceso, reservado a los militares **nacionalistas** y la **burguesía nacional**. Siendo la **clase obrera** la CV, el General **Perón** aparecía como la cabeza pensante y dirigente.

Comandos civiles (**1955**): Grupos civiles antiperonistas que apoyaron con acciones diversas el **golpe de Estado de 1955** que derrocó a Juan D. **Perón** y persiguieron a sus partidarios durante la **Revolución Libertadora**.

Combativo: Dícese del militante o dirigente político o sindical que está siempre dispuesto a luchar en forma consecuente y que repudia las negociaciones oscuras o a espaldas de las bases con las que se moviliza. Por ejemplo, el *Cordobazo* hizo surgir al llamado **sindicalismo C**, opositor de la **burocracia sindical** y con posiciones **clasistas** y de **izquierda**. Entre sus dirigentes, se destacaron Agustín **Tosco**, René **Salamanca**, José Páez y Gregorio Flores.

Comisión de los 25 (**1-3-1977 / 29-10-1980**): Sector sindical **peronista** que impulsó el primer paro general contra el gobierno militar del **Proceso de Reorganización Nacional**, el 27 de 1bril de 1979. En 1980 la C 25 se integró a la **CGT Brasil**.

Comisión Económica para América Latina: Ver **CEPAL**.

Comité de Unidad Sindical Clasista: Ver **CUSC**.

Commonwealth of Nations (**11-12-1931**): Voz inglesa que significa "comunidad de naciones". El *CON* es una organización jurídico-política que expresa la continuidad del Imperio Británico y agrupa a Inglaterra y sus colonias, protectorados, dominios, junto con algunos Estados autónomos e independientes, como Australia y Canadá. Luego de la **Segunda Guerra Mundial** se redujo considerablemente la cantidad de sus miembros.

Comprar a quien nos compra (**15-3-1927**): Frase pronunciada por el Presidente de la **Sociedad Rural Argentina**, Luis Duhau, en favor de suspender las importaciones norteamericanas y privilegiar las inglesas. Se convirtió en un *slogan* del sector de los **invernadores**, ganaderos acomodados que planteaban la permanencia del comercio con Inglaterra, en detrimento de EE.UU., país que vendía productos a la Argentina, pero prácticamente no le compraba (los norteamericanos -a diferencia de los británicos- eran exportadores también de productos agropecuarios).

Compre nacional: Compra privilegiada a los productores nacionales por parte del **Estado**. En nuestro país fue una práctica importante durante la **sustitución de importaciones**, y fue propuesto especialmente por el Ministro de Economía de **Levingston**, Aldo **Ferrer**.

Comunidad Económica Europea (Europa, 1-1-1958 / 31-12-1991): Organización internacional del viejo continente creada con el objetivo de diseñar una política comercial o mercado común. En lo político, funciona a través del Parlamento Europeo. Fue sucedida por la **Unión Europea**.

Comunidad organizada (peronismo): Concepción de la sociedad basada en una visión corporativista de representación funcional, en oposición a la lucha de clases propia de la visión **marxista** y a la óptica individualista del **liberalismo**. En la CO, cada sector suma su aporte a un proyecto común de armonía social.

Con la democracia se come, se cura y se educa (Raúl Alfonsín, 1983): Frase pronunciada por **Alfonsín** durante la campaña electoral que lo llevó a la presidencia. La expresión hacía referencia a la confianza plena del **radicalismo** en que la democracia solucionaría por sí sola los graves problemas que tenía el país. De algún modo, la expresión sintetizó una visión idealista que confía en que el cambio en las formas puede producir un cambio en los contenidos.

CONADEP (15-12-1983 / 20-9-1984): Comisión Nacional sobre la Desaparición de Personas, organismo creado por el gobierno de **Alfonsín** y formado por el escritor Ernesto Sábato y otras personalidades, que tenía por misión la recopilación de denuncias sobre violaciones de derechos humanos durante el **Proceso de Reorganización Nacional**. Registró nueve mil casos de desapariciones y editó el libro *Nunca Más*.

Concordancia (17-9-1931 / 4-6-1943): Alianza electoral formada por los **radicales antipersonalistas**, los **conservadores** del **Partido Demócrata Nacional** y el **Partido Socialista Independiente**. Enfrentó a **radicales yrigoyenistas, socialistas y comunistas**. Triunfante en las elecciones de 1932 -caracterizadas por el **fraude**- llevó a Agustín P. **Justo** a la presidencia, repitiendo en 1938 con Roberto M. **Ortiz**.

Confederación Argentina (1832-1862): Nombre de la República Argentina durante el gobierno de Juan M. De

Rosas y los primeros diez años posteriores a su derrocamiento.

Confederación General del Trabajo: Ver **CGT**.

Confederación General Económica: Ver **CGE**.

Confederación Obrera Argentina: Ver **COA**.

Confederaciones Rurales Argentinas (1942 →): Asociación gremial de medianos productores agropecuarios formada por 12 confederaciones que cubren todo el territorio nacional. Se formó a partir de la Confederación de Asociaciones Rurales de Buenos Aires y La Pampa (**CARBAP**), que se había constituido para defender los intereses de los **criadores** frente a los de los **invernadores** (**SRA**). Tiene más de cien mil asociados, abarcando todas las regiones y actividades rurales. CARBAP, con 30.000 asociados, es su organización más importante, con mayoría de medianos productores, con un promedio de mil seiscientas hectáreas, y con una concentración en la actividad agropecuaria. Tradicionalmente, ha seguido las orientaciones políticas de la **Sociedad Rural**.

Conferencia de Ottawa (*Commonwealth,* **20-8-1932):** Reunión en la que Gran Bretaña y los países del poco antes creado *Commonwealth* adop-

taron medidas proteccionistas con el fin de enfrentar los efectos de la **Crisis del 30**. Así, la CO estableció que los países miembro no comprarían a terceros países bienes que produjera alguno de ellos. Los acuerdos perjudicaron especialmente a las exportaciones de carne Argentina, lo que motivó la firma del **Pacto Roca-Runciman** al año siguiente.

Conferencia de Países No Alineados: Ver **No Alineados**.

Conferencia de Postdam (17-7 al 2-8-1945): Acuerdo formado en esa ciudad alemana por Gran Bretaña, EE.UU. y la U.R.S.S. al finalizar la **Segunda Guerra Mundial**. Entre sus principales definiciones se establecieron las condiciones de ocupación y reparaciones de guerra de Alemania, las fronteras germano-polacas, la conclusión de tratados de paz y la admisión de nuevos Estados en la **ONU**.

Conferencia de Yalta (4 al 11-2-1945): Pacto realizado en esa ciudad de Ucrania al finalizar la **Segunda Guerra Mundial**, entre las potencias aliadas vencedoras. Significó el reparto del mundo en zonas de influencia (Este-Oeste). Firmaron: por EE.UU., F. Roosevelt, por la U.R.S.S., J. Stalin y por el Reino Unido, W. Churchill. La CY resolvió el juicio a los criminales de guerra, la desmilitarización de la gran derrotada –Alemania– y la división de Berlín en cuatro zonas. Hong Kong permaneció en manos de los británicos y Corea fue dividida en dos Estados. También dio origen a la formación de la **ONU**.

Congreso de la productividad (21 al 31-3-1955): Reunión convocada por la **CGE** y la **CGT** con el fin de aumentar la productividad del trabajo, procurando limitar las huelgas y el ausentismo laboral. El CDP estableció que los aumentos de salarios se realizarían de acuerdo a la productividad alcanzada. Significó un giro **conservador** del **peronismo**, en momentos de aguda crisis económica y amenazas golpistas –que se concretaron meses después–.

Congreso de Tucumán (24-3-1816 / 11-2-1820): Organismo en el que se declaró la independencia de las **Provincias Unidas del Río de la Plata** el **9 de julio** de 1816, venciendo a los sectores que comandados por Carlos de **Alvear** propiciaban un protectorado británico. Juan M. de **Pueyrredón** fue designado Director Supremo. Asimismo, el CT se abocó a la tarea de sancionar una Constitución para el nuevo país. Así surgió la **Constitución de 1819** que, por su carácter propicio al sistema monárquico (dos años antes, en Europa se había impuesto la Restauración) y al **unitarismo**, fue rechazada por las provincias del interior del país orientadas por J. **Artigas** y los gobernadores E. López (Santa Fe) y Ramírez (Entre Ríos). La oposición de los **caudillos** fortalecida por su triunfo en **Cepeda**, obligó a la disolución del CT y se inició una guerra civil que duraría décadas. El CT fue digitado por la camarilla directorial, que impidió la participación de las provincias que formaban la **Liga de los Pueblos Libres** (opuestas a los planteos centralistas de Buenos Aires), marginó a Paraguay, eligió como diputados del **Alto Perú** a miembros oligárquicos y como representante de San Luis al porteño Pueyrredón. Mientras se desarrollaba el Congreso se pactaba secretamente la invasión portuguesa de la **Banda Oriental**, a fines de aplastar al movimiento artiguista. En ese contexto el Congreso declaró el *"fin de la revolución, principio del orden"*.

CONINAGRO (1956 →): Asociación gremial que representa los intereses de más de mil cooperativas y casi medio millón de pequeños y medianos productores. Estas cooperativas se ocupan de la industrialización y comercialización de la producción. Las más importantes son SANCOR, ACA y FACA. Abarca casi a la mitad de la comercialización interna de granos, el 20 % de las exportaciones de granos y subproductos y el 40 % del procesamiento de leche. Políticamente, tiene posiciones cercanas a la **SRA** y **CRA**, pero también mantiene buena relación la **FAA**.

CONINTES: Ver **Plan Conintes.**

Conquista del Desierto (19-3-1876 / 1-7-1885): Acciones emprendidas por militares y terratenientes argentinos en la Patagonia, encabezadas por Julio A. **Roca.** Terminó con el resultado de unos veinte mil indígenas asesinados y el pasaje de sus cincuenta y cinco millones de hectáreas de tierras a manos de la **oligarquía**, que las usó para extender la frontera agropecuaria e implementar el **modelo agro-exportador.**

Consejo de Ayuda Económica Mutua: Ver **COMECON.**

Consejo de Indias (colonización española, 1524-1834): Organismo administrativo creado por la Corona para el control de todos los asuntos relativos a las Indias. En 1770 Carlos III redujo sus atribuciones y las Cortes de Cádiz lo abolieron, pero **Fernando VII** lo restableció en 1814 hasta su caída definitiva, veinte años después.

Consenso de Washington (década de 1980): Programa de coincidencias impulsado por Estados Unidos, la **Unión Europea** y Japón, de tendencia neoliberal. El programa incluía reformas macroeconómicas como la baja del gasto público, la disciplina fiscal y la liberalización financiera, reformas comerciales como la liberación de las importaciones, la reducción arancelaria, la eliminación de subsidios y el establecimiento de una banda para la flotación del tipo de cambio, junto con el impulso a la privatización y desrregulación económica. El CW se impuso en los países periféricos en forma de ajustes implementados como parte de la renegociación de sus deudas externas.

Conservadores: Posición política de la *élite* ganadera y terrateniente que dominó la escena económica, social, política y cultural de la Argentina entre 1880 y 1930, durante el llamado **modelo agro-exportador.** Su liderazgo en la llamada **Organización Nacional,** una ideología positivista, la alianza estratégica con Gran Bretaña y un modelo político fraudulento y restringido fueron algunas de sus principales características. Los C se expresaron partidariamente en varias fuerzas (**PAN**, Partido Conservador de la Provincia de Buenos Aires, **Partido Demócrata Nacional, Federación de Partidos de Centro,** diversos partidos provinciales, **PRO**, etc) pero históricamente siempre les resultó dificultoso constituir una organización política nacional estable.

Conservadorismo (fines del siglo XVIII →): Doctrina que postula una oposición total a los cambios y reivindica la defensa de un orden natural. En sus orígenes, el C apareció como una respuesta al **liberalismo** y la **Revolución Francesa**, en defensa de los intereses de la Iglesia, la monarquía y la propiedad. En el siglo XIX enfrentó además al **marxismo** y el **anarquismo**, en defensa de los valores tradicionales, aristocráticos, clericales, corporativos y mercantilistas. En el siglo XX, el C se ha diversificado en vertientes estatistas y anti-estatistas. Luego de la **Segunda Guerra Mundial** ha surgido el llamado neoconservadorismo, ideología norteamericana de la **Guerra Fría**. Entre sus pensadores se destacan Edmund Burke, Benjamin Constant y Alexis de Tocqueville. Si bien el C se orienta a la defensa de los intereses sociales privilegiados, es habitual la adopción de posiciones conservadoras en las clases bajas o medias.

Constitución de 1819 (23-4-1819): Constitución **unitaria** y aristocrática que fue rechazada por las provincias por su marcado centralismo, especialmente por Santa Fe y Corrientes. Poco después de la jura, debió renunciar el Director Supremo Juan M. de **Pueyrredón**, siendo reemplazado por José **Rondeau**.

Constitución de 1826 (24-12-1826): Segunda Constitución **unitaria**, también rechazada por las provincias. Terminó forzando la renuncia de B.

Rivadavia al cargo de Presidente de la Nación un año después.

Constitución de 1853: Ver **Constitución Nacional**.

Constitución de 1949 (11-3-1949 / 27-4-1956): Constitución sancionada durante el primer gobierno **peronista**. Esta reforma incorporó los llamados derechos de segunda generación, reconoció por primera vez la igualdad jurídica del hombre y la mujer y estableció la función social de la propiedad, además de normas sobre nacionalizaciones y el control estatal sobre los servicios públicos, elección directa del Presidente y del Vicepresidente sin prohibición de reelección inmediata, entre otras reformas. No contempló, sin embargo, el derecho de huelga. Fue derogada luego del **golpe de Estado de 1955**.

Constitución de Cádiz (España, 19-3-1812): Constitución dictada durante la invasión napoleónica, la CC introdujo a España en el constitucionalismo **liberal** moderno, inspirado en la **Revolución Francesa**. Así, suprimió la Inquisición y los privilegios de la Iglesia y la nobleza, y proclamó el sufragio universal, las libertades y la soberanía nacional. Fue anulada dos años después (4 de mayo de 1814), cuando **Fernando VII** retornó al poder y reinstauró la monarquía absoluta. Entre 1820-23 volvió a estar en vigencia tras una sublevación, pero la Santa Alianza reinstaló al Rey, quien volvió a anularla.

Constitución de Estados Unidos (EE. UU., 17-9-1787): Primera Constitución escrita de la era moderna y modelo en el que se basó la **Constitución Nacional** de la Argentina. De inspiración **liberal**, entre sus principios esenciales encontramos: la soberanía popular, la igualdad ante la ley y la protección estatal de los derechos del ciudadano (libertad, seguridad y propiedad). Se caracteriza por ser presidencialista y **federal**.

Constitución de Weimar (Alemania, 11-8-1919 / 2-8-1934): Norma fundamental de la República de Weimar, estableció una síntesis entre el **liberalismo** y la democracia social, dando acogida a los derechos económicos y sociales. Fue derogada por los nazis.

Constitución Nacional (1-5-1853): Ley fundamental de la Nación Argentina. Tras los rechazos de las Constituciones de 1819 y 1826, objetadas por las provincias, y luego de la **Batalla de Caseros**, se sancionó la Constitución definitiva, inspirada en la Constitución estadounidense de 1787, con espíritu representativo, republicano y **federal** y división de poderes. Con la sanción de la CN, culminó el período de las guerras civiles y comenzó la **Organización Nacional**. Sin embar-

go, entre 1853 y 1859 Buenos Aires se mantuvo al margen del resto de la Nación, hasta que tras la **Batalla de Pavón** forzó la unidad. Fue reformada varias veces: 1860, 1866, 1898, 1949, 1957 y 1994.

Consulado (colonización española, siglos XVI-XIX): Tribunal de comercio y órgano promotor de la actividad económica durante la **colonización española** en América. En nuestro país, el C de Buenos Aires fue instalado en 1794, desatando la disputa entre los librecambistas ilustrados – que predominaron, encabezados por Manuel **Belgrano**– y los comerciantes defensores del monopolio. Es un antecedente de la actual Cámara Nacional de Apelaciones en lo Comercial de la Capital Federal.

Contrabando: Comercio ilegal y clandestino que elude los pagos aduaneros. En el período de la **colonización española**, el C fue especialmente importante, dadas las restricciones impuestas por España a partir de 1561, cuando implantó el sistema de galeones por el que todas las mercaderías para sus colonias debían ser controladas por los comerciantes monopolistas de Sevilla, lo que daba como resultado precios altísimos. El crecimiento del C llevó en 1776 a la creación del **Virreinato del Río de la Plata**, la finalización del monopolio de Sevilla y la implantación del libre comercio entre Buenos Aires y diversos puertos americanos y españoles. Sin embargo, el mantenimiento de intereses comerciales monopolistas españoles fue un factor decisivo para el desencadenamiento de la **Revolución de Mayo** de 1810.

Contubernio: Alianza o asociación espuria o repudiable realizada a espaldas del pueblo, que busca beneficios políticos o económicos. En la Argentina se llamó C a la coalición conservadora que gobernó durante la *"Década Infame"*.

Conventillo **(principios del siglo XX):** Casas que alquilaban pequeños cuartos a familias trabajadoras, en su mayoría **inmigrantes.** El C tuvo su período de auge entre 1880 y 1920. Por lo general, en el mismo C se agrupaban familias de una misma nacionalidad, conviviendo en condiciones de hacinamiento, insalubridad y ausencia o deficiencia de servicios. La mayor parte de los C se encontraban en los barrios del sur: Montserrat, San Cristóbal, Barracas, La Boca, Constitución. En 1904, existían en Buenos Aires alrededor de 2.400 C que albergaban a más de cincuenta personas cada uno. En 1907 un aumento en los alquileres provocó una **huelga de inquilinos.**

Convertibilidad: Compromiso estatal de cambiar la moneda nacional por oro u otra moneda aceptada internacionalmente (como el dólar) a un tipo de cambio único (aunque no necesariamente fijo). La Argentina adoptó la C entre 1899-1913 y 1927-1929 (con la libra esterlina), con el objetivo de devaluar el peso y fomentar así las exportaciones, y entre 1991-2001, en el marco del **Plan de C.**

Cooke, John William (1920-1968): Abogado y político argentino, uno de los más destacados intelectuales del **peronismo.** Fue diputado nacional durante el primer gobierno de **Perón** y organizador de la **Resistencia Peronista.** En 1956 fue designado por Perón –exiliado en Panamá– como su delegado personal y con ese carácter participó de las negociaciones que culminaron con el **Pacto Perón-Frondizi.** Con posiciones de **izquierda,** apoyó decididamente la **Revolución Cubana** y organizó al grupo guerrillero **Uturuncos.**

Cooperativismo (fines del siglo XVIII): Doctrina que postula la formación de sociedades cooperativas de producción, que tuviesen en propiedad los medios de producción y se sostuvieran por sus propios medios. El C surgió históricamente con los pensadores del **socialismo** utópico, como Robert Owen y Charles Fourier, quienes lo concibieron como una forma de paliar la explotación brutal a la que era sometida la clase obrera en la **Revolución Industrial.** Nacidas en

Inglaterra, entre sus principios, el C reivindica la adhesión voluntaria, la democracia interna, la participación de todos sus integrantes en las ganancias, entre otros. Además de C de producción, existen C de consumo, C de crédito y C agrícolas. En la Argentina, ha sido importante el impulso al C dado por los **socialistas**, Juan B. **Justo** entre ellos.

CORA (26-9-1909 / 1-4-1915): Agrupamiento de los **sindicatos** de la llamada tendencia **sindicalista** (**FORA**) y de los **socialistas** (**UGT**), con la participación de algunos grupos **anarquistas** moderados. En 1915 se integraron a la **FORA del 9° Congreso**.

Coral, Juan Carlos (1933 →): Político argentino. Militante del **Partido Socialista** y admirador de Alfredo **Palacios**. En 1973 su partido, el **Partido Socialista Argentino**, se sumó al **PST** y C fue su candidato presidencial en ambas elecciones de 1973.

Cordobazo* (29-5-1969):** Rebelión popular de carácter **clasista** encabezada por los obreros industriales (IKA Renault, Fiat, Luz y Fuerza, metalúrgicos, construcción) y apoyada por los estudiantes universitarios de Córdoba. Producida a lo largo del mes de mayo, el día 29 llegó a su punto más alto esta lucha de oposición a la dictadura militar de J. C. **Onganía** y sus medidas antiobreras y antipopulares. La protesta ganó las calles, superó la represión policial y forzó la intervención del Ejército. El C llevó a la caída de Onganía y al debilitamiento de la llamada **Revolución Argentina**. Dos años después, estalló el ***Viborazo y la dictadura del General **Lanusse** comprendió que la rebelión obrera sólo podía ser contenida por un hombre: Juan D. **Perón**.

Corralito* (3-12-2001 / 2-12-2002):** Bloqueo compulsivo de los depósitos y ahorros bancarios decretado por el Ministro de Economía del gobierno de Fernando **de la Rúa**, Domingo **Cavallo**, que tenía el objetivo de frenar la fuga de divisas. Su implementación profundizó la crisis económica y derivó en saqueos, masivas protestas callejeras de la clase media en forma de **cacerolazos** y en una rebelión popular que estalló semanas después, conocida como el ***Argentinazo, que acabó con el gobierno de la **Alianza**. Los gobiernos **peronistas** posteriores mantuvieron y ampliaron el C devaluando la moneda, pesificando los depósitos y dando bonos a los ahorristas con quitas y fechas de cobro lejanas, hasta que fue eliminado.

***Corralón* (2002):** Reprogramación de los ahorros depositados en los bancos implementada durante el **gobierno** de Eduardo **Duhalde**. En los hechos, significó una ampliación del *"corralito"* impuesto por el gobierno anterior.

Corriente Clasista y Combativa: Ver **CCC.**

Corte Suprema de Justicia (15-1-1863 →): Cabeza del Poder Judicial **federal** de la Nación, intérprete final de la **Constitución Nacional** y tribunal de última instancia. Garantiza los derechos constitucionales, pero sólo interviene en las causas donde está en juego alguna cuestión judicial, pudiendo en algunos casos actuar de oficio (artículo 107 CN). La **reforma de la Constitución de 1994** amplió sus miembros de cinco a nueve. A lo largo de la historia de nuestro país, la CSJ ha incumplido reiteradamente sus funciones. Por ejemplo, el 10 de septiembre de 1930 una acordada de la CSJ legitimó el **golpe de Estado de 1930** que derrocara al Presidente constitucional, H. **Yrigoyen.**

CRA: Ver **Confederaciones Rurales Argentinas.**

Criadores (principios del siglo XX): En la Argentina, el sector más débil de los **ganaderos**, en oposición a los **invernadores.** La actividad de los C –consistente en la cría de terneros hasta los ocho o diez meses– estaba vinculada al mercado interno, es decir, a abastecer el consumo local, lo que objetivamente los enfrentaba con los invernadores y los **frigoríficos** extranjeros. Durante la **Primera Guerra Mundial**, los C se habían beneficiado con la exportación de **carne congelada** -no enfriada- a Europa. Sin embargo, hacia 1921, la sustitución total de la carne congelada por la nueva técnica del enfriado produjo una importante crisis en el sector ganadero que afectó especialmente a los C, quienes debieron rematar sus tierras y su ganado. Ante esta grave situación, solicitaron a las autoridades medidas proteccionistas en favor del sistema de congelado tradicional. Hacia mediados de 1923, el gobierno promulgó una ley de "protección" que imponía entre otras cosas la fijación de precios mínimos para la venta de carne. Sin embargo, al poco tiempo de asumir el gobierno, M. T. de **Alvear** -presionado por invernadores y frigoríficos- suspendió parcialmente la vigencia de la ley, eliminando el precio mínimo. Este hecho aumentó la oposición y la violencia entre los dos polos del sector ganadero (ver también **guerra de las carnes**).

Criminalización de la protesta social (década de 1990 →): Esta expresión surgió como consecuencia de las crecientes protestas sociales, donde sectores que se sintieron perjudicados con medidas que consideraron arbitrarias -por ejemplo, despidos tras las privatizaciones- implementaron medidas de acción directa -especialmente los cortes de ruta- siendo procesados por la justicia por la supuesta comisión de diferentes delitos. Así, en la Argentina hay más de cuatro mil procesados por participar en luchas sociales, siendo el caso de los **piqueteros** el más importante.

Criollo (América, siglos XVI-XIX): En la época de la **colonización española** y en la primera etapa de la independencia latinoamericana, hijo de españoles (y de europeos en general) nacido en América. Su condición social y política era inferior a la de los blancos europeos, lo que llevó a muchos C a apoyar los procesos de independencia nacional. Socialmente, eran comerciantes, burócratas, profesionales y terratenientes.

Crisis de 1873 (1873): **Crisis** económica producida por los problemas de los exportadores para ubicar la producción de lana en el mercado europeo, que provocó desempleo y caída de la producción. En esa ocasión, se escucharon planteos críticos acerca de la necesidad de industrializar al país, por ejemplo, por parte de Carlos **Pellegrini** y Vicente F. López.

Crisis de 1890 (1890): La crisis económica más fuerte del siglo XIX, producida durante la presidencia de **Juárez Celman** por un exceso de gasto público destinado a la modernización del país: obra pública, pasajes gratuitos para los **inmigrantes**, endeudamiento externo, emisión excesiva de moneda, corrupción, fueron algunas de sus características. Todo esto generó inflación, devaluación del peso, quiebra de bancos y caída del salario. El valor de las exportaciones se redujo en un 35 % y el **Estado** dejó de pagar sus deudas –por ejemplo, con la *Baring Brothers*- provocando la caída del gobierno.

Crisis de 1914 (1914-1916): Crisis económica producida por la dificultad para exportar como producto del estallido de la **Primera Guerra Mundial**. Una de las consecuencias más graves fue la triplicación de la desocupación.

Crisis de 1929: Ver **Crisis del 30.**

Crisis de 1930 (1929-1933): **Crisis** económica producida por el estallido de la Gran Depresión mundial de 1930. La producción cayó un 14 % y las exportaciones se redujeron en un cuarto. Fue determinante para el pasaje del **modelo agro-exportador** a la **sustitución de importaciones**.

Crisis de 1949 (1949): Crisis económica producida durante el primer gobierno **peronista** por la caída de los precios internacionales, que afectó especialmente a las industrias textil y del calzado. El exceso de gasto público generó inflación y afectó los salarios, determinando un cambio en el rumbo de la política económica.

Crisis de 1959 (1959): Crisis económica producida durante el gobierno de A. **Frondizi** y que tuvo como protagonista a su Ministro de Economía, Álvaro **Alsogaray**. La crisis provocó una caída del 5 % en el PBI y despidos masivos en el **Estado**.

Crisis de 1975 (1975): Crisis económica producida durante el tercer gobierno **peronista**, conocida como el *"Rodrigazo"*, en alusión al Ministro de Economía de la Presidente **Isabel Perón**, Celestino **Rodrigo**. La moneda fue devaluada en un 150 %, las tarifas aumentaron en un 200 % y se generaron una gran especulación y una profunda recesión.

Crisis de 1980 (1980): Crisis económica producida durante el **Proceso de Reorganización Nacional**. El plan económico de José **Martínez de Hoz** produjo quiebras bancarias, fuga de capitales (provocada en parte por el aumento de las tasas de interés internacionales decidida por EE.UU.) y un extraordinario aumento de la **deuda externa**.

Crisis de 1989 (1989): Crisis económica producida durante el gobierno de Raúl **Alfonsín**, que produjo la devaluación del peso, hiperinflación (récord histórico en el país: 1.472 % en un año) y saqueos a supermercados, provocando la caída del gobierno.

Crisis de 2001 (2001): Crisis económica producida durante el gobierno de Fernando **de la Rúa**, en un contexto de fuga de capitales, endeudamiento externo y desocupación. La implementación del *"corralito"* por el Ministro de Economía, Domingo **Cavallo**, llevó a la caída del gobierno.

Crisis de la deuda externa (América Latina, 1982): Colapso del sistema de préstamos que generó las deudas externas latinoamericanas. En 1982 México entró en crisis y tuvo que suspender el pago de su **deuda externa**. Fue entonces cuando los mercados financieros internacionales tomaron conciencia de que habían prestado dinero (en particular, los llamados *"petrodólares"*) imponiendo condiciones que los países latinoamericanos no podían cumplir. La crisis obligó a un replanteo general del tema del endeudamiento externo de la región, dando lugar a constantes refinanciaciones. Esta situación agravó y amplió el endeudamiento externo latinoamericano.

Crisis del 30 (1929-1939): La más grande e importante crisis económica mundial del **capitalismo**, conocida como la Gran Depresión. Luego de la fase de expansión del ciclo económico de la década de 1920, la gran prosperidad alcanzada en los países industriales de Europa y en los EE.UU. fomentó la ilusión de un progreso indefinido. En este país, el *boom* económico de los años '20 terminó provocando una saturación en la producción, que no sería visto como un problema hasta el estallido bursátil. En ese contexto, las cotizaciones de las acciones de las empresas en la Bolsa de Valores de Nueva York no paraban de subir, lo que provocó una estampida de pedidos de créditos a los bancos, con el fin de adquirir acciones, especulando con que una futura suba enriquezca a los inversores (tengamos en cuenta que la mala situación de la Europa de posguerra fue frenando la posibilidad de exportar al viejo continente, lo que derivó en una importante acumulación de capitales, disponible para la especulación). Las cotizaciones –como resultado de las compras masivas de acciones– se fueron a las nubes, superando ampliamente la prosperidad real de la economía. Sumado a la crisis agrícola (por la reducción de exportaciones), hacia mediados de 1929 los banqueros que otorgaron los préstamos comenzaron a temer que -ante una caída de las acciones- aquellos que habían pedido créditos no los podrían devolver. Esto llevó a los bancos y al gobierno a subir la tasa de interés, lo que hizo más caro tomar créditos, medidas que despertaron temores de una caída de las acciones. Los tenedores de acciones entraron en pánico y salieron a vender las acciones para anticiparse a la caída en su cotización, de modo que -como todos lo hicieron simultáneamente y no hubo casi compradores- los precios de las acciones cayeron en picada (80 % entre 1929 y 1933), provocando la quiebra de los especuladores de la bolsa. El día que estalló la Bolsa de Nueva York, el 24 de octubre de 1929, se pusieron a la venta casi trece millones de acciones, casi sin compradores. Al no poder los accionistas devolver los créditos tomados, quebraron también los bancos prestamistas, quienes -a su vez- no pudieron devolver los depósitos a los ahorristas, provocando la quiebra de éstos. Como resultado de todo ello, el consumo se derrumbó y las mercancías se acumularon sin poder venderse, lo que hizo que las empresas cerraran fábricas y se generalizara la desocupación, provocando miseria creciente y recesión, en tanto que muchos campesinos perdieron sus campos hipotecados. El producto bruto norteamericano cayó cerca de un 10%, y la desocupación subió del 5 al 23% (15 millones de personas). Con el estallido de la crisis en 1929, los países se cerraron, quedando afectadas sus producciones (y el agro más que ninguna). En los países industrializados un 25% de mano de obra quedó cesante, la producción descendió a un 53% del nivel del año 1929 y el comercio mundial cayó a un 35% de su valor. Como causas de la CD30, los **liberales** –Robbins, por ejemplo– se inclinan por responsabilizar a la Reserva Federal norteamericana por no prevenir que las quiebras bancarias generarían una contracción del crédito, el consumo y la inversión. Para los **keynesianos**, el gobierno falló por omisión al no estimular la demanda agregada. Y para los **marxistas**, se trató de una crisis de sobreproducción, producida por el incremento de la producción agrícola e industrial de posguerra en Europa, más el crecimiento sin precedentes de EE.UU., Canadá y Australia. Todo ello en un marco de salarios bajísimos para la mayoría de la población trabajadora, la que no pudo comprar la oferta de mercancías, producida con sus propias manos. La CD30 planteó el giro de la economía mundial desde el capitalismo liberal, partidario del libre mercado y el librecambismo, hacia el capitalismo keynesiano, proteccionista y con fuerte intervención del **Estado**. En América Latina, la caída de los precios internacionales primarios puso en crisis definitiva al **modelo agro-exportador** y sentó las bases para la implementación de la llamada **sustitución de importaciones**. Para la Argentina, la crisis fue fatal: en 1932 debió exportar un 65 % más de productos agrícolas para comprar la misma cantidad de productos manufacturados

que cuatro años antes y la desocupación se disparó en el campo. Estos factores provocaron una profundización del proceso de sustitución de importaciones, fortaleciendo la industrialización, el mercado y las migraciones internos.

Crisis del 90: Ver **crisis de 1890**.

Crisis del año 20: Ver **anarquía del año 20**.

Crisis del Petróleo (1973-1974): Cuando en 1973 recrudeció el viejo conflicto del Medio Oriente, produciéndose un nuevo enfrentamiento armado entre Israel y los árabes, estalló la CDP, iniciada con un embargo llevado a cabo por los países árabes productores de **petróleo** –miembros de la **OPEP**, que además veían recortadas sus ganancias por la devaluación del dólar– contra los países occidentales que habían apoyado a Israel en el conflicto armado. La CDP encareció el precio de los combustibles y obligó a buscar nuevas fuentes de energía. Esto afectó enormemente a los países importadores de petróleo, que debieron aumentar los precios de los productos, profundizando la inflación y la recesión. La producción industrial cayó en dos años un 15 %, afectando especialmente a las industrias automotriz, siderúrgica, petroquímica, aeronáutica y de construcción. Muchas industrias y bancos quebraron y los países periféricos también resultaron afectados. Así, a mediados de los ´70, entraba en crisis el modelo **capitalista keynesiano** y **fordista**, centrado en la combinación del Estado interventor y la empresa privada (lo que se llamó "economía mixta"), la disponibilidad de energía barata (en especial, petróleo), pleno empleo (o subsidios) y el fomento de la demanda desde el Estado. Se abrieron las puertas para la aparición del **neoliberalismo**.

Cruce de los Andes (América del Sur, 18-1-1817): Hito histórico en el que el Ejército liderado por el General J. de **San Martín** atravesó la Cordillera de los Andes, lo que significó la liberación posterior de Chile y Perú. Poco más de cinco mil hombres y diez mil caballos realizaron el CDA en veinticinco días.

Crudos **(fines del siglo XIX):** Mote de los autonomistas de A. **Alsina** enfrentados a los *"cocidos"*, liberales mitristas. En 1862 fundaron el **Partido Autonomista**.

CTA (14-11-1992 →): Central sindical escindida de la **CGT**, fundada por Germán Abdala, Víctor **De Gennaro** y Mary Sánchez, en oposición al apoyo de aquella al gobierno de C. **Menem**. Poniendo el énfasis en la democracia sindical y desde una postura de centroizquierda, apoyó a la **Alianza** y

se mantuvo con posiciones cercanas al gobierno de N. **Kirchner**. Durante el gobierno de Cristina **Fernández** se dividió en dos sectores, uno oficialista (Yasky) y otro opositor (Micheli). Cuenta con alrededor de un millón de afiliados, destacándose en los **sindicatos** de docentes (CTERA) y estatales (ATE).

CUSC (6-1929 / 12-12-1935): Sigla del **Comité de Unidad Sindical Clasista**, central sindical **comunista** surgida de una escisión de la **USA**. Adhirió a la Internacional Sindical Roja, orientada por la **U.R.S.S.** El triunfo de la **Revolución Rusa** favoreció el crecimiento de los comunistas quienes, aunque no aceptaron cargos en la **FORA del 9º congreso**, y no entraron en la **CGT**, tenían un peso importante. Representaron a los gremios más explotados, como los de los obreros de la carne, construcción, madera, textiles y metalúrgicos. Sólo entraron a la CGT cuando fueron desplazados de su dirección los **sindicalistas**.

D

D´ Elía, Luis (1956 →): Político y **piquetero** argentino, fundador de la **FTV, Federación de Tierra y Vivienda** en 1998. Diputado en la Provincia de Buenos Aires, de orientación **nacionalista** y de **centroizquierda**, fue protagonista del movimiento piquetero. En 2002, su paso desde la oposición al oficialismo, y en particular su respaldo al **peronista** N. **Kirchner**, le restó protagonismo a manos de los llamados "piqueteros *duros*".

***De casa al trabajo y del trabajo a casa* (Juan D. Perón):** Expresión del líder del movimiento **justicialista**. Según Daniel James, la expresión describe al fenómeno **peronista** como una movilización controlada y limitada de los trabajadores bajo la tutela del **Estado**.

De Garay, Juan: Ver **Garay**, Juan de.

De Gennaro, Víctor (1948 →): Sindicalista argentino, fundador y principal dirigente de la **CTA**, central sindical desprendida de la **CGT**. **Nacionalista** y de **centroizquierda**, D se opuso al gobierno de C. **Menem**, pero apoyó a la **Alianza** en 1999. Posteriormente, mantuvo una actitud expectante ante el Presidente E. **Duhalde** y se acercó en forma decidida a N. **Kirchner**. En la actualidad es diputado nacional por

el **Frente Amplio Progresista** y opositor al gobierno de Cristina **Fernández**.

De la Plaza, Victorino (1840-1919): Político argentino, ocupó diversos cargos, hasta que en 1910 fue elegido Vicepresidente de Roque **Sáenz Peña**, a quien reemplazó a la muerte de éste, ejerciendo la presidencia entre fines de 1913 y 1916. Durante su gobierno, la Argentina declaró la neutralidad en la **Primera Guerra Mundial**.

De la Rúa, Fernando (1937 →): Político y abogado argentino, **radical** de la línea balbinista, la más **conservadora** del partido. Presidente de la Nación entre fines de 1999 y 2001, cuando la crisis económica y una rebelión popular conocida como el ***"Argentinazo"*** lo obligaron a renunciar.

De la Torre, Lisandro (1868-1939): Político, abogado y estanciero argentino, fundador del **Partido Demócrata Progresista, PDP**, luego de romper con la **UCR** por diferencias con H. **Yrigoyen**. Presidente de la **Sociedad Rural** de Rosario, en defensa de los productores agropecuarios del interior y de los **criadores** se destacó como senador opositor durante la ***"Década infame"***, denunciando especialmente la corrupción del sector más poderoso de la **oligarquía** (en su mayoría **invernadores**). Tras rechazar el **Pacto Roca-Runciman**, en 1935, sus investigaciones sobre irregularidades en el

comercio de las carnes hicieron estallar un escándalo, conocido como la "**guerra de las carnes**", que derivó en el asesinato de su compañero de **bancada** Enzo Bordabehere, episodio que se relata en la película *Asesinato en el Senado de la Nación*. Deprimido, se suicidó cuatro años después. Fue candidato a Presidente en 1916 y en 1931, siendo derrotado en ambas oportunidades.

De Mendoza, Pedro (1487-1537): Conquistador español. Primer adelantado del Río de la Plata y fundador de la ciudad de Buenos Aires, el 2 de febrero de 1536, con el nombre de Santa María del Buen Ayre.

De Narváez Steuer, Francisco (1953 →): Empresario y político colombiano de extracción **peronista**. Fue electo diputado nacional por el **Partido Justicialista** en 2005 y 2009, cuando derrotó al **kirchnerismo** en la Provincia de Buenos Aires. En 2011 se alió con la **UCR**, obteniendo el segundo lugar como candidato a Gobernador, centrando su discurso en la inseguridad.

Década Infame (6-9-1930 / 4-6-1943): Período de gobiernos cívico-militares basados en el fraude. Con políticas conservadoras, la DI favoreció a los intereses de la oligarquía y el capital extranjero –británico y/o norteamericano–. El estado de sitio, la censura, las intervenciones a las provincias y la represión social fueron algunas de sus características. En lo económico, tras la **Crisis del 30** hubo un intento fallido de recomposición del **modelo agro-exportador** (a través del **Pacto Roca-Runciman**), pero la **sustitución de importaciones** terminó por imponerse.

Década perdida (**América Latina, década de 1980):** Término que describe la crisis estructural latinoamericana, y que se expresó en índices tales como caída de la producción y el producto *per capita*, desempleo, inflación, pobreza, crecimiento de la economía informal ("en negro"), debilitamiento del **Estado**, caída del gasto social, **deuda externa**, entre otros.

Declaración de Avellaneda: Ver **programa de Avellaneda**.

Decreto 2772 (6-10-1975): Disposición implementada por el gobierno **peronista** de Isabel **Perón** que ordenaba "aniquilar el accionar de los elementos subversivos". La decisión abrió el camino para la represión más profunda y sistemática de la historia nacional. Firmaban el D entre otros: Ítalo **Luder**, Antonio **Cafiero** y Carlos **Ruckauf**.

Decreto 4161 (5-3-1956): Disposición implementada por la **Revolución Libertadora** por la cual estaba penada legalmente la sola mención o utilización de los nombres y símbolos que identificaban al **peronismo**.

Del Valle, Aristóbulo (1845-1896): Político y abogado argentino, fundador junto con Leandro N. **Alem** de la **UCR**. Luego fue Ministro de Guerra del Presidente C. **Pellegrini**.

Deme dos **(Proceso de Reorganización Nacional):** Época de la *"plata dulce"*, cuando el tipo de cambio favorecía el turismo de argentinos en el exterior y la compra compulsiva de éstos, y al mismo tiempo hundía a la industria nacional y el mercado interno.

Derecha peronista: Sector del **peronismo** con posiciones anticomunistas, corporativistas y/o **fascistas**. Pertenecían a la DP la mayor parte de los dirigentes sindicales –calificados por sus opositores de **burocracia sindical**– y grupos parapoliciales que crearán en 1974 la **Triple A**.

Derqui, Santiago (1810-1867): Político argentino. Opositor a **Rosas**, fue designado Presidente de la **Confederación Argentina** entre 1860 y 1861, año en que debió renunciar tras ser derrotado **Urquiza** por el gobernador bonaerense **Mitre** en **Pavón**.

Desaparecidos **(1976-1983):** Opositores secuestrados por los llamados **"grupos de tareas"**, recluidos en campos de concentración, torturados y en miles de casos asesinados por la dictadura militar del **Proceso de Reorganización Nacional**. La existencia de D formó parte de la estrategia de la **Doctrina de la Seguridad Nacional**, formulada por EE.UU. Familiares de los D crearon organismos de derechos humanos, siendo las **Madres de Plaza de Mayo** el primero en realizar denuncias y marchas. En 1984, La **CONADEP** contabilizó más de ocho mil casos de D.

Desarrollismo (década de 1950 →): Doctrina económica que postula el desarrollo de la industria pesada nacional como palanca de independencia. La **sustitución de importaciones**, el autoabastecimiento de insumos básicos, el combate al deterioro en los términos del intercambio, un fuerte empresariado nacional, el crecimiento de la infraestructura económica y un activo rol planificador del **Estado** son algunos de los ejes del D. En la Argentina, el D fue impulsado por Arturo **Frondizi**, Presidente de la Nación entre 1958-1962 y el economista Rogelio **Frigerio**. A través del desarrollo industrial, el D plantea que la agricultura podría modernizarse incorporando nuevas tecnologías. Su política de atraer capitales extranjeros para compensar la falta de ahorro interno e impulsar el desarrollo nacional de la industria pesada (petroquímica, del acero, automotriz, etc) fue muy cuestionada, en particular por los contratos firmados con compañías petroleras de origen norteamericano y europeo. El partido más identificado con esta corriente fue la **UCRI** –Unión Cívica Radical Intransigente-, posteriormente denominado **MID** –Movimiento de Integración y Desarrollo-, ligado a los intereses de la **burguesía industrial** (en particular extranjera). También fue desarrollista la política implementada por J. Kubitschek en Brasil, entre 1956 y 1960. Se ha criticado al D el haber generado una dependencia grosera respecto del capital extranjero, lo opuesto a su planteo de independencia nacional.

Desarrollismo: Denominación del sector liderado por Arturo **Frondizi** y que derivará en la formación de la **UCRI**. El DI tenía posiciones políticas proclives a la negociación con el **peronismo**, pero difería de éste en las posturas económicas.

Descamisados (17-10-1945 →): Denominación que recibían las masas obreras urbanas en su mayoría provenientes del interior rural que apoyaban al **peronismo**. El sacarse la camisa simbolizaba al pueblo, en contraposición a los *"gorilas"* de traje y corbata.

Descamisados (30-6-1969 / 12-10-1973): Grupo guerrillero cercano a las **FAP**, encabezado por Norberto Habegger y Horacio Mendizábal. Bajo la denominación ENR participó del asesinato del dirigente sindical Augosto T. **Vandor.** En 1973 se sumó a **Montoneros.**

Descubrimiento de América (América, 12-10-1492): El término DA de por sí implica una concepción eurocéntrica, dado que es obvio que los habitantes de América también descubrieron simultáneamente la existencia de Europa. La llegada de los europeos al "nuevo mundo" tuvo consecuencias dramáticas para la historia de los siguientes cinco siglos, cambiando la geopolítica mundial, generando nuevas formas de producción y comercio e impulsando la investigación científica. Entre muchas otras, una consecuencia del DA fue la consolidación del colonialismo y el esclavismo, y la opresión y masacre de los indios.

Desmerinización (década de 1880): Desplazamiento de los merinos de la región pampeana hacia la Patagonia. Por representarles éstos ingresos menores, los **criadores** buscaron un tipo de animal con más carne que el merino –de mucha lana, pero poca musculatura–. La variedad Lincoln, de origen inglés, poseía en cambio abundante carne, y produjo –a través del cruzamiento– la llamada D.

Deterioro en los términos del inter-

cambio (CEPAL): Según este concepto, el poder de compra de un bien industrial con una unidad de un bien primario de exportación se reduce con el transcurso del tiempo. Por ejemplo, si en un tiempo inicial una tonelada de trigo de exportación equivale a cinco computadoras, con el tiempo sólo equivaldrá a una computadora, luego a media y finalmente a un décimo. Este deterioro producirá un obstáculo al desarrollo de las economías periféricas. Para la CEPAL, sólo serán políticas **desarrollistas** las que rompan con la dependencia estructural.

Deuda externa: Mecanismo consistente en pedir préstamos para obtener recursos, utilizado por los Estados y las grandes empresas, en los mercados de capital internacionales. En la Argentina, la DE se originó en la década de 1820, pero –salvo excepciones– no fue importante hasta 1975, año en que se desató el endeudamiento como consecuencia de sobreabundancia mundial de *petrodólares*, originados en la **Crisis del petróleo**, la recesión en los países subdesarrollados y las bajas tasas de interés a nivel internacional, factores todos que facilitaron la adjudicación de préstamos. Entre 1975 y 1982, la DE del país se multiplicó cinco veces (de poco más de siete mil millones de dólares a más de cuarenta mil millones) y la fuga de capitales se aceleró, haciendo eclosión la **crisis de la deuda externa.** A nivel latinoamericano, la DE pasó de veintisiete mil millones de dólares en 1970 a doscientos treinta y un mil millones en 1980. Entre 1982 y 1990, el endeudamiento de grandes empresas tuvo como objetivo planificado y consciente la obtención de ganancias especulativas. El **Estado** otorgó al capital privado diversas concesiones, garantías y compensaciones, tales como seguros de cambio y estatización de deudas. El efecto "bola de nieve" se generalizó: a mayor aumento de la deuda, mayor cantidad de créditos pedidos para pagar los intereses. Los acreedores, temerosos de no cobrar, comenzaron a imponer ajustes, consistentes en privatizaciones, reducción del gasto público, apertura económica, equilibrio fiscal, etc. En la década de 1990, el endeudamiento estuvo relacionado con el tipo de cambio fijo (**Plan de Convertibilidad**), que provocó un déficit en la balanza comercial (más importaciones que exportaciones) que –junto con el déficit fiscal– fueron cubiertos con nuevos créditos. Así, la DE durante el gobierno de **Menem** aumentó de setenta mil millones de dólares a casi ciento veinte mil millones y siguió aumentando durante los gobiernos de **De la Rúa, Duhalde** y el matrimonio **Kirchner**.

Devaluación: Reducción del valor de la moneda nacional en relación con las cotizaciones de las monedas extranjeras. Dado que la D trae como consecuencias el abaratamiento de las exportaciones y un encarecimiento de las importaciones (e inflación), es utilizada frecuentemente por los Estados con déficit en su balanza de pagos. La D favorece a los capitalistas internos exportadores y perjudica a los trabajadores, ya que también va acompañada de un deterioro del salario real, en especial cuando la economía depende de insumos importados, que encarecen los productos nacionales.

Devotazo **(25-5-1973):** Liberación de los presos políticos de la cárcel de Villa Devoto decidida inmediatamente después de la asunción de Héctor J. **Cámpora** como Presidente de la Nación. El D fue acompañado por una manifestación de unas cuarenta mil personas.

Día de la Lealtad: Celebración **peronista** del **17 de octubre** de 1945.

19 Organizaciones: Ver MUCS.

19 y 20 de diciembre: Ver *Argentinazo*.

17 de octubre (17-10-1945): Marcha de unos trescientos mil obreros del conurbano bonaerense a Plaza de Mayo reclamando la liberación del Coronel **Perón** quien, a cargo de la **Secretaría de Trabajo y Previsión**, venía dando importantes concesiones a la clase obrera. Esa movilización dio nacimiento al **peronismo**.

Directorio (22-1-1814 / 11-2-1820): Forma de gobierno establecida por la **Asamblea del Año XIII**, con el objetivo de centralizar el Poder Ejecutivo en una sola persona por un período de dos años, ante las amenazas realistas (**Fernando VII** pretendía reestablecer el total control de sus colonias) y las que provenían de las divisiones en el bando patriota. Fueron Directores Supremos: Gervasio **Posadas**, Carlos de **Alvear**, José **Rondeau** (dos veces), Ignacio **Álvarez Thomas** y Juan Martín de **Pueyrredón**. El D respondió a los intereses de las oligarquías centralistas de Buenos Aires, que combatieron especialmente a la rebelión del Litoral **federal**, liderada por José **Artigas**. Tras la derrota de Rondeau a manos de los **caudillos** en la **Batalla de Cepeda**, el D fue disuelto, en lo que se conoce como **Anarquía del año 20**.

Doctrina de la Seguridad Nacional (América, década de 1950 →): Doctrina militar de la **Guerra Fría** impulsada por EE.UU. e inculcada a las FF.AA latinoamericanas, con el fin de identificar un enemigo interno en cada uno de los países: la revolución social encabezada por el **marxismo** que -de triunfar- reemplazaría a las FF.AA por milicias revolucionarias, es decir, por ejércitos no regulares, concretando el armamento de la clase trabajadora y el **comunismo**. Con la DSN, la seguridad interior pasó a ser fundamental y el marxismo el enemigo principal, especialmente luego del triunfo de la **Revolución Cubana**. Al marxismo se lo identificará con lo anti-nacional, lo anti-católico y lo anti-militar. Su implementación implicó gobiernos totalitarios y represivos, con desaparición de personas y violaciones sistemáticas de los derechos humanos. Fue la doctrina adoptada por las dictaduras militares latinoamericanas en las décadas de 1960 y 1970, entre ellas la **Revolución Argentina** y el **Proceso de Reorganización Nacional** argentinos y el gobierno de Pinochet en Chile.

Doctrina de Mayo: Expresión que refiere a la declaración de principios del gobierno surgido tras la **Revolución de Mayo** de 1810, influida por el pensamiento de la Ilustración.

Doctrina Drago (29-12-1902): Doctrina postulada por Luis María Drago, Ministro de Relaciones Exteriores del Presidente argentino Julio A. **Roca**. La DD sentaba posición sobre diversos aspectos de las relaciones exteriores oponiéndose, por ejemplo, al uso de la fuerza militar por parte de ejércitos extranjeros con el objetivo de cobrar deudas, como había sucedido con la agresión militar de Alemania, Inglaterra e Italia contra Venezuela. En 1907, la Conferencia de La Haya confirmó como normativa internacional la prohibición de pretender cobrar deudas a través del uso de la fuerza.

Doctrina Monroe (EE.UU., 2-12-1823): Conjunto de planteos de James Monroe, quien fuera Presidente de EE.UU. entre 1817 y 1825. Su principal idea, "América para los americanos", fue bandera del panamericanismo, pero la expresión fue utilizada para justificar la dominación imperialista norteamericana en el continente y prohibir la formación de colonias europeas en América.

Doctrina social de la Iglesia (1891 →): Conjunto de ideas de la Iglesia Católica acerca de la sociedad, sistematizadas en la encíclica *Rerum Novarum* del Papa León XIII. En el contexto de la **Segunda Revolución Industrial** y sus graves consecuencias sociales, y ante la creciente organización de la clase obrera bajo ideologías revolucionarias, la DSI planteó la protección estatal de los más débiles en aras del bien común y en oposición al **liberalismo** y al **marxismo**, planteando en los hechos un **capitalismo** con control estatal del **mercado**. Establece además la función social de la propiedad privada y la defensa de un salario justo (lo que legitima, por lo tanto, la institución burguesa del trabajo asalariado). Encíclicas posteriores –Pío XI, Pío XII, Juan XXIII, etc– han agregado diferentes elementos a la DSI. En el plano político, la DSI ha sido reivindicada por la **democracia cristiana** y diversos movimientos, como el **peronismo** argentino. En la década de 1970 surgió una corriente disidente de **izquierda** –los sacerdotes tercermundistas agrupados en la Teología de la Liberación–, que planteó diversas críticas a la DSI.

Doctrina Truman (EE.UU., 1945): Conjunto de planteos del Presidente norteamericano Truman vinculados a la situación de posguerra y la aparición de la *Guerra Fría*. Entre los planteos de la DT se proponía una ayuda económica –que se implementó a través del Plan Marshall– y militar a los países que adhirieran a combatir al **comunismo.**

***Dogma Socialista* (Esteban Echeverría, 1838):** Obra fundamental de la **Asociación de Mayo**, opositora a J. M. de **Rosas.** De inspiración humanista y socialista utópica, el *DS* exponía la idea de hacer un análisis realista en la interpretación de los fenómenos políticos y sociales, confiando en la cooperación social, la democracia y el progreso. Colaboraron en su elaboración Juan B. **Alberdi** y Juan M. Gutiérrez.

Domenech, José: Secretario general de la **CGT** entre 1937 y 1942, de tendencia **socialista** y opositor al copamiento de los **sindicatos** por parte del **peronismo.** Cuando **Perón** disolvió a la **CGT N° 2**, dirigida por su adversario Francisco Pérez Leirós y tomó el control de la **CGT N° 1**, D renunció.

Dorrego, Manuel (1787-1828): Militar y político argentino de ideas **federalistas**, participante de las **guerras** de independencia latinoamericanas. Por diferencias con **San Martín** se alejó del Ejército patriótico en 1814 y luego fue detenido y desterrado por el **Directorio.** Participó en las guerras civiles enfrentando a los **caudillos** José **Artigas**, Francisco **Ramírez** y Estanislao **López.** Enfrentó los proyectos centralistas de **Rivadavia** y encabezó al movimiento **federal** de Buenos Aires. Vinculado a sectores populares y de ideas democráticas, en 1820 y en 1827 fue designado Gobernador de Buenos Aires, intentando conciliar con el interior y con la oposición de los grandes comerciantes y ganaderos, siendo derrocado tras la derrota en la guerra con Brasil y fusilado por el **unitario** Juan **Lavalle** un año después.

Duhalde, Eduardo (1941 →): Político **peronista**, Vicepresidente de Carlos **Menem** entre 1989-1991 y Presidente de la Nación en 2002-2003 tras los episodios del llamado *"Argentinazo"*. Fue el encargado de devaluar la moneda poniendo fin a diez años de convertibilidad. Durante su gobierno fueron asesinados los **piqueteros** Darío **Santillán** y Maximiliano **Kosteki** en la ***Masacre del Puente Pueyrredón***. Convocó a elecciones y entregó el mando al también peronista N. **Kirchner**, al que luego se opuso.

Duhau, Luis (1885-1963): Poderoso estanciero argentino, Ministro de Agricultura del Presidente Agustín P. **Justo** y Presidente de la **Sociedad Rural**. Su declaración de *"Comprar a quien nos compra"* quedó en la historia como expresión de la postura del sector agropecuario que se mantuvo aliado a Inglaterra, ante el surgimiento de EE.UU. como potencia alternativa. Como Ministro, enfrentó las denuncias realizadas en el Congreso por Lisandro **de la Torre**, acerca de la connivencia del gobierno **conservador** con el monopolio de los **frigoríficos**, renunciando tras el asesinato del senador Bordabehere.

Duros: Sector sindical opuesto a negociar o participar de los gobiernos militares de facto. Durante la **Revolución Argentina** rompieron con la **CGT** de **Vandor** y se agruparon en la **CGT de los Argentinos**, encabezada por Raimundo **Ongaro**. Opuesto: *"participacionistas"*.

E

Echegaray, Patricio (1947 →): Político argentino, dirigente del **Partido Comunista**. Plantea la formación de un frente de "izquierda-centro" amplio en oposición a un frente de izquierda clasista. En 2000 fue elegido diputado por la ciudad de Buenos Aires por la alianza **Izquierda Unida** y posteriormente impulsó el pasaje del **PC** al campo del oficialismo **kirchnerista**.

Echeverría, Esteban (1805-1851): Político y escritor argentino, opositor a **Rosas**, contra quien escribió el ***Dogma Socialista*** (1838), obra base de la **Asociación de Mayo** y la **Generación del 37**. En *El Matadero* (1840) relata el enfrentamiento entre **unitarios** y **federales**. Fue influido por el pensamiento del socialista utópico Saint Simon y por el **nacionalismo** de Mazzini.

Efecto Tequila **(México, 1994-1996):** Crisis financiera iniciada con la devaluación de la moneda en México y con consecuencias de alcance mundial. La Argentina fue fuertemente afectada por el ET, produciéndose fuga de depósitos (reservas que respaldaban a los pesos) y una fuerte caída de la bolsa.

Ejército del Alto Perú: Ver **Ejército del Norte**.

Ejército del Norte (14-6-1810 / 8-1--1820): También llamado **Ejército del Alto Perú**, fue el primero de los ejércitos patrios en la lucha por la independencia. Entre sus principales comandantes se contaron a Juan José **Castelli** (fusilamiento de los realistas rebeldes encabezados por Liniers en Córdoba, primera victoria del EDN en Suipacha y derrota en Huaqui), Cornelio **Saavedra**, Juan Martín de **Pueyrredón**, Manuel **Belgrano** (*Éxodo jujeño*, triunfos en Tucumán y Salta, derrotas en Volcapugio y Ayohuma), José de **San Martín** y José **Rondeau** (derrota en Sipe-Sipe). Desde 1817, el EDN recibió órdenes del **Directorio** para combatir a las fuerzas **federales** que apoyaban a José **Artigas**, dejando la defensa del norte a las guerrillas comandadas por Martín M. de **Güemes**. El repudio de la propia tropa a esa estrategia política –que incluyó el asesinato del líder federal de Santiago del Estero, Francisco Borges por orden de Belgrano– se expresó varias veces, la última de ellas en el *Motín de Arequito*, a comienzos de 1820, lo que puso punto final al EDN.

Ejército de los Andes (América del Sur, 1816-1824): Nombre del ejército creado por José de **San Martín** que cruzó la Cordillera de los Andes y liberó a **Chile** y **Perú**.

Ejército Grande: Denominación del ejército comandado por **Urquiza** que derrotó a **Rosas** en **Caseros**. Estaba formado por unos 30 mil hombres en su mayoría argentinos, con una minoría de brasileños y uruguayos.

Ejército Guerrillero del Pueblo (21-6-1963 / 18-4-1964): Guerrilla guevarista instalada en Orán, Salta, dirigida por Ricardo Masetti y formado por estudiantes universitarios disidentes del **Partido Comunista** más algunos militantes cubanos. Fueron cercados por la gendarmería.

Ejército Revolucionario del Pueblo: Ver **ERP**.

El Brujo: Apodo de José **López Rega** que hacía referencia a sus actividades esotéricas.

El granero del mundo (1880-1930): Expresión con la que era identificada la Argentina durante el llamado **modelo agro-exportador**. Hacia 1880, el país dejó de ser productor exclusivo de productos ganaderos, para dedicarse también a la agricultura, por lo que pasó a ser EGDM –exportaciones primarias– y mercado preferido del capital inglés para sus inversiones y manufacturas.

El Interior (siglo XIX): La expresión El expresa los intereses de las provincias, en contraposición a Buenos Aires, es decir, el **federalismo** y la descentralización planteada por los

caudillos frente al **unitarismo** y la centralización de la *élite* porteña y **terrateniente**. Sin embargo, el término es confuso, ya que: a) en la Provincia de Buenos Aires hallamos un pseudo-federalismo orientado por **Rosas** y, b) **el Litoral** tiene sus propios intereses, intermedios entre EI y Buenos Aires.

El Kadri, Envar (1941-1998): Político argentino, uno de los fundadores de la **Juventud Peronista**. Formó parte también de la organización guerrillera **FAP**.

El Litoral (siglo XIX): EL representaba una postura intermedia entre el interior de los **caudillos federales**, los ganaderos de la Provincia de Buenos Aires y la *élite* **unitaria** del puerto de Buenos Aires. Así, las fuerzas orientadas por el líder entrerriano J. J. de **Urquiza** oscilarán en sus reclamos y políticas de alianzas, dada su especial posición geopolítica, a medio camino de los intereses centralistas y federales. Aunque por lo general coincidieron con estos últimos, sus intereses no eran exactamente los mismos.

El Lobo: Apodo de Augusto T. **Vandor**.

El Peludo: Apodo de Hipólito **Yrigoyen**.

El Perro: Apodo de Carlos **Santillán**.

El Pocho: Apodo de Juan D. **Perón**.

El pueblo quiere saber de qué se trata **(25-5-1810):** Según cuenta cierta versión de la historia, en el contexto de los hechos que derivaron en la **Revolución de Mayo**, la expresión refleja la inquietud de los sectores **criollos** ante los cambios políticos inminentes que se avecinaban, vinculados con la posibilidad de una ruptura del país con la corona española.

El que apuesta al dólar pierde **(Lorenzo Sigaut, 1981):** Frase del Ministro de Economía del Presidente de facto R. **Viola**, poco antes de aplicar una devaluación del peso del 30 %.

El restaurador de las leyes: Calificativo con el que sus partidarios designaban a Juan M. de **Rosas**.

El tigre de los llanos: Apodo con el que Domingo F. **Sarmiento** calificó a Facundo **Quiroga**.

El Tío: Apodo de Héctor J. **Cámpora**, **Presidente** argentino en 1973.

El Zorro: Apodo de Julio A. **Roca**.

Empréstito *Baring Brothers* **(1826):** Préstamo otorgado por esta firma financiera europea, una de las mayores del mundo, al gobierno de B. **Rivadavia** con el fin de modernizar al país y solventar la **Guerra del Brasil**. A mediados del siglo XIX, **Rosas** planteó que los intereses del EBB no podían ser pagados. La **crisis de 1890** puso a la *Baring* al borde del colapso. El EBB terminó de pagarse en el siglo XX y es considerado como el comienzo de la **deuda externa** argentina.

Encomienda: Régimen militar y económico implementado en España tras la expulsión de los árabes y trasladado a América. La E obligaba al encomendero a la producción agrícola o minera. Durante la **colonización española** en América se implementó junto con la conversión forzada al cristianismo de los indígenas. Primero se repartían las tierras, indígenas incluidos, considerados como niños que debían "encomendarse" al cuidado de otros. Luego, al conjunto de indios asignados a un encomendero español se les instruía religión y se los obligaba a trabajar las tierras. La E tenía dos formas: la **mita** y el **yanaconazgo**. A medida que esas organizaciones fueron dejando de ser sólo autosuficientes, comenzaron a producir para el mercado. Sobre la base del trabajo gratuito de los indios, los encomendados acumularon capital y se inició una competencia por el incipiente mercado con importadores y productores locales. La E fue abolida en 1720, siendo desplazada por otros mecanismos para obtener fuerza de trabajo forzado o semi-forzado, como el sistema de peonaje por deudas. (Ver también **repartimiento**).

Encuentro de Guayaquil (América, 26-7-1822): Entrevista realizada entre los líderes de la independencia americana, José de **San Martín** y Simón **Bolívar**.

Encuentro Nacional de los Argentinos (21-11-1970): Agrupamiento de sectores políticos encabezado por el **Partido Comunista** (Héctor Agosti), donde confluyeron diversos sectores de la **izquierda peronista**, **radicales**, el **Partido Socialista Argentino** (Juan Carlos **Coral**), **PDP** (Ricardo **Molinas**) y otros. Planteaba el retorno a la democracia.

Enfiteusis (1-1-1827 / 21-10-1857): Sistema implementado por B. **Rivadavia**, basado en la posesión pública de toda la tierra que no fuera de propiedad privada. No permitía, por lo tanto, la venta de tierras públicas. Estas tierras podían ser solamente arrendadas a los productores agrarios a condición de que las hicieran producir. Los arrendatarios no podían ser desalojados salvo por falta de pago del alquiler (el costo del alquiler era 8% del valor de la tierra en el caso de pastoreo y 4% en el caso de la tierra agrícola). Se arrendaban a veinte años, pero el gobierno podía cambiar el costo después de diez años. Este sistema fue introducido en la provincia de Buenos Aires durante el gobierno de Martín Rodríguez y en 1826 el Congreso Constituyente lo extendió a las otras provincias. Sectores acomodados porteños (grandes comerciantes, hacendados, políticos y militares) apelaron a la ganadería para enfrentar la crisis de la actividad mercantil, y solicitaron tierras bajo esta modalidad. El régimen de E es un antecedente de la formación posterior de los **latifundios** en nuestro país. Con ello se buscaba crear una fuente adicional de recursos para el **Estado**, que también utilizó a las tierras alquiladas por la E como garantía del **empréstito** *Baring Brothers*. Durante el gobierno de **Rosas** la E perdió peso (prácticamente quedó abolida en 1839), ya que se fomentó la compra definitiva de las tierras, profundizando el fortalecimiento de la clase latifundista.

Enfriado: Ver **carne enfriada**.

ERP (29-6-1970 / 1-5-1979): Sigla del **Ejército Revolucionario del Pueblo**, organización guerrillera fundada por el V Congreso del **Partido Revolucionario de los Trabajadores, PRT,** liderada por Mario R. **Santucho**. Influido por el **guevarismo** y sosteniendo la teoría foquista de la toma del poder a partir de un reducido grupo de hombres armados (en oposición al modelo de partido leninista), planteó el objetivo del **socialismo**. Con fuerza especialmente en Córdoba, emprendió acciones armadas contra las Fuerzas Armadas y de seguridad, pero tras el **golpe de Estado de 1976**

el E sufrió crecientes bajas, siendo aniquilados muchos de sus militantes y dirigentes.

Espejo, José G. (1905-1980): Dirigente sindical **peronista** de la rama alimenticia, Secretario General de la **CGT** entre 1947-1952. Ligado a la llamada **burocracia sindical**, fue protegido de Eva **Perón** hasta que en 1953 fue apartado de sus cargos.

Estancia colonial (siglo XVIII): La EC fue el centro de la producción rural bonaerense, que nucleó la explotación ganadera. Dada la poca cantidad de terrenos libres y la dificultad existente para convertirse en **terratenientes**, los españoles que llegaron con la formación del **Virreinato del Río de la Plata** se apuraron a solicitar tierras para la instalación de estancias, donde se obtenían pieles y sebo para su comercialización.

Estancia criolla (siglo XIX): Unidad de producción territorial con un modo de explotación de la tierra que se basaba en el dominio de un grupo de hombres por un jefe que era el propietario del lugar. Estos jefes vivían en condiciones primitivas que equivalían a un estado casi natural. Eran respetados porque compartían casi todo su tiempo con sus **gauchos**; tiempo que se repartía en trabajo, descanso y juego. El trabajo en la EC consistía en recorrer a caballo la estancia para evitar que el ganado se dispersase, además de las tareas de marca y castración. La EC disponía del uso de una fuerza armada particular, derivada del papel histórico cumplido por las milicias en las guerras de independencia. Socialmente, a diferencia de la hacienda o de la plantación, la EC no se basaba en el trabajo esclavo sino en mano de obra asalariada. Su naturaleza se transformó con el surgimiento del **saladero**, lo que coincidió con el proceso independentista y fortaleció a los estancieros por medio de la exportación de tasajo. Más adelante, la EC varió sus actividades (lana, carne, cereales), pero siempre tuvo un rol central en la economía nacional. El poder económico y social de los estancieros se tradujo en su dominio político, siendo fundamental su papel en la formación del **Estado** nacional y en la consolidación del **modelo agro-exportador** hacia 1880.

Estatuto del Peón (17-10-1944 / 18-7-1980): Reglamentación implementada por el Presidente E. **Farrell** y Juan D. **Perón** (Decreto 28.160), que estableció un salario mínimo y mejoras en las condiciones de alimentación, vivienda y trabajo para los trabajadores rurales. Fue derogado durante el **Proceso de Reorganización Nacional.**

Estévez Boero, Guillermo (1930-2000): Político y abogado argentino. Fue Presidente de la **FUA** y cofundador del Movimiento Popular Argentino, posteriormente **Partido Socialista Popular**, organización socialdemócrata por la que fue candidato a Presidente en 1983. Posteriormente fue diputado nacional.

Evita: Apodo con que los partidarios del **peronismo** designan a **Eva Perón**.

Éxodo jujeño **(23-8-1812):** Retirada del Ejército del Norte desde Jujuy a Tucumán ordenada por Manuel **Belgrano** ante la inferioridad numérica frente al ejército realista. Belgrano llamó a la población jujeña a replegarse, pero la invasión española fracasó.

Éxodo oriental **(23-10-1811):** Cuando **Rondeau** –necesitado de tropas en el **Alto Perú**– pactó con Elío el levantamiento del Sitio de Montevideo (entregando la **Banda Oriental** a los realistas), la mayoría de la población rural inició el EO o *"redota"*, liderado por José **Artigas**. En Ayuí se armó un campamento con 16.000 personas, integrado por soldados, indios, estancieros y pueblo en general.

F

FAA: Ver **Federación Agraria Argentina.**

Fábricas ocupadas (2001 →): Conjunto de empresas que pasaron a ser administradas por trabajadores. En el contexto de los hechos que derivaron en el *Argentinazo*, unas doscientas fábricas y empresas fueron recuperadas por los obreros, asumiendo diversas modalidades: a) algunas eran empresas que habían sufrido quiebras, en algunos casos fraudulentas, por parte de sus dueños (ejemplo: la textil Brukman), b) otras fueron ocupadas por falta de pago de salarios y/o por despidos, y puestas a producir sin intervención del sector patronal (ejemplo: Cerámicos Zanón) y, c) unas terceras eran fábricas cerradas desde mucho tiempo antes, cuyos predios fueron tomados y reabiertos (ejemplo: la fábrica de fideos Sasetru). Las luchas de las FO confluyeron con el movimiento **piquetero** y de **asambleas populares**, y apoyadas por partidos de **izquierda**, lograron arrancar algunas leyes de expropiación parcial en favor de sus trabajadores. Algunas de ellas alcanzaron niveles de salarios y de calidad productiva superiores a los de las gestiones burguesas, como el caso de Fasinpat (Fábrica Sin Patrones, ex Zanón).

FACA: Ver **FORA.**

Facundo (Domingo F. Sarmiento, 1845): Biografía del **caudillo** Juan Facundo **Quiroga**, considerada la primera obra sociológica nacional. En ella, **Sarmiento** desarrolla su planteo de *"civilización y barbarie"*, reivindicando a los **unitarios** como portadores de la cultura europea –secular, democrática, urbana y racional– frente a los **federales**, identificados con la "barbarie" –indígena, gauchesca, rural y emocional–.

FAL (5-4 al 15-5-1969): Fuerzas Armadas de Liberación, grupo guerrillero formado por la unión de la llamada Brigada Masetti y grupos disidentes del **PC** y el **PCR**. Posteriormente la mayoría de sus militantes se sumó al **ERP**.

FAP (20-9-1967 / 19-9-1968): Fuerzas Armadas Peronistas, rama de la **Juventud Peronista** que buscaba unir el trabajo en fábricas y barrios con la lucha armada. También se sumaron sectores del ex **MNRT** y ex FARN (escisión del **trotskista Palabra Obrera** en 1964). Las F se instalaron en el campamento de El Plumerillo en Taco Ralo, Tucumán, reclamando el retorno de **Perón**. Su principal dirigente fue Envar **El Kadri**, detenido en septiembre de 1968, lo que provocó la disolución del grupo. Sectores de la JP encabezados por Gustavo Rearte formarán en 1970 el Movimiento Revolucionario Peronista (MRP) **17 de Octubre.**

FAP: Ver **Frente Amplio Progresista.**

FAR (31-7-1970 / 12-10-1973): Fuerzas Armadas Revolucionarias, grupo guerrillero de origen **guevarista** que posteriormente adhirió al **peronismo.** Se formó hacia 1967 (aunque su aparición oficial data de 1970, cuando tomaron la localidad bonaerense de Garín) con sectores disidentes del **Partido Socialista Argentino de Vanguardia** y del **Partido Comunista** quienes, bajo el nombre de **Ejército de Liberación Nacional** (ELN), pretendían confluir en Bolivia con el Che **Guevara.** En 1973 se fusionaron con **Montoneros.** Principales dirigentes: Roberto Quieto, Marcos Osatinsky y Carlos Olmedo.

Farrell, Edelmiro Juan (1887-1980): Militar **nacionalista** argentino, uno de los líderes del **golpe de Estado de 1943.** Presidente de la Nación entre 1944 y 1946, año en que entregó el mando a su Vicepresidente, Juan D. **Perón.**

Federación Agraria Argentina (15-8-1912 →): Asociación gremial de los chacareros y arrendatarios, creada luego del **Grito de Alcorta.** Agrupa a alrededor de cien mil productores y el mayor peso de su representación se concentra en la zona agrícola de la región pampeana, abarcando actividades de tambo, hortícolas, granos y oleaginosas. También están adheridos los productores frutícolas de Río Negro, vitivinícolas de Cuyo, cañeros de Tucumán y algodoneros del Chaco. En su composición social se destacan los pequeños y medianos productores, que pueden ser propietarios -entre cincuenta y quinientas hectáreas- arrendatarios o contratistas. Si bien comparten con las otras entidades reclamos tales como controles de cambio, retenciones, precios de insumos, impuestos, créditos, etc, sus diferencias radican en la forma de distribución intrasectorial, y en el rol del **Estado.** La FAA es favorable a un impuesto a la renta normal potencial de la tierra (que castiga a la tierra improductiva) en reemplazo del impuesto a las ganancias, y pretende que no se grave a los pequeños productores. También apoya la intervención estatal en políticas de colonización, regulación, leyes de arrendamiento, comercialización, servicios y tecnología, créditos, fijación de precio sostén a la producción y –en general- la protección a este sector, el más vulnerable de los grupos rurales no asalariados.

Federación de Partidos de Centro (8-11-1958 / 28-6-1966): Alianza de partidos **conservadores (Partido Demócrata** de Capital, Córdoba y Buenos

Aires, Partido Conservador de Buenos Aires, Partido **Liberal** de Corrientes, etc). En 1963, la candidatura presidencial de Emilio Olmos obtuvo quinientos mil votos y sus electores votaron en el colegio electoral por A. **Illia**, de la **UCRP**. La FPC se disolvió tras el **golpe del 66**. Principales dirigentes: Julio C. Cueto Rúa y Emilio Hardoy.

Federación de Tierra y Vivienda: Ver **FTV**.

Federación de Trabajadores de la Región Argentina (12-12-1890 / -1892): Primer agrupamiento de los **sindicatos** argentinos, antecedente de la **FOA** y de la **FORA**. Su principal dirigente era el alemán Germán Ave Lallemant.

Federación o Muerte (1830-1852): Lema de los **federales** rosistas, en su lucha contra los **unitarios**.

Federación Obrera Argentina: Ver **FOA**.

Federación Obrera Regional Argentina: Ver **FORA**.

Federación Universitaria Argentina (11-4-1918 →): Agrupamiento de los estudiantes de las universidades nacionales, organizador de la **Reforma Universitaria** en defensa de una universidad democrática, laica, antiimperialista y anticapitalista. Perseguida por diversos gobiernos, en especial militares, en la mayor parte de su historia estuvo controlada políticamente por el **radicalismo**. Desde la década de 1970 el brazo universitario de la **UCR** -**Franja Morada**- mantiene una hegemonía, disputada en algunos momentos por la **Juventud Peronista**, agrupamientos **socialistas** y la **izquierda**. Actualmente, la **FUA** representa a más de un millón de alumnos.

Federación Universitaria de Buenos Aires (1905 →): Agrupamiento de los estudiantes de la Universidad de Buenos Aires, UBA. Participó en la fundación de la **Federación Universitaria Argentina** en 1918. En reiteradas ocasiones fue intervenida por diferentes gobiernos, sobre todo las dictaduras militares. Hasta 2001 la **FUBA** estuvo controlada fundamentalmente por la Juventud Radical -**Franja Morada** desde la década de 1970-. En ese año, por primera vez en su historia, un frente de organizaciones de **izquierda** encabezado por partidos **trotskistas** -el **Partido Obrero** y el MST- asumió la conducción. En la actualidad el PO es la fuerza estudiantil más importante de la federación.

Federales (1816-1862): Conglomerado de intereses sociales y regionales divergentes, sin una organización estable: dentro de cada provincia o grupo de provincias, el **federalismo** tenía objetivos propios. Sólo los unificaba su oposición a los **unitarios** y el reclamo de una política económica proteccionista, que amparara a las economías regionales de la competencia de productos extranjeros y permitiera al interior compartir los beneficios económicos concentrados en el puerto de Buenos Aires (para la cual era crucial la eliminación de las aduanas interiores y la **libre navegación de los ríos**). Con diversos matices, fueron líderes F los **caudillos** provinciales (Francisco **Ramírez**, Estanislao **López**, Facundo **Quiroga**, etc), el litoraleño Justo J. de **Urquiza** y los jefes políticos de la Provincia de Buenos Aires, Manuel **Dorrego** y Juan Manuel de **Rosas** –aunque el **rosismo** debe considerarse como un caso de pseudofederalismo *sui generis*–. Aunque en términos estrictos, probablemente el único F consecuente fue José **Artigas**. Tras tres décadas de guerra civil contra los unitarios, el **Partido Federal** logró su objetivo de unificar al país tras la **Batalla de Caseros**, bajo la autoridad de la **Confederación Argentina** (1852-53). Sin embargo, el triunfo de los unitarios en la **Batalla de Pavón** en 1861, terminó por unificar el **Estado** nacional bajo la égida del puerto de Buenos Aires. Con el asesinato de Urquiza en 1870 los F desaparecieron de la escena política.

Federalización de Buenos Aires (21-9-1880): Declaración de la Ciudad de Buenos Aires como capital de la República Argentina y jurisdicción exclusiva del gobierno nacional, durante la presidencia de Nicolás **Avellaneda**. La medida –que incluyó la prohibición a las provincias de formar cuerpos militares– fue clave en la afirmación del poder de Buenos Aires sobre el resto del país y en la unificación nacional, tras seis décadas de enfrentamientos entre **unitarios** y **federales**.

***Felices Pascuas* (Raúl Alfonsín, 19-4-1987):** Frase con la cual el Presidente **Alfonsín** se dirigió a la multitud que se manifestaba en repudio a la rebelión **carapintada** de **Semana Santa**. Luego de negociar una futura **ley de punto final** con el líder de los rebeldes, Aldo **Rico**, Alfonsín dijo en su discurso *"La casa está en orden, FP"*, invitando a los manifestantes a desconcentrarse.

Fernández Meijide, Graciela (1931 →): Política argentina, miembro de la **Asamblea Permanente por los Derechos Humanos** e integrante de la **CONADEP**. Se sumó al **Frente Grande**, siendo elegida diputada varias veces y triunfando en la Provincia de Buenos Aires en 1997. Como integrante del **FREPASO** y de la **Alianza**, en 2001 fue Ministro de Desarrollo Social del gobierno de F. **De la Rúa**.

Fernando VII (1784-1833): Rey de España. En 1808 heredó el trono de su padre, Carlos IV, pero meses después fue obligado a abdicar por Napoleón en favor del hermano de éste, José I. Su ausencia en el poder alentó las rebeliones producidas en la propia España y en las colonias americanas, entre ellas la que derivó en la **Revolución de Mayo**. Cuando retomó el mando en 1814 tras la derrota de Napoleón, intentó reconquistar las colonias, lo que llevó al enfrentamiento entre realistas y patriotas, con la victoria de éstos y la declaración de la independencia de los países latinoamericanos, finalizada en 1824. Además, anuló la **liberal Constitución de Cádiz** de 1812 y reimplantó el absolutismo. En 1830 derogó la Ley Sálica para colocar como su sucesora a su hija Isabel II, lo que desató la Guerras Carlistas luego de su muerte en 1833.

Ferrer, Aldo (1927 →): Economista argentino, de tendencia **nacionalista**. Ocupó el Ministerio de Economía y Trabajo en 1970-71 (gobiernos de R. **Levingston** y A. **Lanusse**) y asesoró a diversos gobiernos. Entre sus obras se destaca *La economía Argentina* (1963).

Ferreyra, Mariano (1987-2010): Militante del **Partido Obrero**, asesinado por adictos al burócrata sindical ferroviario José Pedraza, durante una protesta de trabajadores tercerizados que reclamaban su pase a planta permanente, apoyada por el PO y otros sectores de **izquierda**. Pedraza y los ejecutores materiales del hecho –que habían sido amparados por la policía– fueron condenados a prisión. El asesinato produjo un enorme repudio popular y dio lugar a masivas manifestaciones.

Ferrocarriles (1857 →): En nuestro país, los F se desarrollaron en una primera etapa hacia el noroeste y en una segunda fase hacia la pampa húmeda –tras la **Conquista del Desierto**– con el fin de permitir el transporte más rápido y barato de las mercancías desde el interior del país hacia el puerto de Buenos Aires para su exportación y –a la inversa– el envío desde el puerto hacia el interior de los productos manufacturados provenientes de Europa. Así, el tendido de vías férreas tuvo una forma de abanico o embudo hacia Buenos Aires, lo que por sí solo expone la característica del **modelo agro-exportador** de ser un modelo de crecimiento hacia fuera. Los capitales invertidos (en equipos, ingenieros, carbón para combustible) eran británicos, los primeros interesados en que los trenes se extendiesen en el territorio argentino convergiendo en el puerto, punto de contacto con el mundo. El 14 de agosto de 1865 se inauguró el primer tramo del Ferrocarril Sud y un año después el del Ferrocarril Central Argentino, realizados con capitales británicos y gubernamentales, en condiciones altamente beneficiosas para los ingleses y la **oligarquía** exportadora. La mayor parte del tendido de vías férreas se desarrolló entre 1880 y 1916, declinando su crecimiento a partir de las dos décadas siguientes, por la competencia de rutas. En 1947 el **peronismo** compró los **FF.CC.** –que estaban en muy malas condiciones– a los británicos y en 1965 se creó **Ferrocarriles** Argentinos, empresa estatal. En 1991, el peronista C. **Menem** comenzó el proceso de privatizaciones. Los gobiernos posteriores continuaron dando a los concesionarios privados millonarios subsidios y dieron lugar a la formación de empresas dirigidas por sindicalistas-empresarios que explotan a sus propios trabajadores. José Pedraza, secretario general del gremio hasta el asesinato del militante del **Partido Obrero, Mariano Ferreyra**, es un caso emblemático. El servicio ferroviario actual es paupérrimo, produciéndose numerosos accidentes y muertes por la desidia y la corrupción.

Figueroa Alcorta, José (1860-1931): Político y abogado **liberal** argentino, Presidente de la Nación en 1906, reemplazando –en su calidad de Vicepresidente– al fallecido Manuel **Quintana** hasta 1910. Aunque su gobierno se desenvolvió en una etapa de **auge** del **modelo agro-exportador**, enfrentó diversos conflictos sociales, como la **huelga de inquilinos** de 1907. Repri-

mió con dureza la manifestación del 1° de mayo de 1909, donde fueron asesinados ocho **obreros**; promulgó asimismo la **Ley de defensa social**, que persiguió las actividades políticas de trabajadores extranjeros, habilitando su deportación. En 1908 ordenó la clausura del Congreso y apeló reiteradamente a las intervenciones a las provincias gobernadas por partidarios de **Roca** para quebrar la maquinaria electoral históricamente organizada en torno a la **Liga de los Gobernadores**, contando para ello con la aprobación de los **radicales** y de C. **Pellegrini**.

FIP (9-12-1971 / 2-10-1994): Sigla del **Frente de Izquierda Popular**, partido enrolado en la llamada **izquierda nacional**, sucesor del **PSIN**. En las elecciones de marzo y septiembre de 1973 la candidatura presidencial del F obtuvo cuarenta y ocho mil (Abelardo **Ramos**) y casi novecientos mil votos (Juan D. **Perón**) respectivamente. En 1980 sufrió una escisión encabezada por Jorge E. Spilimbergo (Corriente Nacional, luego PIN, que se ligó a la **Multipartidaria**). En 1983 volvió a presentarse, obteniendo quince mil sufragios. El F se consideraba el ala izquierda de la "revolución nacional" encabezada por el **peronismo**. Desde 1986 fue rebautizado como **Movimiento Patriótico de Liberación**, el que se disolvió cuando Ramos se sumó al **Partido Justicialista**.

Firmenich, Mario Eduardo (1948 →): Dirigente **peronista**, fundador de la organización armada **Montoneros** en 1968. De tendencia **nacionalista** y católica, F participó del secuestro y matanza del ex Presidente de facto, Pedro E. **Aramburu**. Desde entonces Montoneros –formado por una mayoría de jóvenes de clase media- planteó la lucha por el retorno del exiliado General **Perón** y el llamado "**socialismo nacional**", realizando acciones tales como atentados con bombas y secuestros contra militares y **empresarios** antiperonistas. En 1974 el propio Perón expulsó al ala **izquierda** del movimiento peronista y los Montoneros pasaron poco después a la clandestinidad. F se fue del país en 1976 al producirse el golpe que dio inicio al **Proceso de Reorganización Nacional**. No se descarta, de todas formas, que haya existido algún tipo de colaboración entre F y una de las cabezas de la dictadura militar, el General **Massera**. En 1989 fue indultado por el también peronista C. **Menem**.

FIT: Ver **Frente de Izquierda y de los Trabajadores**.

FMI (1944 →): Organismo financiero internacional creado tras los acuerdos de **Bretton Woods**, cuyos objetivos iniciales eran: mantener los tipos de cambio estabilizados y asistir con fondos a países endeudados o con balanzas comerciales negativas, con el fin de fomentar el libre comercio (afectado por la **Crisis del 30** y el abandono del patrón oro). Los países miembro aportan a un fondo monetario común (basado en un patrón cambio-oro que cesó en 1971), en proporción al volumen de su comercio exterior, su ingreso nacional y su nivel de reservas. El FMI otorga créditos a países en problemas, a cambio de lo cual impone "ajustes" o "planes de estabilización" para equilibrar la balanza de pagos importando menos y exportando más –lo que incluye por lo general medidas como reducciones salariales, devaluación de la moneda y el compromiso de utilizar parte del producto nacional para pagar deuda-, aplicando sanciones en caso de incumplimiento.

FOA (25-5-1901 / 2-8-1904): Sigla de la **Federación Obrera Argentina**, la primera central de trabajadores de la Argentina –aunque tiene como antecedente a la Federación de Trabajadores de la Región Argentina de 1891-. La F, formada por cuarenta y cinco gremios, tenía mayoría **anarquista** y participaban de ella los **socialistas** (quienes se retiraron en el II Congreso, el 20 de abril de 1902 y formaron la **UGT**). En ese mismo año, la F organizó la primera huelga general, en oposición a la **Ley de Residencia**. Tras su cuarto Congreso fue sucedida por la **FORA**.

Fontezuelas: Ver **Motín de Fontezuelas.**

FORA (2-8-1904 →): Aunque existió una efímera F (1891-92) de **socialistas** y **anarcosindicalistas** –la primera organización sindical del país– la sigla remite en particular a la agrupación de los **sindicatos anarquistas** o anarcosindicalistas desde 1904, ex **FOA**. Hasta la década de 1910 los anarquistas dominaron el movimiento obrero: la F tenía treinta y tres mil adherentes y sesenta y seis sindicatos (aunque otras estadísticas estiran la cifra hasta cien mil o más), contra siete mil adherentes y cuarenta y tres sindicatos de los socialistas. Se destacaba su presencia entre los trabajadores portuarios y de conductores de carros. La F organizó la primera huelga general en la Argentina, entre el 3 y el 8 de mayo de 1909. En 1915 se fusionó con la **CORA** –**sindicalistas** y socialistas–, manteniendo el nombre de F. Protagonizó los hechos de la *Patagonia Rebelde* en 1921 y encabezó las movilizaciones en defensa de Sacco y Vanzetti, obreros anarquistas condenados a muerte en EE.UU. Aunque existe hasta nuestros días, a partir de la **Crisis del 30** perdió peso y desde la década de 1940 pasó a ser un corriente absolutamente minoritaria (ya con la denominación de FACA, Federación Anarco Comunista Argentina).

FORA del 5° Congreso (1-4-1915 / 10-3-1922): Sector **anarquista** surgido de la división de la **FORA** (ver). Enfrentó duramente al gobierno de **Yrigoyen**, al que consideraban un represor de las luchas obreras. En 1920 agregó el aditamento de "**comunista**" en adhesión a la **Revolución Rusa**. El sector "libertario" nucleaba alrededor de ciento cincuenta mil trabajadores. La conversión de la **FORA del 9° Congreso** en **USA** en 1922, hizo que la F5óC volviera a ser la FORA, sin aditamentos.

FORA del 9° Congreso (1-4-1915 / 10-3-1922): Sector **sindicalista** (con participación minoritaria de serctores **socialistas**) surgido de la división de la **FORA** (ver), tuvo un gran crecimiento entre 1915-1918, llegando a agrupar a más de quinientos **sindicatos** y varios cientos de miles de trabajadores. Proclamó la neutralidad ideológica y se mostró dispuesta a dialogar y negociar con el gobierno de H. **Yrigoyen**, aunque sufrió represiones, como la de la *Semana Trágica*. En 1922 se unió con algunos sindicatos desprendidos de la **FORA del 5° Congreso**, formando la **USA**.

FORJA (29-6-1935 / 15-12-1945): Centro de estudios económicos y políticos, la **Fuerza de Orientación Radical de la Joven Argentina**, surgió como un grupo disidente del **radicalismo** (se separó de la **UCR** en 1940 criticando la orientación de Marcelo T. de **Alvear**) formado por intelectuales de ideología yrigoyenista y **nacionalista** antiimperialista. F incorporó un sector numeroso de la juventud universitaria con preocupaciones por el desarrollo nacional, en pugna con los privilegios acordados al capital extranjero, denunciando particularmente al capital británico. Con posterioridad, la mayoría de sus integrantes o se sumaron a la corriente interna de la UCR encabezada por Moisés Lebensohn o bien apoyaron al **peronismo.** Sus dirigentes más destacados fueron Raúl **Scalabrini Ortiz**, Arturo **Jauretche** y Gabriel del Mazo.

FPV: Ver **Frente para la Victoria.**

Franja Morada (26-8-1967 →): Brazo universitario de la **UCR**, la agrupación estudiantil más poderosa de la Argentina. Surgió luego del golpe de Estado que derrocó al Presidente **radical** Arturo **Illia** bajo la denominación de Agrupación Unión Reformista FM, con grupos en las universidades de Córdoba, La Plata y Rosario provenientes de la recientemente formada Junta Coordinadora Nacional (agrupación anti-balbinista del **radicalismo** donde se destacaban Federico Storani y Marcelo Stubrin, seguidores de Raúl **Alfonsín**), **socialistas** independientes y algunos grupos **anarquistas.** Reivindicando las banderas de la **Reforma Universitaria** y la democracia, en poco tiempo disputó la dirección del movimiento estudiantil a los grupos que dirigían la **FUA** (el **maoísta** TUPAC y el **guevarista** FAUDI) y al **peronismo**, y desde 1983 obtuvo una cómoda mayoría. Con la caída del gobierno de **De la Rúa** en 2001, FM se vio envuelta en una serie de escándalos (fraudes, manejos económicos oscuros, acciones de tipo patoteril) y perdió gran parte de su aparato y de su peso electoral especialmente en la **FUBA**, a manos de la **izquierda trotskista** liderada por el **Partido Obrero.**

Fraude patriótico (1930-1943): Método de timo electoral sistemático durante la **_"Década Infame"_** consistente en la falsificación de padrones, el cambio de urnas, la compra de votos, la violencia contra los opositores y otros mecanismos antidemocráticos. Sus impulsores –**conservadores** civiles y militares, la **oligarquía**- decían que lo hacían como un "servicio a la Patria".

FRECILINA (14-2-1972 / 20-11-1973): Frente Cívico de Liberación Nacional. Alianza electoral encabezada por el **Partido Justicialista** en respuesta al **GAN** impulsado por el Presidente de facto A. **Lanusse**. Poco tiempo después se transformó en el **FREJULI.**

FREJULI (20-11-1973 / 24-3-1976): Sigla del Frente **Justicialista** de **Liberación Nacional**, coalición del **Partido Justicialista** con partidos menores (**MID, Partido Conservador Popular, PDC,**

etc), triunfante en las elecciones de 1973 que llevaron a la presidencia a Héctor J. **Cámpora** y meses después a Juan D. **Perón**. Inicialmente se denominó **FRECILINA** (Frente Cívico de Liberación Nacional). En las elecciones de marzo el F obtuvo casi el 50 % de los votos (cerca de seis millones de sufragios), mientras que en septiembre -ya con Perón como candidato- alcanzó un 62 %.

Frente Amplio Progresista (28-6-2011 →): Alianza de orientación centroizquierdista entre el **Partido Socialista**, **GEN**, Movimiento Libres del Sur, Unidad Popular, Buenos Aires para Todos, Solidaridad e Igualdad y Partido Nuevo de Córdoba. En 2011 presentó la fórmula presidencial **Binner**-Morandini, obteniendo alrededor de tres millones setecientos mil votos, un 17 % y ocupando el segundo lugar detrás del **Frente Para la Victoria**. Cuenta con un bloque de quince diputados y cinco senadores nacionales.

Frente de Izquierda Popular: Ver **FIP**.

Frente de Izquierda y de los Trabajadores (14-4-2011 →): Alianza de la izquierda **trotskista** formada por el **Partido Obrero**, el **PTS** e **Izquierda Socialista**. En las elecciones presidenciales de 2011 obtuvo casi quinientos mil votos a Presidente con la fórmula **Altamira**-Castillo. En las elecciones parlamentarias de 2013 logró casi un millón trescientos mil votos, la mejor elección de la izquierda revolucionaria en toda su historia, logrando consagrar por primera vez tres diputados nacionales, además de legisladores en varias provincias.

Frente Grande (27-4-1993 / 23-11-1994): Originado en el **Grupo de los Ocho** –diputados **peronistas** encabezados por Carlos "Chacho" **Álvarez**, que formaron bloque propio en 1989–, el FG constituyó un reagrupamiento de sectores de **centroizquierda** opositores al **menemismo**, provenientes del **justicialismo**, la **democracia cristiana**, los **intransigentes**, **socialistas** y el **Partido Comunista**, entre otros grupos. El FG agrupó al Fredejuso de Álvarez (Modejuso-PI-PDC) y el Frente del Sur de Fernando "Pino" Solanas (donde revistaba el PC). A fines de 1994, el FG se unió a PAIS, de José Bordón, formando el **FREPASO**. Posteriormente mantuvo una presencia menor, a nivel distrital.

Frente Indoamericano Popular: Ver **FRIP**.

Frente Justicialista de Liberación: Ver **FREJULI**.

Frente Nacional y Popular (3-5-1963): En el marco de la proscripción del **peronismo**, el FNYP fue un intento de presentar una boleta en las elecciones presidenciales de ese año por parte del llamado **neoperonismo** (la **Unión Popular**, Tres Banderas, etc), la **UCRI**, la **Democracia Cristiana**, el **Partido Conservador Popular** y otros grupos, que lanzaron la fórmula **Solano Lima**-Begnis. En junio, la Corte Suprema ratificó la constitucionalidad del Decreto **4161/55** y proscribió a la fórmula, por lo que el FNYP llamó a votar en blanco. Aunque el triunfo correspondió al **radical Illia**, la cantidad de votos en blanco fue altísima, cuestionando la legitimidad de las autoridades electas.

Frente País Solidario: Ver **FREPASO**.

Frente para la Victoria (2003 →): Alianza de orientación **peronista** creada para apoyar la candidatura presidencial de Néstor **Kirchner**, quien a pesar de obtener sólo el 22 % de los votos en las elecciones presidenciales de 2003 se hizo la la primera magistratura por la renuncia al *ballotage* de su contrincante, el también peronista Carlos **Menem**. En 2007 volvió a obtener la presidencia, esta vez con Cristina Fernández de Kirchner como candidata, quien fue reelecta en 2011 con el 54 % de los votos. El **FPV** cuenta además con la primera minoría en la cámara de diputados y de senadores. Además del **Partido Justicialista** y el Partido de la Victoria, en el frente participan sectores del radicalismo y el socialismo, además de partidos de centroizquierda como el **Partido Co-**

munista, **Partido Humanista, Frente Grande, Partido Intransigente** y otros. Algunos grupos radicales, más los partidos **PAIS** y Libres del Sur, se han retirado de la coalición. Ver también **kirchnerismo**.

Frente Renovador (23-6-2013 →): Alianza bonaerense de orientación **peronista** encabezada por el intendente de Tigre y ex Jefe de Gabinete del **kirchnerismo**, Sergio **Massa**. Al obtener la victoria con casi el 35 % de los votos en las elecciones para diputados, consagró un bloque de diputados que lo posicionó como presidenciable para 2015.

FREPASO (23-11-1994 / 20-12-2001): Sigla del **Frente País Solidario**, unión del **Frente Grande** de Carlos "Chacho" **Álvarez** y PAÍS, de J. Bordón. Surgido como oposición al **menemismo** y de orientación centroizquierdista, tras el alejamiento de Bordón se unió a la **UCR** formando la **Alianza** en 1997, accediendo al gobierno en 1999. Luego de la caída del Presidente aliancista **De la Rúa** en 2001, el F entró en crisis. Como Frente Grande, desde 2003 apoya a los gobiernos **peronistas** del matrimonio **Kirchner**.

Frigerio, Rogelio (1914-2006): Economista y político argentino, creador del **desarrollismo** (ver). Como asesor principal de Arturo **Frondizi** negoció con el General **Perón** una serie de concesiones con el fin de obtener por parte de éste los votos del **peronismo** proscripto, lo que permitió a Frondizi ganar las elecciones de 1958 y asumir la presidencia del país (ver **Pacto Perón-Frondizi**). Dirigió también la revista *Qué*.

Frigoríficos (1882 →): El descubrimiento del uso de la refrigeración para el procesamiento y embarque de carne revolucionó la economía mundial. En nuestro país, estos establecimientos industriales para conservar la carne reemplazaron a los **saladeros**, siendo el primero instalado en un barco (*Le Frigorifique*, que llevaba carne a punto de congelación oᵉ C, refrigerada pero no congelada, en 1876). Dos procedimientos distintos compitieron posteriormente – el congelado primero (a -7ᵉ C) y el enfriado a partir de 1900–. Los ganaderos importaron toros para mejorar la calidad del ganado y se sumaron nuevas tierras para pastoreo de los animales. El rápido tendido de vías férreas facilitó y aceleró el traslado del producto a los puertos, para su posterior exportación. En 1905, a los F británicos se sumaron otros norteamericanos (por ejemplo, Swift y Armour), pero Gran Bretaña era el principal mercado de exportación. El F modificó también la estructura de clases: los **criadores** de terneros se vieron forzados a mejorar las razas para obtener una carne de mayor ca-

lidad, pero los vínculos directos con los F estaban en manos de los **invernadores**. Por otra parte, el tradicional gauchaje de las **estancias** fue siendo desplazado por **inmigrantes** europeos. La **Primera Guerra Mundial** interrumpió parcialmente el comercio anglo-argentino, lo que mejoró la penetración de los F norteamericanos. De todas formas, hacia 1920 el 90 % de las carnes se exportaba a Inglaterra. Cuando en 1927 EE.UU. embargó carne argentina afectada por una enfermedad, los estancieros reforzaron su preferencia por Inglaterra (*"Comprar a quien nos compra"*), aunque la compra de manufacturas norteamericanas fue en aumento. La **Crisis del 30** llevó a los británicos a comprar carne a los miembros del *Commonwealth*, por lo que la **oligarquía** argentina planteó la firma del **Pacto Roca-Runciman** en 1933, con el fin de garantizarse la exportación de carne a la potencia europea a cambio de fuertes concesiones. Éstas generaron repudio en buena parte de la sociedad, dando lugar a la denuncia de connivencia entre el gobierno y los F extranjeros por parte del senador Lisandro **de la Torre**, representante político de los criadores. Las exportaciones ganaderas continúan teniendo importancia en la economía nacional hasta la actualidad.

FRIP (9-7-1961 / 25-5-1965): Sigla que denomina al **Frente Indoameri-**

cano **Popular**, agrupación encabezada por Mario. R. **Santucho** que surgió en Santiago del Estero. Fuerte en Tucumán, el F sostenía que el detonante de la revolución estaba en el proletariado del norte del país y su vanguardia en el sector azucarero. En 1965 se unió a **Palabra Obrera** para formar el **PRT**.

Frondizi, Arturo (1908-1995): Político y abogado desarrollista argentino, Presidente de la Nación entre 1958 y 1962, año en que fue derrocado por un golpe de Estado. Animador de una línea interna de la **UCR**, el **Movimiento de Intransigencia y Renovación** y fundador de la **UCRI** en 1957 y del **MID** en 1963. Pactó con **Perón** ofreciendo concesiones al **justicialismo** a cambio de sus votos. Ya en la presidencia, proscribió al **PJ** e intervino las provincias donde triunfó el **neoperonismo** en las elecciones de 1962. En la economía, puso el énfasis en la entrada de inversiones extranjeras en la industria pesada (petróleo, siderurgia, etc), contradiciendo sus planteos anteriores, de tinte **nacionalista** (ver también **desarrollismo**). Posteriormente, su partido respaldó a las sucesivas dictaduras militares.

FTV (1998 →): Sigla de la **Federación de Tierra y Vivienda**, sector **piquetero** de ideología **nacionalista** fundado por Luis **D´ Elía**, a partir del trabajo social en asentamientos de La Matanza. La F fue una de las impulsoras de las asambleas nacionales piqueteras previas a la caída de F. **De la Rúa** en 2001. Con la llegada al **gobierno** de los **peronistas** E. Duhalde y especialmente de N. **Kirchner**, la F se alineó con sus políticas y rompió con los llamados "piqueteros duros", coordinando sus acciones con la **CCC**.

FUA: Ver **Federación Universitaria Argentina**.

FUBA: Ver **Federación Universitaria de Buenos Aires**.

Fuerza de orientación radical de la joven Argentina: Ver **FORJA**.

Fuerzas Armadas de Liberación: Ver **FAL**.

Fuerzas Armadas Peronistas: Ver **FAP**.

Fuerzas Armadas Revolucionarias: Ver **FAR**.

G

Gallo, Vicente Carmelo (1873-1942): Abogado y político argentino. Líder de la corriente **radical** que fundó la **UCR Antipersonalista**, fuerza de la que fue candidato a Presidente en las elecciones de 1928, siendo derrotado por la **UCR** de H. **Yrigoyen**.

Galtieri, Leopoldo Fortunato (1926 →): Militar argentino, Presidente de facto entre 1981 y 1982. Ordenó el envío de tropas a las Islas Malvinas, en lo que se conoce como **Guerra de las Malvinas** (ver), donde la **Argentina** fue derrotada, tras lo cual delegó el poder. Acusado de impericia y de enviar a la guerra a jóvenes inexpertos y mal preparados fue condenado, pero el Presidente C. **Menem** lo indultó en 1990.

GAN (1-4-1971): Gran Acuerdo Nacional, impulsado por la dictadura militar de A. **Lanusse** con el fin de reestablecer el proceso electoral. La prohibición de actividad de los partidos y **sindicatos** fue levantada. Aunque Lanusse se oponía a que J. **Perón** se presentara como candidato a Presidente, el G derivó en el retorno al país del **caudillo**, que dos años después iniciaba su tercera presidencia.

Ganadería: En la Argentina, la G es la industria más antigua e históricamente más importante. El ganado vacuno fue introducido por los conquistadores en 1550, sirviendo como alimento y proveedor de cueros y sebo para la exportación, especialmente desde fines del siglo XVIII, cuando el aumento de la demanda externa –sobre todo por parte de los propietarios de esclavos en Brasil y el Caribe– pobló de vacunos zonas como Entre Ríos y la **Banda Oriental** –que rivalizaron con Buenos Aires– y derivó en la formación de **saladeros**. La independencia nacional fue consolidando una clase de estancieros propietarios de saladeros –sobre todo bonaerenses y del Litoral–, que controlaron la economía y la política nacionales durante más de un siglo. En la segunda mitad del siglo XIX aparecieron nuevas técnicas y procesos que permitieron aprovechar toda la res, desarrollándose asimismo la cría de ganado lanar –que llegó a representar casi el 60 % de las exportaciones nacionales hacia 1880, favorecidas primero por el aumento de la demanda de EE.UU. en razón de la Guerra de Secesión y luego por el incremento de la demanda inglesa de cordero (ver **ciclo de la lana**) - y formándose **colonias agrícolas**. La **Conquista del Desierto** (ver), la formación de la **Sociedad Rural** en 1866 y en especial el surgimiento de los **frigoríficos** transformaron a la actividad, permitiendo mejorar la calidad de los ganados (por ejemplo con la entrada de los vacunos *Shorthon* y *Aberdeen*

Angus en 1879) y generando un desarrollo de la industria lechera. En este proceso fue también crucial la instalación de vías férreas que unieron las tierras ganaderas del interior con los puertos de Buenos Aires y Rosario. En la década de 1880 predominó la exportación de res salada; en la década siguiente se destacó el embarque de animales vivos, pero su prohibición por parte de los británicos en la primera década del siglo XX consolidó definitivamente el poder de los frigoríficos, aunque las exportaciones agrícolas pasaron a ocupar el primer lugar en el comercio exterior del país. A pesar de los efectos negativos de la **Crisis del 30**, la G continúa hasta la actualidad ocupando un lugar central en la economía nacional.

Ganado cimarrón: Ver **cimarrón**.

Garay, Juan de (1528-1583): Conquistador español, Gobernador del Río de la Plata (1578-1583) y fundador de varias ciudades latinoamericanas, entre ellas Buenos Aires (Segunda Fundación, 11 de junio de 1580). Fue muerto por los indígenas.

Gatillo fácil **(década de 1980 →):** Dícese de los efectivos policiales comprometidos en homicidios contra personas inocentes o contra delincuentes por exceso en la legítima defensa. La mayoría de los casos de GF se producen en tiroteos, donde el delincuente es fusilado o donde balas perdidas matan a personas que pasaban por el lugar. También ha habido numerosos homicidios intencionales cometidos por la policía contra luchadores sociales o simples ciudadanos, la mayoría de los cuales quedan impunes.

GATT (30-10-1947 / 1-1-1995): Sigla del Acuerdo General sobre Tarifas Aduaneras y Comercio (*General Agreement on Tariffs and Trade*), que promovió la reducción de barreras aduaneras para fomentar el comercio mundial reaccionando contra el proteccionismo dominante en la década de 1930. Mientras que antes de la creación del G el nivel medio de aranceles era del 40 %, éste bajo al 10 % al momento de crearse la **Organización Mundial de Comercio (OMC)** en 1994.

Gaucho (siglos XVI-XIX): Personaje social sin domicilio fijo ni medios de subsistencia, habitante rural de la zona del Río de la Plata y otras de la Argentina, **Banda Oriental** y sur de Brasil. El destino de los G podía ser: vivir de la caza y cuereo del **ganado cimarrón** en territorios aún no apropiados, desempeñarse como peón asalariado en las estancias, como soldado en la frontera o en los ejércitos provinciales, o como insumiso o proscripto –conocido como "G malo", acusado de vago y de vivir al margen de la ley–. Durante el siglo XVIII su labor fue importante en la captura y cuereo de ganado salvaje (que posteriormente comercializaba) y en la cría y arreo de mulas. La introducción del **saladero** a principios del siglo XIX marcó el comienzo de su fin, ya que el ganado y las tierras se valorizaron y se convirtieron en propiedad privada, privándolo de sustento y forzándolo a robar o emplearse. Hacia finales del siglo XIX, los G fueron obligados a buscar empleo asalariado, de acuerdo con las necesidades del incipiente **modelo agro-exportador**. La llegada de los **inmigrantes** barrió con lo poco que de ellos quedaba.

Gauderio (siglos XVI-XIX): Antecesor del **gaucho**, personaje social que vivía en la campaña, sin acatar las normas de la sociedad colonial.

Gelbard, José Ver (1917-1977): Economista y empresario polaco radicado en la Argentina. Ministro de Economía de Juan D. **Perón**, H. **Cámpora**, R. **Lastiri** y M. E. **Martínez de Perón**. Partidario del **Partido Comunista** y del pacto social, fue fundador de la **Confederación General Económica**.

GEN: Ver **Generación para un Encuentro Nacional**.

Generación de Mayo: Ver **Generación del 37**.

Generación del 37 (siglo XIX): Grupo de jóvenes escritores e intelectuales románticos argentinos, inspirados en los hechos de la **Revolución de Mayo**, que pugnaban por la superación de los conflictos internos entre **unitarios** (a los que veían insensibles socialmente) y **federales** (a los que adjudicaban intenciones despóticas tras su fachada democrática). Consideraban al campo-desierto, la **montonera**, los **caudillos** y la tradición española como sendos frenos al progreso y el avance de la modernización y la democracia liberal. Enfrentada a **Rosas**, la G37 fue liderada por Esteban **Echeverría** y, entre otros, estaba compuesta por Domingo F. **Sarmiento**, Juan B. **Alberdi**, Juan María Gutiérrez, Vicente Fidel López, Bartolomé **Mitre** y Marco Avellaneda (ver también **Asociación de Mayo** y *Dogma Socialista*).

Generación del 80 (fines del siglo XIX): *Élite* económica, política, ideológica y social que lideró el proceso de la llamada **Organización Nacional** de la Argentina y la consolidación de su **Estado**, e impulsó la inserción del país en el **capitalismo** mundial –liderado entonces por Inglaterra– bajo de la forma del llamado **modelo agro-exportador**. Los representantes de la G80 –calificados despectivamente por sus críticos como la **oligarquía terrateniente**– eran **liberales** –librecambistas y anticlericales–, odiaban lo que consideraban propio del despotismo, la anarquía y la barbarie -la época de los **caudillos**, los indígenas, etc-, creían en las virtudes de la educación, deseaban ubicar a la Argentina en el progreso mundial de la época, al que identificaban con el capitalismo británico. Así, impulsaron la entrada de capitales extranjeros y atrajeron a millones de **inmigrantes**. A pesar de estar divididos en fracciones partidarias, no reconocían diferencias en la visión que tenían del país, ni en la fe en el porvenir. Las tesis positivistas del progreso indefinido de Comte y la concepción evolucionista de Spencer –el darwinismo social–, eran las fuentes principales de su ideología. De acuerdo con esta visión, el progreso económico no debía reparar en los eventuales perdedores, del mismo modo en que la naturaleza no se apiada de quienes no se adaptan a circunstancias nuevas. Entre los líderes de la G80 se destaca Julio A. **Roca**. Dícese también de un conjunto de escritores e intelectuales que influyeron en la *élite* política Argentina hacia 1880, tales como Lucio V. López, José Estrada y Pedro Goyena, entre otros.

Generación para un Encuentro Nacional (2007 →): Partido de centroizquierda fundado por disidentes de la **UCR**, liderados por Margarita **Stolbizer**, en rechazo al acuerdo electoral del partido radical con el economista **peronista** Roberto Lavagna. En 2007 el **GEN** se sumó a la **Coalición Cívica** junto al **ARI** (apoyando la candidatura presidencial de Elisa **Carrió**) y luego junto con éste, la UCR y el **Partido Socialista** formaron el Acuerdo Cívico y Social. En 2011, ante la separación del ARI y los radicales, se formó el **Frente Amplio Progresista** entre el GEN, el **PS** y otros partidos, quienes en 2011 apoyaron a Hermes **Binner** como candidato a Presidente. Cuenta con cinco diputados nacionales y un senador, además de seis diputados y tres senadores provinciales en la Provincia de Buenos Aires, el distrito por lejos donde el partido tiene mayor presencia.

Ghioldi, Américo (1899-1984): Político argentino, dirigente del **Partido Socialista**. De ideas moderadas y reformistas, se opuso a la corriente del partido que apoyaba a la **Revolución Rusa**. Ferviente antiperonista, en 1958 fundó el **Partido Socialista Democrático**, del que fue candidato a Presidente.

Ghioldi, Rodolfo (1897-1985): Político y docente argentino, uno de los fundadores del **Partido Comunista**. Impulsó el rumbo prosoviético del partido, especialmente tras la llegada al poder de **Stalin**. Fue varias veces candidato a Presidente.

Globalización (1980 →): Según algunos autores como B. Coriat, la G es la etapa productiva que se caracteriza por la extensión constante del mercado mundial, expresada en la expansión territorial creciente y en la transformación ascendente de las actividades productivas. Desde una posición **marxista**, J. Hirsch ha sostenido que la G es una forma de la lucha de clases, donde las empresas transnacionales explotan a su antojo en cualquier parte del mundo a la población, gracias a tecnologías que les permiten realizar esto. Mientras que una parte de los autores sostiene que la G es un fenómeno absolutamente incomparable con experiencias del pasado, otros afirman que se trata de un mito y que la mayoría de sus rasgos existen desde hace mucho tiempo. Características de la G: a) una creciente internacionalización comercial y productiva que se manifiesta en el auge de los intercambios de bienes e inversiones en el extranjero, b) la intensificación del proceso de mundialización de la economía con la aparición de empresas y redes empresarias estrictamente transnacionales, sin una ubicación nacional predominante, que desarrollan un mercado, una financiación y una gestión de decisiones a nivel planetario, c) la exacerbación de la competencia internacional, intensificada por las rivalidades entre los vértices de una tríada económica (Estados Unidos, Japón y Europa Occidental), d) la reestructuración cada vez más rápida de los aparatos productivos, como consecuencia de la aparición de nuevas técnicas y del repliegue industrial a escala mundial y, e) la reducción de la capacidad reguladora de los Estados nacionales. También son propias de esta etapa la desregulación, la regionalización y el fin de la hegemonía del modelo norteamericano de organización de empresas (modificaciones en el proceso de trabajo, paso del fordismo al toyotismo). Otro rasgo importante es el proceso de crecimiento inmenso de la especulación financiera (en la última década el 85 % de las transacciones financieras es de naturaleza especulativa, sin vínculo alguno con la actividad productiva). La G es considerada como la etapa posterior a la internacionalización y a la mundialización.

***Gobernar es poblar* (Juan B. Alberdi, 1852):** La expresión sintetiza la importancia dada por las *élites* que encabezaron la **Organización Nacional** al poblamiento del territorio nacional por medio del aliento a la **inmigración**.

Golpe del 30 (6-9-1930): Golpe de Estado militar que derrocó al Presidente **radical** Hipólito **Yrigoyen** e instauró en el gobierno al General **nacionalista** J. F. **Uriburu**, dando inicio a la llamada *"Década Infame"*.

Golpe del 43 (4-6-1943): Golpe de Estado de orientación **nacionalista** encabezado por el **GOU**, que derrocó al Presidente **conservador** Ramón **Casti-**

llo. En un primer momento asumió la presidencia A. **Rawson**, pero por diferencias en la política exterior del país frente a la **Segunda Guerra Mundial**, pronto fue sustituido por P. **Ramírez**. El gobierno militar proscribió al **Partido Comunista**, intervino la **CGT** y las universidades, implantó la educación religiosa e impuso una estricta censura.

Golpe del 55 (16-9-1955): Golpe de Estado militar que derrocó al Presidente Juan D. **Perón** e instauró en el gobierno al General E. **Lonardi**, dando inicio a la "**Revolución Libertadora**".

Golpe del 62 (29-3-1962): Golpe de Estado militar que derrocó al Presidente **desarrollista** Arturo **Frondizi** e instauró en el gobierno al Presidente del Senado, el **radical** José M. **Guido** quien, tras poco más de un año, convocó a elecciones.

Golpe del 66 (28-6-1966): Golpe de Estado militar que derrocó al Presidente **radical** Arturo **Illia** e instauró en el gobierno al General **nacionalista** J. C. **Onganía**, dando inicio a la "**Revolución Argentina**".

Golpe del 76 (24-3-1976): Golpe de Estado militar que derrocó a la Presidente **justicialista** María E. **Martínez de Perón** e instauró en el gobierno a una Junta Militar formada por las tres armas del Ejército, a cuya cabeza estaba Jorge. R. **Videla**. Dio inicio al llamado **Proceso de Reorganización Nacional**, la dictadura militar más cruenta de la historia del país.

González Balcarce, Antonio (1774-1819): Militar argentino. Participó en la campaña del **Alto Perú**, fue Gobernador de Buenos Aires y Director Supremo.

González Balcarce, Juan Ramón (1773-1836): Militar argentino. Gobernador de la Provincia de Buenos Aires entre 1820 y 1832.

Gorilas (1955 →): Denominación adoptada por el sector **liberal** de las FF.AA. que derrocó a J. D. **Perón** en 1955. Los G –encabezados por Isaac **Rojas** y C. Toranzo Montero– se convirtieron en sinónimo de antiperonistas. El término se extendió posteriormente a todos los opositores del **peronismo** y con el tiempo se lo ligó a posiciones derechistas, elitistas y antipopulares. Durante el gobierno de C. **Menem**, se produjo la reconciliación entre peronistas y G. El término fue creado por el humorista de orientación liberal Aldo Cammarotta.

GOU: Sigla del **Grupo de Oficiales Unidos** o Grupo Obra de Unificación.

Gran Acuerdo Nacional: Ver **GAN**.

Grito de Alcorta (25-6-1912): Considerada la primera huelga rural en gran escala, de la historia argentina, fue una reacción de arrendatarios contra la alta concentración de la propiedad de la tierra, las redes monopólicas de comercialización y créditos, y los abusos de los propietarios, ligados a la **Sociedad Rural Argentina.** En las provincias cerealeras –Santa Fe en particular- más de dos mil colonos declararon la huelga agraria. Los altos precios de arrendamiento, la inestabilidad de sus contratos (que duraban menos de tres años), los abusos de los sectores comercializadores y financieros, hicieron crisis cuando, en ese año, se combinaron una situación coyuntural de baja de los precios internacionales del maíz y un aumento del costo de la mano de obra por una reducción del flujo inmigratorio. Amenazados con el desalojo, los chacareros declararon la huelga, y reclamaron rebajas en los arriendos y contratos más largos. La firma de un acuerdo entre el gobierno **radical** de Santa Fe y los chacareros, donde éstos obtuvieron buena parte de sus reivindicaciones, estableció un nuevo lazo político entre los sectores medios rurales y la **Unión Cívica Radical.** Fue también el puntapié inicial que llevó en ese mismo año a la formación de la **Federación Agraria Argentina.**

Grupo de los Ocho (19-1-1990 / 27-4-1993): Sector disidente del bloque de diputados del **PJ** encabezado por Carlos "Chacho" **Álvarez.** El G8 denunció la política de privatizaciones y el rumbo neoliberal del gobierno de C. **Menem.** En 1993 constituyó el **Frente Grande.**

Grupo de los Ocho (década de 1990): Entidad que agrupó a los grandes grupos empresarios (en su mayoría nacionales) durante el período presidencial de C. **Menem.** Formaban parte del G8 la **UIA,** la **SRA,** la Cámara de Comercio, **Confederaciones Rurales,** ADEBA y ABRA (bancos extranjeros), entre otros.

Grupo de Oficiales Unidos (10-3-1943 / 23-2-1944): Logia formada por oficiales del Ejército de tendencia **nacionalista** e industrialista que accedió al poder tras el **golpe de Estado de 1943** (desplazando rápidamente al **liberal** A. **Rawson).** Al **GOU** pertenecían el Coronel J. **Perón,** P. **Ramírez** y E. **Farrell.**

Grupo Obra de Unificación: Ver **Grupo de Oficiales Unidos.**

Guacurari, Andrés (1778-1825): Líder guaraní, hijo adoptivo de José G. **Artigas.** *Andresito* Artigas fue un férreo defensor del planteo confederal del líder oriental y en defensa de ese programa gobernó la vieja región de Misiones y la provincia de Corrientes, resistiendo las invasiones portuguesas desde el sur de Brasil, hasta que fue derrotado y capturado en 1819 por tropas lusitanas, muriendo prisionero –se presume– en las cárceles del país vecino.

Güemes, Martín Miguel de (1785-1821): Militar argentino. Participó en la defensa nacional frente a las **invasiones inglesas** y luego se sumó a la **Revolución de Mayo**. Por la eficacia de sus **montoneras**, fue nombrado comandante general del Ejército del Norte por el General **San Martín** y murió combatiendo contra los realistas.

Guerra antisubversiva: Ver **guerra sucia**.

Guerra Argentino-Brasileña (Argentina vs Brasil, 10-12-1825 / 27-8-1828): Enfrentamiento armado entre las **Provincias Unidas del Río de la Plata** –cuyas tropas (los "Treinta y tres orientales") fueron comandadas por el General Lavalleja– y el Imperio brasileño de Pedro I –que tras la derrota de **Artigas** había ocupado el territorio de la **Banda Oriental**–. A través de la mediación inglesa, la Banda Oriental obtuvo su independencia, pasando la entonces **Provincia Cisplatina** a constituirse en la actual República Oriental del Uruguay.

Guerra Civil Española (España, 18-7-1936 / 28-3-1939): Enfrentamiento militar entre los republicanos (burguesía **liberal, comunistas y socialistas**) y los franquistas (**terratenientes**, oficialidad del Ejército, Iglesia Católica, gran capital, grupos monárquicos). La **Crisis del 30** había provocado un regreso masivo de **inmigrantes**, caída de exportaciones y de la producción y desempleo. En ese contexto, los republicanos ganaron las elecciones de 1931 e impulsaron una Constitución social con algunos cambios moderados (separación de la Iglesia del **Estado**, divorcio, voto femenino, expropiaciones, reforma agraria, etc), que a los ojos de los sectores dominantes tradicionales constituían la antesala de la revolución socialista. Hacia 1934, las presiones de los sectores republicanos más moderados llevaron al gobierno a abandonar las medidas más radicales y a reprimir a los **sindicatos** y socialistas y comunistas, lo que provocó que éstos se alzaran en armas. Para las elecciones de 1936 se formó el Frente Popular, agrupamiento de partidos de la **izquierda** obrera (Partido Comunista, Partido Socialista y otros) y la izquierda burguesa (republicanos progresistas). A éste se le opuso el bloque **conservador** encolumnado en la Falange Española. La izquierda triunfó, lo que provocó la rebelión de las clases dominantes, desatando la GCE. Apoyado por Mussolini y por Hitler, el General F. Franco se puso a la cabeza de los **fascistas** y los republicanos recibieron el apoyo de Brigadas Internacionales (unos cuarenta mil combatientes llegados de todas partes del mundo, la mayoría socialistas, comunistas y anarquistas) y de la U.R.S.S. Las zonas más industrializadas, donde la clase obrera era fuerte, resistieron la invasión bajo la consigna de *"no pasarán"*. La GCE finalizó en 1939 con el triunfo de los fascistas y con un saldo de setecientos mil muertos. Se abría un período de persecución, represión y ejecuciones para los sectores obreros y de izquierda de España, con centenares de miles de muertos. La finalización de la GCE dio paso, casi inmediatamente, al inicio en Europa de la **Segunda Guerra Mundial**.

Guerra de la Triple Alianza (Argentina-Brasil-Uruguay vs Paraguay, 12-11-1864 / 1-3-1870): Enfrentamiento militar entre la alianza de la Argentina, Brasil y Uruguay, por un lado, y el Paraguay, por el otro, que culminó con la victoria de aquellos. La también llamada **Guerra del Paraguay** frenó el incipiente desarrollo **capitalista** industrializador en el país guaraní –impulsado por el Presidente Francisco Solano López– y sumió a su población en la miseria. Al término de la guerra, prácticamente toda la población masculina del Paraguay había muerto, y mujeres y niños fueron vendidos como esclavos en el Imperio del Brasil. Además, Paraguay perdió extensos territorios, especialmente a manos de Brasil.

Guerra de las carnes (1-9-1934 / 23-7-1935): Conflicto desatado entre diversas fracciones de la burguesía ganadera –los **invernadores**, los **criadores** y los **frigoríficos** británicos y norteamericanos– para dirimir el control sobre el negocio de la carne, en especial en lo referente al *chilled-beef* (**carne enfriada**) y las exportaciones. La firma con Inglaterra el **Pacto Roca-Runciman**, las denuncias de corrupción hechas por L. **de la Torre –senador demócrata progresista** y portavoz de los pequeños y medianos ganaderos– contra el gobierno nacional y los frigoríficos extranjeros, y el asesinato de su compañero de bancada Enzo Bordabehere, fueron algunos de los momentos principales de este proceso.

Guerra de Malvinas (Argentina vs Inglaterra, 2-4 al 10-6-1982): Enfrentamiento militar entre la Argentina y el Reino Unido por la soberanía sobre las Islas Malvinas, Georgias e islas del Atlántico Sur. El **Proceso de Reorganización Nacional** agonizaba, luego de seis años de dictadura militar y desindustrialización. El 30 de marzo de 1982, miles de personas habían marchado contra el gobierno, sufriendo una feroz represión. Dos días después, con la intención de desviar la atención hacia un enemigo externo, el Presidente de facto, General L. **Galtieri**, ordenó la invasión de las Malvinas por tropas nacionales. Confiando en que EE.UU.

acataría los acuerdos continentales (el **TIAR**) y enviando tropas inexpertas y mal pertrechadas, la dictadura militar llevó a la Argentina a la derrota. El gobierno **conservador** de M. Thatcher recibió el apoyo norteamericano –donde gobernaba el también conservador R. Reagan– y en pocas semanas los británicos retomaron el control de la situación, con un saldo de dos mil soldados argentinos y mil británicos muertos. La GM determinó la crisis definitiva de la dictadura; Galtieri renunció, siendo sucedido por R. **Bignone**, quien llamó a elecciones para 1983. La justicia militar condenó a Galtieri a catorce años de prisión, pero el Presidente **Menem** lo indultó posteriormente.

Guerra de Vietnam (Vietnam del Norte vs Vietnam del Sur, 7-2-1965 / 30-4-1975): Enfrentamiento entre las dos zonas en que quedó dividida Indochina tras el fin de la guerra de independencia en 1955, cuando las tropas francesas abandonaron el territorio. Vietnam del Norte –con un gobierno prosoviético– planteó la unificación del país en términos de una lucha antiimperialista contra EE.UU. cuyo gobierno –encabezado por John F. Kennedy desde 1960– apoyó a la dictadura de Vietnam del Sur –ya con L. Johnson en la presidencia– invadió el norte según lo planteado por la Doctrina Truman. Contra un rápido triunfo esperado por los norteamericanos, el *Vietcong* resistió duramente los bombardeos –que incluían a la población civil– y terminó derrotando a las tropas invasoras. En tiempos de la presidencia de R. Nixon, EE.UU. comenzó a retirarse de la zona. En este desenlace fue muy importante la movilización de millones de jóvenes –destacándose el movimiento *hippie*– y trabajadores estadounidenses contra la guerra. El país se reunificó como República Socialista de Vietnam el 2 de julio de 1976. El resultado de la guerra: más de tres millones de vietnamitas muertos y más de dos millones de heridos.

Guerra del Brasil: Ver **Guerra Argentino-Brasileña**.

Guerra del Chaco (Paraguay vs Bolivia, 15-6-1932 / 12-6-1935): Enfrentamiento armado entre estos dos países –con la intervención de las empresas *Standard Oil* (EE.UU.) y *Shell Dutch* (Inglaterra) –, motivado por la explotación petrolera, que culminó con un arbitraje internacional que adjudicó casi todo el territorio del Chaco boreal al Paraguay. Produjo unos cien mil muertos.

Guerra del Pacífico (Bolivia-Perú vs Chile, 14-2-1879 / 20-10-1883): Este conflicto se inició con la ocupación de Antofagasta por parte de los chilenos. Con la derrota en esta guerra, Bolivia perdió su acceso al mar y tanto este país como Perú fueron desposeídos por Chile de sus principales yacimientos de nitrato.

Guerra del Paraguay: Ver **Guerra de la Triple Alianza.**

Guerra Fría **(bloque occidental vs bloque soviético, 2-9-1945 / 3-12-1989):** Enfrentamiento entre las dos superpotencias –EE.UU. y la U.R.S.S.– que no llegaba al terreno militar directo sino que implicaba una competencia global por la influencia política, ideológica, económica, armamentista, tecnológica, etc. A su vez, implicaba el desarrollo de guerras parciales entre terceros países –siendo la primera de ellas la Guerra de Corea en 1950–, sin la intervención directa de las superpotencias. La GF significó cuarenta años de preparación constante entre las grandes potencias para una guerra que podía estallar en cualquier momento. Luego de la **Crisis del 30** y las dos guerras mundiales, una Europa destruida y con una población con altos niveles de desocupación y pobreza, y una U.R.S.S. muy prestigiada constituyeron el terreno propicio para la extensión del **comunismo** –aunque deformado por su versión **stalinista**– como tendencia política. E. Hobsbawm sostiene que –de algún modo– la GF contribuyó al crecimiento económico mundial en los llamados *"años dorados"*. Su crisis definitiva está ligada a la desaparición de la U.R.S.S. y a la consolidación de EE.UU. como única potencia militar, en lo que se conoce como el "nuevo orden mundial".

Guerra subversiva: Ver **subversión.**

Guerra sucia: El término refiere a una guerra no convencional, que no respeta las convenciones habituales de las guerras, apelando a todo tipo de atropellos (secuestros, torturas, robos, fusilamientos, etc). En la Argentina, entre 1976 y 1983, el **Proceso de Reorganización Nacional** desató una GS que significó un saldo de decenas de miles de *desaparecidos*. Se llamó GS también a los métodos implementados por los franceses en Argelia y por los norteamericanos en Vietnam.

Guevara de la Serna, Ernesto Rafael "Che" (1928-1967): Político y médico revolucionario argentino, dirigente de la **Revolución Cubana** de 1959 junto a Fidel **Castro.** Junto a éste organizó la guerrilla que encabezó el proceso revolucionario que derrocó al dictador F. Batista y aplicó transformaciones sociales de corte anticapitalista. En 1965 renunció a sus cargos en el gobierno revolucionario e impulsó la lucha armada en el Congo y Bolivia, llamando a la revolución socialista internacional, en oposición a la línea de la burocracia soviética. Aislado y sin apoyos –el Partido Comunista de Bolivia se desentendió de su lucha– fue asesinado en este último país, convirtiéndose por su lucha consecuente en un símbolo de la **izquierda** mundial. (Ver también **guevarismo**).

Guevarismo (1959 →): Conjunto de planteos ideológicos y prácticas político-militares llevados adelante por el revolucionario argentino Ernesto **Che Guevara**, líder de la **Revolución Cubana** junto a Fidel **Castro**. Sus rasgos centrales pasan por la táctica de la guerra de guerrillas o teoría del foco revolucionario (foquismo) como manera de suplir la debilidad de la clase obrera y/o campesina en su lucha por tomar el poder en forma revolucionaria e implementar medidas de transformación **socialista**. También, el G plantea la idea del hombre nuevo, basado en una moral **comunista**, opuesta a la alienación y el egoísmo de la moral burguesa. El G se basó también en el internacionalismo, sosteniendo su voluntad de crear un frente antiimperialista mundial que intentara derrocar a los gobiernos capitalistas en todo el mundo.

Guido, José María (1911-1975): Abogado y político **radical** argentino, ejerció la presidencia en forma interina tras el **golpe de Estado de 1962** que derrocó a Arturo **Frondizi**. Durante su gobierno se produjo el enfrentamiento entre *Azules y Colorados*, siendo forzado a convocar a elecciones en 1963, donde triunfó el también radical A. **Illia**.

H

Hacer la América **(América, fines del siglo XIX-principios del siglo XX):** Entre los **inmigrantes** provenientes en su mayoría de Europa, la expresión HLA hacía referencia a la posibilidad de rehacer sus vidas en la nueva tierra, insertándose laboralmente y formando una familia.

Hacienda: Finca rural de grandes extensiones dedicada a la actividad agropecuaria usual en España y América Latina desde el siglo XVI. Su propietario, el hacendado, ejercía un control total sobre la vida de sus peones (que en el caso de Latinoamérica eran mayoritariamente indios). Basada en el **latifundio** y el cultivo extensivo, la economía de la H se orientaba hacia el autoabastecimiento aunque también podía vender parte de su producción. Desde el siglo XIX, los hacendados de varios países latinoamericanos han formado parte del gobierno, como en el caso de la Argentina. Dícese también del ganado que posee un establecimiento pecuario.

Hay que desensillar hasta que aclare **(Juan D. Perón, 29-6-1966):** Frase del General **Perón** con motivo del **golpe de Estado de 1966** que –de algún modo– avaló al mismo depositando ciertas expectativas en el nuevo gobierno.

Hay que pasar el invierno (Álvaro Alsogaray, 24-6-1959): Expresión del entonces Ministro de Economía del Presidente A. **Frondizi**, Álvaro **Alsogaray**. La frase hacía referencia a la necesidad de realizar un ajuste económico que afectaría especialmente a los sectores asalariados, bajo la promesa de una futura mejora de la situación. En el marco de las medidas anunciadas, Alsogaray emitió los denominados Bonos 9 de Julio, entregados a particulares y empresas como forma de financiar al **Estado**.

Hiperinflación: Tasa de inflación superior al 50 % mensual o al 1.000 % anual. En la Argentina, a mediados de 1989 el gobierno de Raúl **Alfonsín** devaluó la moneda en un 40 % y las tasas de interés subieron al 60 % mensual, siendo la H de casi el 5.000 % en 1989 y del 1.350 % en 1990, ya con C. **Menem** en el gobierno. Esto desató protestas sindicales y saqueos a supermercados, que finalmente derivaron en la caída del gobierno **radical**.

Huelga de inquilinos (24-8-1907): Medida de protesta implementada por los trabajadores inquilinos de los barrios de San Telmo y La Boca. Pedían la rebaja de alquileres y la mejora de las condiciones sanitarias. Participaron de la huelga dos mil cuatrocientos conventillos, donde vivían ciento cuarenta mil personas. La medida se reiteró dos años después.

Huelga del Frigorífico Lisandro de la Torre (16-1-1959): Huelga y ocupación de la planta realizada por cerca de diez mil obreros de este **frigorífico** municipal del barrio porteño de Mataderos contra su **privatización**, planteada por el Presidente Arturo **Frondizi**. La huelga fue reprimida con tanques militares. El frigorífico fue entregado a los sectores ganaderos de la CAP, produciéndose masivos despidos.

Huelga ferroviaria (1-11 al 11-12-1961): Huelga de los trabajadores de los **ferrocarriles** que derivó en la decisión del Presidente A. **Frondizi** de militarizar los trenes.

Huelga general de 1936 (7 y 8-1-1936): Organizada por los dos sectores en que se encontraba dividida la **CGT**, la HG de 1936 movilizó a más de sesenta mil trabajadores en apoyo de los obreros de la construcción, que estaban en huelga desde hacía dos meses. Los obreros hicieron piquetes y sólo la intervención del Ejército pudo detenerlos. Hubo tres muertos y tres mil detenidos. Esta huelga desarrolló enormemente a los **sindicatos** y fortaleció a los **comunistas**, liderados por los dirigentes de la construcción, Rubens Íscaro y de la carne, José Peters.

Huelga general de la FOTIA (14-10-1949): Impulsada por la Federación

Obrera de los Trabajadores de la Industria Azucarera (FOTIA), esta huelga general fue duramente reprimida por el gobierno de Juan D. **Perón**, que el 20 de agosto la declaró ilegal y en noviembre clausuró los locales del **sindicato** encarcelando a sesenta dirigentes.

I

IAPI (28-5-1946 / 3-7-1969): Sigla del **Instituto Argentino para la Promoción del Intercambio**, organismo creado para concentrar el monopolio de las ventas externas de carnes y cereales del país. Dirigido por Miguel Miranda y Adolfo Gómez Morales, fue una herramienta fundamental de la política económica del primer **peronismo**, que buscaba que las ganancias obtenidas en las exportaciones se utilizaran para financiar el desarrollo industrial. Así, el I compraba los productos agropecuarios a precios fijos y los vendía a un precio superior en el mercado mundial, reinvirtiendo las ganancias en la compra de **ferrocarriles** y servicios públicos y en inversiones industriales o sobre recursos naturales. A partir de la década de 1950, la declinación de la producción agrícola provocó una crisis en el ente, y el país advirtió la debilidad de un proceso industrializador que dependía de las exportaciones primarias. El

organismo perdió toda influencia con el derrocamiento de **Perón** y fue disuelto oficialmente en 1969.

Illia, Arturo Umberto (1900-1983): Político y médico **radical** argentino, Presidente de la Nación entre 1963 y 1966, accedió al cargo con sólo el 25 % de los votos. Anuló contratos petroleros firmados por el ex Presidente A. **Frondizi** (pagando **fuertes indemnizaciones**) e impulsó una ley de medicamentos que molestó a algunos sectores propietarios. También intentó legalizar al **peronismo** y llevó adelante una política económica moderadamente **populista**. Sin embargo, la oposición de los **sindicatos** a su gobierno fue fuerte –Illia intentó intervenir en las elecciones y en la distribución de fondos gremiales–, al igual que la de las FF.AA. En 1966, acusado de lentitud –lo apodaban *"la tortuga"*– fue derrocado por un golpe de Estado encabezado por Juan. C. **Onganía** y apoyado por la llamada **burocracia sindical** de Augusto T. **Vandor.**

Independencia nacional: Ver **Congreso de Tucumán.**

Índice Merval: Principal indicador de la Bolsa de Comercio de Buenos Aires, expresa un promedio de la cotización de las acciones de las principales empresas del mercado.

Indio (América, 1492 →): Aunque "indígena" es todo aquello oriundo del territorio en el que vive (un hombre, un animal o una planta), el concepto quedó ligado al origen europeo de "I", que surge con la **colonización española** para referirse a los pueblos colonizados de las más diversas razas y etnias. En este sentido, no puede hablarse de I antes de este proceso. El I es aquel ser considerado inferior que debe ser civilizado y evangelizado por los no I. Así, millones de personas fueron asesinadas o superexplotadas por los conquistadores, quienes usurparon sus riquezas, destruyeron sus familias y barrieron con sus culturas. En la actualidad, persisten en América Latina, África y Asia gran cantidad de grupos que se autodefinen como I, reivindicando su cultura, su lenguaje y su tierra.

Indultos (6-10-1989 y 29-12-1990): Perdón otorgado por el gobierno de Carlos **Menem**, por los que casi trescientos militares procesados y los miembros de las dos primeras juntas militares del **Proceso de Reorganización Nacional** quedaron en libertad, al igual que el líder de la organización **Montoneros**, Mario **Firmenich**.

Industria: La I en la Argentina se desarrolló en forma tardía y como rueda auxiliar de la economía primario-exportadora. Así, las primeras I fueron las de alimentos (harina, yerba mate, azúcar), las de envasado de carne para exportación y aserraderos. La I moderna llegó de la mano del capital británico (primero) y estadounidense (después), y surgió con la instalación de los **ferrocarriles** (a partir de 1857) y del primer **frigorífico** para el procesamiento de **carne congelada**, en 1882, destacándose también el surgimiento de la fábrica de calzado de suela de soga Alpargatas en 1887, año en que se fundó la **Unión Industrial Argentina**. Dado que la *élite* dominante obtenía grandes beneficios con la actividad agropecuaria, los primeros intentos de industrialización quedaron en manos de empresarios extranjeros o de origen inmigrante, de mediano capital. Entre 1895-1914 se duplicaron los establecimientos, con la I alimenticia a la cabeza y un incipiente desarrollo de la metalurgia. La **Primera Guerra Mundial** permitió a la Argentina exportar más productos primarios, pero produjo también escasez de maquinarias, repuestos, carbón y manufacturas. La falta de combustibles impulsó la búsqueda de sustitutos, lo que derivó en el descubrimiento de **petróleo** en el noroeste y en la Patagonia, dando lugar a la creación de **YPF**. La **Crisis del 30** fue el empujón definitivo para una I nacional que debió crecer de golpe y a la fuerza, con aporte de capitales norteamericanos y argentinos. La **Segunda Guerra Mundial** agravó la falta de combustibles, maquinarias y repuestos, dado que los propios EE.UU. estaban en la contienda. Toda una serie de ramas debieron ser impulsadas con capital nacional o estatal: ropa, química, electrodomésticos, maquinaria agrícola, tabaco, etc, dando lugar a la formación de un nuevo proletariado proveniente de las migraciones internas. El capital nacional tenía entonces más del 60 % de la manufactura industrial, mientras que el capital extranjero se concentraba en los servicios y el transporte. La primera etapa del gobierno de **Perón** estuvo marcada por el favorecimiento de la I liviana por medio de subsidios y recursos desviados desde el sector agropecuario hacia pequeños y medianos industriales (agrupados en la **CGE**). Sin embargo, la **sustitución de importaciones** encontró su freno cuando la entrada de **divisas** provenientes de las exportaciones primarias disminuyó, impidiendo importar maquinaria, repuestos y combustible, lo que llevó a un viraje de la política **peronista** en favor de la atracción del capital extranjero, lo cual fue profundizado por **Frondizi**, impulsando la I pesada, especialmente la automotriz y petrolera. A partir de mediados de la década de 1970, la I nacional comenzó a ser desmantelada, dando lugar a un nuevo modelo de acumulación que privilegió a los intereses financieros, industriales y agropecuarios más concentrados. Algunos gobiernos democráticos (**Alfonsín, Duhalde,**

el matrimonio **Kirchner**) plantearon la reconstrucción de la llamada **burguesía nacional**, pero la Nación continúa en condición de semicolonia hasta la actualidad.

Industrialización sustitutiva: Ver **sustitución de importaciones.**

Informe Bialet Massé (30-4-1904): Documento acerca del estado de la clase obrera argentina encargado a Juan Bialet Massé por el Presidente **Roca**. Bialet Massé recorrió el país y elaboró un informe en el que describió las malas condiciones laborales y de vida de **la masa obrera y donde sostuvo que los empresarios argentinos desconocían la organización científica del trabajo. Bialet Massé recomendaba a los empresarios implementar un régimen de trabajo científico y basado en la jornada** de ocho horas.

Informe Sábato: Ver *Nunca más.*

Inmigraciones: Entre mediados del siglo XIX y principios del siglo XX las I desde Europa hacia América ascendieron a sesenta millones de personas. En la Argentina, la necesidad de atraer I surgió tras **Caseros** y con la sanción de la **Constitución Nacional**, cuyo artículo 25 fomentó la "inmigración europea" y de otros extranjeros con el fin de "labrar la tierra, mejorar las industrias e introducir y enseñar las ciencias y las artes". En 1876 se sancionó una Ley de Inmigración y en las décadas subsiguientes arribaron al país cientos de miles de europeos, con mayoría de italianos (un 45 %) y españoles (un 33 %). En total, entre 1857 y 1941 entraron al país casi siete millones de I, aunque alrededor de la mitad retornó a su lugar de origen luego de un tiempo. Muchos llegaron por propia iniciativa, pero la mayoría fue seducida por la propaganda del gobierno (que prometía tierras en propiedad para trabajar), las empresas o los compatriotas que relataban sus experiencias de "hacer la América". Se repartieron por todo el país realizando los más diversos oficios: artesanos, mineros, comerciantes, trabajadores del campo y la industria, maestros, etc. Contribuyeron a formar una hasta entonces casi inexistente clase media, que pronto reclamó su lugar bajo el sol del **modelo agro-exportador**, con reclamos políticos, sociales, culturales y educativos. Algunas de esas reivindicaciones se vieron reflejadas con el tiempo en la formación de la **UCR**, la **Ley Sáenz Peña** (1912), el **Grito de Alcorta** (1912) o la **Reforma Universitaria** (1918). Pero también se formó una importante **clase obrera** que –bajo la influencia del **anarquismo**, el **marxismo** y el **sindicalismo**– impondrá en la agenda nacional reivindicaciones sociales y clasistas, formando **sindicatos** y partidos obreros, sociedades de fomento y centros culturales, y provocando la represión de le *élite* dominante por medio de leyes (**Ley de Residencia, Ley de Defensa Social**) o de la fuerza directa (represión de huelgas, como durante las presidencias de **Figueroa Alcorta** y de **Yrigoyen**). El hecho de ver defraudadas sus expectativas de acceder a la propiedad de parcelas de tierra, sus duras condiciones de vida y laborales, y su elevada conciencia de clase, llevaron a los trabajadores a realizar fuertes impugnaciones al orden económico-social dominante. La **Crisis del 30** detuvo dramáticamente el flujo de I, el que fue reemplazado por migraciones internas. Luego de la **Segunda Guerra Mundial** arribó una nueva corriente inmigratoria, en parte proveniente de países vecinos, Europa Oriental y Asia.

Inmigrantes: En la Argentina, en el marco del **modelo agro-exportador** llegaron al país tres millones de I, entre 1880 y 1910. Italianos, españoles y de otras nacionalidades, se convirtieron en la mano de obra que el modelo demandaba. Hacinados en **conventillos**, crearon los primeros **sindicatos anarquistas, socialistas y sindicalistas**. Una parte de ellos arraigaba en la nueva tierra –aunque muy pocos de ellos obtuvieron parcelas en propiedad–, pero otros viajaban para las cosechas y retornaban a sus países (inmigración golondrina). Con las dos guerras mundiales, los I llegaron masivamente escapando del hambre y la persecución. A partir de mediados del siglo XX los I europeos disminuyeron notablemente y creció la inmigración proveniente de Sudamérica.

Inquilinato: Conventillo.

Instituto Argentino de Promoción del Intercambio: Ver IAPI.

Intendencias (colonización española, 1782-1824): Unidades administrativas, judiciales, económicas y militares en la América colonial surgidas de las **Reformas Borbónicas** a fines del siglo XVIII. En el **Virreinato del Río de la Plata** se fundaron en 1782 con el fin de centralizar el poder sobre su extenso territorio, creándose ocho I (Buenos Aires, Córdoba, Salta del Tucumán, Cochabamba, Paraguay, La Paz, Potosí y Charcas) y cuatro gobernaciones militares (Montevideo, Misiones, Moxos y Chiquitos) y siendo el Virrey el Intendente general. Su creación generó descontento en la pequeña burocracia **criolla** y fue un factor que influyó en los procesos de la independencia latinoamericana.

Intransigencia (1891-1930): Rechazo a todo acuerdo con los **conservadores** por parte de algunos grupos dentro de la **UCR**, táctica que incluía la abstención en elecciones que calificaban de fraudulentas. La I fue postulada por Leandro N. **Alem** y continuada

por Hipólito **Yrigoyen**. Sin embargo, poco a poco los grupos de la *élite* fueron cooptando al ala más moderada del **radicalismo**, hasta debilitar notablemente a esta postura.

Intransigentes (1943-1956): Línea interna de la **UCR** que se opuso a la formación de la **Unión Democrática**, impulsada por los **unionistas**. En 1945 pasó a ser el **Movimiento de Intransigencia y Renovación**, reivindicando el yrigoyenismo y definiéndose como una fuerza revolucionaria, antiimperialista y antioligárquica. Sus principales dirigentes fueron Ricardo **Balbín**, Arturo **Frondizi**, Moisés **Lebensohn**, Crisólogo **Larralde** y Amadeo Sabattini.

Invasiones inglesas (25-6-1806 / 6-7-1807): Incursiones armadas de tropas inglesas en los dominios españoles del Río de la Plata. La rivalidad anglo-española en esa zona era antigua, especialmente cuando los británicos obtuvieron el asiento para el comercio de esclavos en 1713. La formación del **Virreinato del Río de la Plata**, las guerras internacionales y la **Revolución Industrial** con centro en Inglaterra marcaron la época. Los británicos necesitaban al iniciarse el siglo XIX proveerse de materias primas y alimentos, además de colocar sus manufacturas, en particular tras perder sus colonias norteamericanas. Influidos por el líder venezolano Francisco de Miranda, los británicos tomaron la idea de aliarse con grupos independentistas –que querían barrer con el dominio español– con la finalidad de acceder a esos mercados. Así, unos mil quinientos hombres desembarcaron en Quilmes, a pocos kilómetros de Buenos Aires. Aunque muchos **criollos** juraron obediencia a los británicos, otros repudiaron lo que interpretaron como una invasión y no como una ayuda para su independencia. El movimiento fue repelido por las fuerzas comandadas por el oficial francés de la armada española Santiago de **Liniers** y el funcionario criollo Juan M.de **Pueyrredón**, en 1806, y por el comerciante español Martín de **Álzaga**, en 1807 (cuando los británicos enviaron diez mil hombres), siendo destituido el Virrey Marqués de **Sobremonte**, quien había huído a Córdoba. En las II participó prácticamente el conjunto de la población bonaerense; tanto criollos y españoles como de negros e indios se armaron, realizando barricadas y piquetes, por lo que puede decirse que se trató de un levantamiento nacional y popular que derrotó a la primera potencia colonial del mundo. El triunfo sentó las bases del movimiento criollo que desembocará tres años después en la **Revolución de Mayo**.

Invernadores (principios del siglo XX): En la Argentina, el sector más poderoso de los ganaderos, en oposición a los **criadores**. Engordaban al ganado a partir de los diez meses y hasta los dos o tres años ("*chiller*") y abastecían a los **frigoríficos** puesto que, por la ubicación de sus campos (Buenos Aires, sur de Santa Fe y Entre Ríos) sólo ellos –y no los criadores, ubicados en Corrientes, Santa Fe, Córdoba, San Luis y La Pampa– podían alimentarlos para generar carne de calidad. La actividad de los I estaba dedicada al mercado externo, a través de los frigoríficos británicos y norteamericanos. Ante caídas del precio de la carne cubrían su margen bajando el precio pagado a los criadores. Además, la fertilidad de sus tierras les permitía alternar la ganadería con la agricultura, cosa que no podían hacer los criadores. La **Primera Guerra Mundial** trajo consecuencias que agravaron el enfrentamiento entre los I y los criadores, lo que derivó en la llamada *"guerra de las carnes"*. El reemplazo definitivo de la **carne congelada** por la **carne enfriada**, consolidó a los I y debilitó a los criadores.

Irigoyen, Bernardo de (1822-1906): Abogado y político argentino. Ligado políticamente a diversos líderes (**Urquiza, Sarmiento, Avellaneda y Roca**), en 1891 secundó a **Mitre** en la fórmula presidencial de la **Unión Cívica**, participando un año después de la fundación de la **UCR**. En 1898 resultó electo Gobernador de la Provincia de Buenos Aires.

Isabel Perón: Ver **Perón, Isabel.**

Isabelita: Apodo de María Estela **Martínez de Perón** o Isabel Perón.

IVA: Sigla del **Impuesto** al **Valor Agregado**, que grava la compraventa de bienes y servicios. Es el más conocido de los impuestos indirectos.

Izquierda nacional: Sector de la **izquierda** que reivindica la alianza de la clase obrera con la **burguesía nacional**, en oposición a la izquierda internacionalista, a la que denuncia como *"cipaya"*. Para la IN, la lucha de clases se subordina a la lucha de la Nación contra **el imperialismo. En la Argentina**, la IN ha estado representada por Jorge A. **Ramos**, quien planteó el *"socialismo criollo"* y la alianza estratégica con el **peronismo.**

Izquierda peronista (décadas de 1960 y 1970): Sector del **peronismo** con posiciones favorables al desarrollo del llamado **socialismo nacional** –en los hechos un **capitalismo** de características sociales, **populistas** y **nacionalistas**–. Inspirados en los ensayos de Rodolfo Puiggrós –ex **comunista** que se acercó al peronismo– y de J. J. Hernández Arregui, la IP surgió en las universidades, extendiéndose a otros grupos sociales, como los sectores sindicales del llamado **peronismo combativo**. Pertenecían a la IP la mayor parte de los jóvenes agrupados en la **Juventud Peronista** y los grupos guerrilleros (**Montoneros**, etc).

Izquierda reformista: En la Argentina, son diversas las fuerzas que adhirieron históricamente a la IR, destacándose en particular el **Partido Socialista**. El **PC**, aunque continúa reivindicando una estrategia socialista, puede ser incluido dentro de la IR por su política de alianzas con sectores **nacionalistas**. En la actualidad, la inmensa mayoría de la IR puede catalogarse dentro de la llamada centroizquierda.

Izquierda revolucionaria: En términos estrictamente marxistas, sector de la **izquierda** que reivindica la dictadura del proletariado, la revolución **socialista** internacional y la vigencia del **marxismo**. En oposición a la **izquierda reformista**, la IR no cree en la vía pacífica y parlamentaria para la toma del poder y se plantea organizar a la clase obrera en un partido revolucionario que dirija la insurrección, con el Partido Bolchevique ruso como modelo fundamental. En la Argentina, la IR surgió con la llegada de **inmigrantes comunistas y anarquistas** y se expresó primero en la lucha sindical y luego partidariamente, con la fundación del **Partido Comunista**, bajo la influencia de la **Revolución Rusa**. La defección de este partido hacia el **stalinismo**, derivó décadas después en la formación de diversas corrientes **trotskistas**, las que aún hoy se reivindican como la única IR (ver por ejemplo **Frente de Izquierda y de los Trabajadores**). Desde otro punto de vista, diversos sectores del **nacionalismo** y el **populismo** también se autotitulan izquierdistas y revolucionarios, lo mismo que el anarquismo, que cuestiona a los grupos marxistas, a los que acusa de autoritarios. Por último, hay quienes incluyen en el concepto a algunos grupos guerrilleros –en algunos casos por su programa, en otros por su método– que impulsaron la revolución socialista inspirados en la **Revolución Cubana** –y en particular en la figura de Ernesto **Che Guevara**–. De hecho –sobre todo en América Latina– Cuba introdujo en el debate de la IR la cuestión del foco revolucionario, novedoso frente a la ortodoxia leninista.

Izquierda Socialista (2006 →): Partido trotskista, escisión del Movimiento Socialista de los Trabajadores. Se reivindica heredero de Nahuel **Moreno**, el **PST** y el **MAS**. Sus principales dirigentes son Juan Carlos Giordano, Liliana Olivero y el dirigente sindical ferroviario *Pollo* Sobrero. En 2011 se sumó al **Frente de Izquierda y de los Trabajadores**.

Izquierda Unida (1988-2005): Alianza electoral formada por el **Partido Comunista**, el **MAS** y grupos menores, presentó en 1989 la candidatura presidencial de Néstor **Vicente**, obteniendo alrededor de quinientos mil votos y logrando una banca de diputado nacional (Luis **Zamora**). Posteriormente, IU se rompió, para volver a constituirse en 1999, esta vez entre el PC, el **MST** (uno de los sectores en que se dividió el MAS) y grupos menores. La extrapartidaria Patricia Walsh fue candidata a Presidente y fue electa diputada nacional. En 2005 IU se dividió, formándose dos alianzas electorales con vínculos estrechos con diversas fuerzas y dirigentes del llamado centroizquierda (el PC con el **Partido Socialista** y el **PI**, el MST con el **peronista** Mario Cafiero).

J

Jauretche, Arturo (1901-1974): Político, escritor y abogado argentino. De origen **radical**, participó en la fundación de la organización **nacionalista FORJA** y posteriormente apoyó al **peronismo**. Escribió varios libros, entre ellos *El medio pelo en la sociedad argentina* (1966).

Jesuitas (1534 →): Orden sacerdotal católica fundada por San Ignacio de Loyola como fuerza de choque con el fin de frenar el avance de la Reforma Protestante. A lo largo de la historia, los J fueron perseguidos en reiteradas oportunidades. En América, fueron importantes las llamadas **Misiones Jesuíticas** (ver).

Jockey Club (1882 →): Reducto social y cultural de la *élite* agropecuaria, fundado entre otros por Carlos **Pellegrini**, el JC controlaba las carreras de caballos, pero pronto excedió esa función para convertirse en un exclusivo club, símbolo de la **oligarquía**. Precisamente por esta condición, fue incendiado por militantes **peronistas** en 1953.

Joven Argentina: Ver **Asociación de Mayo.**

JP: Sigla de la **Juventud Peronista.**

Juárez Celman, Miguel (1844-1909): Político **liberal** argentino. Fue designado por **Roca** Presidente de la Nación en 1886. Durante su gobierno –que formó parte del llamado *Unicato*– se desató un fuerte endeudamiento **financiero** con el exterior y una ola especulativa –la llamada **crisis del 90**–, lo que derivó en revueltas políticas y populares –incluida la **Revolución del Parque**– que terminaron provocando su salida del gobierno en 1890, siendo reemplazado por su vice, Carlos **Pellegrini.**

Juicio a las Juntas (22-4 al 9-12-1985): Proceso judicial realizado durante la presidencia de Raúl **Alfonsín**, que juzgó a las Juntas Militares del **Proceso de Reorganización Nacional**, acusadas de gravísimas violaciones a los derechos humanos. La sentencia condenó a reclusión perpetua a Jorge R. **Videla** y a Emilio E. **Massera**, entre otros. Sin embargo, los castigos a las FF.AA. fueron abortados por presiones militares, llevando al propio gobierno **radical** a la sanción de las **leyes de Punto Final** y **Obediencia Debida** y al gobierno del **peronista** C. **Menem** a dictar el **indulto** de los jefes militares, lo que concluyó, en la mayoría de los casos, en la impunidad de los crímenes.

Juicio de Residencia (colonización española): Proceso judicial al que se sometía a todos los funcionarios reales que dejaban su puesto, con el fin de que se mantuvieran en la zona de ejercicio de su mandato para responder ante eventuales ilícitos. La institución perduró tras la **Revolución de Mayo**.

Junta de Coordinación Democrática (1945): Agrupamiento de los partidos opositores a los gobiernos surgidos tras el **golpe de 1943**: **UCR, Partido Conservador, Partido Socialista** y **Partido Comunista**. Reclamó que la Corte Suprema se hiciera cargo del gobierno y llamara a elecciones, y organizó la **Marcha de la Constitución y la libertad** en septiembre. Aunque se reivindicaban democráticos, posteriormente todos estos partidos apoyaron de un modo u otro el **golpe de 1955** que derrocara a **Perón**.

Junta Consultiva Nacional (28-10-1955 / 30-3-1957): Organismo creado por la dictadura militar de la **Revolución Libertadora** formado por políticos antiperonistas. Entre otros, formaron parte de la JCN el Vicepresidente Isaac **Rojas**, el **radical** Oscar **Alende**, el **conservador** Rodolfo Corominas Segura, el demoprogresista Luciano **Molinas**, el **democristiano** Manuel Ordóñez y los **socialistas** Alicia **Moreau de Justo** y Américo **Ghioldi**.

Junta Grande (18-12-1810 / 23-9-1811): Convocatoria realizada por la **Primera Junta** a los **cabildos** del interior para que se sumasen al nuevo gobierno surgido de la **Revolución de Mayo**. La JG –hegemonizada por el sector saavedrista– gobernó hasta la creación del **Primer Triunvirato**.

Junta Interamericana de Defensa (América, 1942 →): Organismo militar americano que funciona como un Estado Mayor, pautando planes de defensa, adiestramiento militar y sistemas de comunicaciones comunes a todos los países integrantes. Su sede central está en Washington.

Junta Nacional de Carnes (7-10-1933 / 1-11-1991): Organismo creado por el Presidente Agustín P. **Justo** orientado a asegurar el abastecimiento interno de carne y promover su exportación. La creación de la JNC se dio en el contexto posterior a la **Crisis del 30**, cuando creció el intervencionismo estatal y fue apoyada por los ganaderos nacionales, que veían con preocupación el creciente poder de los **frigoríficos** extranjeros. Fue disuelta durante el gobierno de C. **Menem**.

Junta Nacional de Granos (7-10-1933 / 1-11-1991): Organismo creado por el Presidente Agustín P. **Justo** con el nombre de Junta Reguladora de Granos (en 1956 pasó a denominarse JNG). Para hacer frente a los efectos de la **Crisis del 30**, el gobierno **conservador** creó diversas comisiones reguladoras (elevadores de granos, aceite, leche, azúcar, **Junta Nacional de Carnes**, etc). La crisis había provocado una caída de la demanda y de los precios internacionales de los productos cerealeros; el trigo perdió en esos años la mitad de su valor. La JNG le permitió al **Estado** intervenir sobre los volúmenes y los precios tanto en el mercado interno como en la actividad exportadora. Fue disuelta durante el gobierno de C. **Menem**.

Junta Renovadora: Ver **UCR Junta Renovadora**.

Justicialismo (17-10-1945 →): Doctrina del **peronismo** (ver) que aspira a la conciliación entre el capital y el trabajo, sobre la base de "las tres banderas": la justicia social, la independencia económica y la soberanía política. El J también se posiciona como equidistante del **capitalismo liberal** –considerado el individualismo total– y del **comunismo** –considerado el colectivismo extremo–, lo que en la práctica significa la adopción de un **capitalismo** con fuerte control del **Estado** sobre el mercado. El J posee también un fuerte componente católico, **nacionalista** y corporativo, aunque todas estas características han ido mutando en distintas etapas. Finalmente el **populismo**, entendido como la relación carismática entre J. **Perón** y la masa trabajadora, aparece como un componente importante, pero que ha variado en sus formas

(así, con el liderazgo de C. **Menem**, el J ha virado desde un populismo movilizante hacia un populismo **conservador**). Surgido como un movimiento liderado por la **burguesía nacional** y con la clase obrera como "**columna vertebral**", el J se vinculó en los últimos años con el gran capital nacional y extranjero.

Justo, Agustín Pedro (1876-1943): Militar, ingeniero y político argentino de tendencia **liberal**, líder junto con José F. **Uriburu** del **golpe de Estado de 1930** que derrocara a Hipólito **Yrigoyen**. Figura clave de la "*Década Infame*", fue Presidente de la Nación entre 1932 y 1938 y encabezó la **Concordancia**, alianza de partidos que llegaron al poder y se sostuvieron en él a través del **fraude** electoral. Durante su gobierno –y como consecuencia de la **Crisis del 30**– el **Estado** comenzó a intervenir fuertemente: así, se creó el Banco Central (1935) y surgieron juntas reguladoras de carnes y granos (1933). El **Pacto Roca-Runciman** impulsado por su gobierno –que procuraba recomponer relaciones económicas con Inglaterra– fracasó, entre otras razones por la creciente presencia en el país del capital norteamericano.

Justo, Juan Bautista (1865-1928): Político y médico **socialista** argentino, fundador de *La Vanguardia* en 1894 y del **Partido Socialista** en 1896. Diputado y senador nacional, creó la cooperativa "El hogar obrero". Primer traductor al español de *El capital*, de Karl Marx, se fue alejando paulatinamente de las posturas revolucionarias para adoptar posiciones reformistas y positivistas. Desde el Parlamento, impulsó leyes para mejorar las condiciones de vida de los trabajadores en el marco del **capitalismo**, tomando distancia de la **izquierda** insurreccional que reivindicaba como modelo a la **Revolución Rusa**.

Juventud Peronista (11-1957 →): Organización juvenil del **justicialismo**. Formada inicialmente en el marco de la **Resistencia Peronista** y centrada en el retorno de **Perón** a la Argentina, la mayor parte de la **JP** se colocó en la llamada **izquierda peronista**. El 27 de octubre de 1963 realizó su primer Congreso. A fines de la década de 1960, una parte de la JP pasó a la lucha armada, formando diversos grupos entre los que se destacan **Montoneros**, **FAR** y **FAP**. A fines de 1973 surgen dos grupos disidentes: la JP Lealtad y la JP de la República Argentina, ambas con críticas al llamado **"socialismo nacional"** que reivindicaba la JP ligada a Montoneros. Los fundadores de la JP fueron Envar **El Kadri**, Gustavo Rearte y Carlos Caride.

K

Keynesianismo (principios del siglo XX →): Escuela económica encabezada por John M. Keynes. Keynes critica el supuesto de equilibrio del mercado expresado en la Ley de Say, defendido por los neoclásicos y rechaza la explicación neoclásica sobre la desocupación como un fenómeno voluntario, planteando la existencia de una desocupación involuntaria. La situación planteada tras la **Crisis del 30** mostraba millones de desocupados que preferían cualquier empleo, aún el más miserable, al desempleo. Keynes diferencia la demanda potencial de la demanda efectiva, determinada ésta por la llamada "propensión al consumo" y por el volumen de inversión. Entonces, el nivel de empleo depende, no de la oferta global (Say) sino de la propensión al consumo y del volumen de inversión (que depende de la confianza de los inversores). De este modo, lo que incentivará a los empresarios a invertir es la demanda de bienes de consumo, en una suerte de Ley de Say al revés: "toda demanda crea su oferta". En este sentido, el K sostuvo que lo que genera el crecimiento de la economía es el consumo y no el ahorro –que era el planteo de la economía clásica– siendo central en su teoría el llamado multiplicador de la inversión. Al revés que los clásicos, opinaba que los bajos salarios aumentaban el desempleo en vez de bajarlo, al desalentar el consumo y la producción. Considerada la corriente que creó la macroeconomía, para el K el **Estado** debe ejercer una influencia orientadora sobre la propensión a consumir, a través del sistema de impuestos, para incentivar la demanda y restablecer la confianza. Un factor central del K es el uso del crédito y el gasto público como activadores del consumo y la inversión, a través de la política monetaria (aumento de la oferta monetaria con una inflación moderada) y financiera del gobierno (reducción de la tasa de interés y desaliento de la especulación), en lo que se dio en llamar "rol anticíclico del Estado": si baja la tasa de interés, aumentan la inversión, el empleo, el ingreso y el consumo, generando un círculo virtuoso. Junto con ello, se destacó la implementación del llamado Estado de Bienestar, consistente en la provisión de servicios sociales a los sectores más desprotegidos y en el establecimiento de pactos neocorporativos entre el Estado, el capital y el trabajo. El modelo keynesiano dominó la política económica hasta avanzada la década de 1970. El aumento experimentado en el déficit público y la inflación y el recrudecimiento de los conflictos sociales (el capital comenzó a sentir como intolerable la fuerza lograda por el trabajo y la carga impositiva; los trabajadores, por su parte, fortalecidos

organizativamente, comenzaron a reclamar mejoras en las condiciones laborales), han sido decisivos a la hora de su crisis y abandono. El K fue criticado por el pensamiento **liberal** como "estatismo socializante", y por el **marxismo** como una herramienta burguesa de opresión y explotación sobre los trabajadores. Desde esta óptica, se afirma que la **Crisis del petróleo** demostró que la intervención del Estado puede corregir transitoriamente los problemas de valorización del capital, pero no superarlos. Como sucesores de Keynes, se destacan Joan Robinson y Michael Kalecki.

Kirchner, Néstor Carlos (1950 →): Político y abogado **peronista** argentino. Presidente de la Nación desde 2003, sucediendo a E. **Duhalde** tras obtener el 22 % de los votos en las elecciones de ese año (su oponente, el también peronista C. **Menem**, renunció al *ballotage*). Con un estilo verborrágico y efectista, en lo central, K continuó la línea de gobierno de sus predecesores (Menem, **De la Rúa**, **Rodríguez Saá**, Duhalde), manteniendo el pago puntual de la **deuda externa** (llegando incluso a pagar casi diez mil millones de dólares en efectivo al **FMI**), las privatizaciones y las **leyes de flexibilización laboral**. Logró, no obstante, concitar la adhesión de amplios sectores de la llamada **izquierda nacional** y otros grupos, que entendieron que su gobierno expresaba una ruptura con el **neoliberalismo** y el inicio de un proceso de liberación nacional.

Kirchner, Cristina Fernández de (1953 →): Política y abogada **peronista**, Presidente de la Nación entre 2007 y 2011 y reelecta en 2011. Continuó el rumbo de su marido Néstor, aunque profundizó sus vínculos con la juventud oficialista, *La Cámpora*.

Kirchnerismo (2003 →): Movimiento **peronista** surgido para las elecciones de 2003. Surgió planteando críticas a la forma tradicional de la política y postulándose como una nueva forma de ejercerla por medio de la "transversalidad". Sin embargo, a poco de andar se rodeó del aparato sindical y político tradicional, sobre todo del **justicialismo**, pero también del **radicalismo** y otras fuerzas. Su tesis principal –expresada en un grupo de intelectuales que se reunieron en *Carta Abierta*– se propuso reconstruir la **burguesía nacional**, en pos de un modelo industrializador. Esto le concitó adhesiones de grupos de centroizquierda y aún de izquierda, como el **Partido Comunista** (sobre todo por su coincidencia en apoyar al chavismo venezolano) y de sectores de derechos humanos (aunque sólo ochenta y dos de los miles de militares involucrados en el **Proceso de Reorganización Nacional** han sido condenados), de minorías sexuales (atraídas por la Ley de matrimonio igualitario), artísticos (Ley de Medios) y populares (planes de inclusión social, dentro de las políticas propuestas por el **Banco Mundial**). Sin embargo, la economía nacional continúa –tras más de una década del K en el gobierno– con una estructura primario exportadora y con una industria de armado de componentes mayoritariamente importados. En este sentido, aunque el K chocó fuertemente desde 2008 con los sectores agropecuarios, bancarios y mediáticos tradicionales (como la *Sociedad Rural* y el diario *Clarín*), el país ha profundizado la sojización de su economía, en detrimento de los pequeños productores y las comunidades originarias. Otro de los baluartes del K ha sido su alianza estratégica con la llamada **burocracia sindical**, al punto de verse involucrado políticamente con los organizadores del asesinato del militante Mariano **Ferreyra** en 2010. Por otro lado, ha proclamado el "desendeudamiento", pero la Argentina sigue teniendo una insostenible **deuda externa**, a pesar de que la Presidente Cristina **Fernández de Kirchner** reconoció a su gobierno como "pagador serial" de alrededor de ciento setenta y cinco mil millones de dólares. De este modo, el denominado "modelo" kirchnerista no ha logrado –al igual que su predecesor, el peronismo– sacar al país de su condición semicolonial.

Klan **radical:** Grupo de choque de la **Unión Cívica Radical** en épocas del **golpe de Estado de 1930**. El KR era un grupo armado formado por militantes del partido que actuaba en la lucha callejera a través del uso de la violencia.

Kosteki, Maximiliano: Ver *Masacre del Puente Pueyrredón*.

Krausismo: Doctrina inspirada en el pensamiento del filósofo alemán Karl Christian Friedrich Krause (1781-1832). El K se basa en una metafísica idealista, que concibe a Dios como esencia y no como sujeto, planteando además la unidad en un todo orgánico del Hombre y del Universo. Aspira a una sociedad ideal sostenida en la convicción ética del hombre. En la Argentina, el K llegó de la mano de republicanos franceses como Amadeo Jacques, a mediados del siglo XIX, pero su visión espiritualista no tuvo la influencia del catolicismo ni del cientificismo positivista. En el plano político, fue el **radical** Hipólito **Yrigoyen** el más conocido exponente de esta ética.

Krieger Vasena, Adalbert (1920-1999): Economista argentino, Ministro de Economía del gobierno del General Juan C. **Onganía**. Impulsó la inversión extranjera en la industria pesada, la **devaluación** de la moneda y el cobro de fuertes impuestos a las exportaciones primarias, provocando resistencias en grupos agropecuarios y en sectores populares y obreros. Renunció tras el *Cordobazo*. En 1968 fue designado Presidente del **FMI**.

L

La abanderada de los humildes: Calificativo con que los **peronistas** designan a **Eva Perón**.

La Batalla del petróleo (Arturo Frondizi, 24-7-1958): Consigna lanzada por el Presidente A. **Frondizi**, cuyo objetivo era lograr el auto-abastecimiento petrolero. Frondizi se desdijo de los planteos **nacionalistas** de su libro *Petróleo y política* (1954) y lanzó el **desarrollismo** (ver), sosteniendo la necesidad de atraer al capital extranjero. Aunque el auto-abastecimiento se logró, la dependencia del país respecto de las llamadas multinacionales petroleras fue muy criticada.

La Cámpora (28-12-2006 →): Juventud del **kirchnerismo** fundada por el hijo del matrimonio **Kirchner**, Máximo, y que toma su nombre del ex Presidente **peronista** Héctor J. **Cámpora**, planteando una continuidad con la **Juventud Peronista**. Con un discurso centrado en la unidad latinoamericana y un proyecto estatista e industrialista, *LC* fue creada desde el propio Estado, a fin de canalizar a una vasta militancia juvenil que tras la crisis del *Argentinazo* en 2001 pugnaba por renovar las formas de hacer política. Un importante sector de esa juventud se sintió atraida por la agrupación, que especialmente desde la presidencia de Cristina **Fernández de Kirchner**, no deja de crecer en su acceso a todos los niveles de poder, pero sobre todo en los más jerárquicos. Se ha dicho, por lo anterior, que *LC* es una organización estatizada, en tanto y en cuanto no es independiente del Estado. Con fuerte presencia en las barriadas más humildes, no ha logrado sin embargo avanzar mucho en las universidades, donde el **radicalismo** y la izquierda siguen prevaleciendo. Entre sus principales dirigentes están el hijo de *desaparecidos* Juan Cabandié, Andrés Larroque y Mariano Recalde, director de Aerolíneas Argentinas y punta de lanza de la agrupación en el copamiento del directorio de numerosas empresas estatales.

La casa está en orden: Ver *felices pascuas*.

La causa frente al régimen: Lema de la **UCR** a principios del siglo XX. "El régimen" estaba representando por la **oligarquía conservadora** y "La causa" por sectores disidentes de la *élite*, con el creciente apoyo de la clase media. Reclamaban una apertura del régimen político, incluyendo comicios limpios y ampliación del sufragio. Buena parte de sus reclamos se concretaron con la **Ley Sáenz Peña** de 1912.

La columna vertebral: Ver *columna vertebral*.

La Forestal (1880-1940): Empresa británica que se dedicó a la tala de árboles en nuestro país. Fue un símbolo de la dependencia de la Argentina respecto del capital imperialista. La explotación comenzó con la exportación de troncos hacia Europa y a partir de 1890 se dedicó a la extracción de tanino del quebracho. Hasta el año 1914 se expandió al comprar empresas competidoras, construyó líneas ferroviarias, una flota propia y alcanzó a explotar una extensión (distribuida entre diversas regiones) de 2,3 millones de hectáreas. LF emitía su propia moneda para el pago de salarios, y tenía su propia policía para controlar a los trabajadores. La explotación se basó en la depredación inescrupulosa. La región más afectada fue la de Formosa y Chaco, de clima sub-húmedo. Al mermar el quebracho, se facilitó la evaporación del agua del suelo, y se empobreció de materia orgánica al mismo, que provenía de ramas y hojas del quebracho, con lo que la capa de *humus* del suelo se empobreció considerablemente. Con respecto a las condiciones sociales de los trabajadores, éstas eran lamentables: había hacheros que vivían en pozos bajo ramajes y un 45% de los obreros eran tuberculosos, por dar algunos ejemplos. Además, no quedaron réditos de importancia para el país: entre 1916 y 1922 LF pagó treinta veces más impuestos a Inglaterra que a la Argentina. La explotación recibió la mirada cómplice de los gobiernos de la época.

La fusiladora: Calificativo con el que los **peronistas** denominaron a la **Revolución Libertadora** tras los fusilamientos de militares peronistas en José León Suárez (11 y 12 de junio de 1956).

La Gaceta de Buenos Aires (7-6-1810 / 12-9-1821): Periódico creado por Mariano **Moreno** poco después del triunfo de la **Revolución de Mayo** con el fin de difundir las ideas revolucionarias, y convertido luego en el órgano oficial de los diversos gobiernos.

La historia oficial (Argentina, 1983): Película Argentina que ganó el Oscar de la Academia de Hollywood al mejor film extranjero. LHO describe el contexto de la dictadura militar del **Proceso de Reorganización Nacional,** y en particular narra la historia de un militar apropiador de un bebé hijo de ***desaparecidos.***

La hora de la espada (Leopoldo Lugones, 6-7-1923): Frase célebre de este escritor, planteando desde una posición **fascista** la necesidad de un golpe de Estado, para corregir los "vicios de la democracia". El golpe se concretó en 1930 e Hipólito **Yrigoyen** fue derrocado. Lugones redactó la proclama golpista.

La Hora del Pueblo (11-11-1970): Agrupamiento de varios partidos políticos (**PJ** (Jorge Paladino), **UCRP** (Ricardo **Balbín**), **Partido Conservador Popular** (Vicente **Solano Lima**), **Partido Socialista Argentino** (Jorge Selser), **PDP** (Horacio Thedy), etc) que reclamó al Presidente A. **Lanusse** elecciones generales sin proscripciones.

La Hormiga Negra: Apodo de Isaac **Rojas**, Vicepresidente de P. **Aramburu** durante la **Revolución Libertadora** y cabeza de los ***gorilas***. El mote surgió de los espesos anteojos negros que usaba.

La noche de los bastones largos (29-7-1966): Represión policial en la Facultad de Ciencias Exactas de la UBA, con motivo de las protestas de estudiantes y profesores contra la intervención de las universidades por parte de la dictadura militar que se había hecho del poder un mes antes colocando en la presidencia de la Nación al General Juan. C. **Onganía.** "Hay que limpiar a esta cueva de **marxistas**", decían los encargados del operativo. Como consecuencia de LNBL fueron detenidos ciento cuarenta estudiantes y unos trescientos profesores, intelectuales, científicos e investigadores dejaron el país.

La noche de los lápices (16-9-1976): Secuestro de un grupo de estudiantes secundarios de La Plata que reclamaban el boleto estudiantil, durante los primeros meses de la dictadura militar del **Proceso de Reorganización Nacional**. Los jóvenes fueron arrancados de sus casas por la policía en horas de la madrugada y trasladados a centros clandestinos de detención, continuando hasta la actualidad en condición de *desaparecidos*. En 1986 se filmó una película que relata los hechos.

La Protesta (13-6-1897 →): El principal periódico **anarquista** en el país, varias veces censurado. Inicialmente llamado *LP humana*, fue impulsado por el poeta Alberto Ghiraldo.

La razón de mi vida (Eva Perón, 1947): Libro en el que la esposa de Juan D. **Perón** describe su identificación con la causa de los más humildes y con la emancipación de la mujer.

La Tablada (23-1-1989): Ataque contra el Regimiento 3 de Infantería por parte del **MTP**, Movimiento Todos por la Patria, organización guerrillera **nacionalista** de **izquierda** orientada por Enrique Gorriarán Merlo. El intento fue sofocado por orden del Presidente Raúl **Alfonsín**, muriendo varios militares y conscriptos y siendo asesinados varios de los atacantes.

La Tendencia: Denominación que recibía la **izquierda peronista** agrupada en la llamada **Tendencia Revolucionaria**.

La Tortuga: Apodo despectivo de Arturo **Illia**, describiendo su lentitud para gobernar.

La Vanguardia (7-4-1894 →): El más importante periódico **socialista** del país, fundado por Juan B. **Justo**. Desde 1896 y hasta la actualidad es vocero del **Partido Socialista**. En sus páginas escribieron entre otros José Ingenieros y Leopoldo Lugones.

Laborismo: Ver **Partido Laborista**.

Laica o libre (24-10-1958): Conflicto entre los defensores de la educación estatal y el gobierno de **Frondizi** que estalló cuando éste aumentó el poder de la Iglesia en la educación y otorgó igualdad de condiciones a las universidades privadas –creadas en 1955 durante la **Revolución Libertadora**- con respecto a las del **Estado** (Ley 14.557). En los meses siguientes se sucedieron multitudinarias manifestaciones a favor o en contra de la medida.

Lanusse, Alejandro Agustín (1918-1996): Militar argentino, fuerte opositor del **peronismo**, al que intentó derrocar en 1951. En el conflicto entre *Azules y Colorados*, apoyó a los primeros. Fue Presidente de facto entre 1971 y 1973, en un contexto de inflación, **devaluación**, caída de exportaciones, accionar de las guerrillas y protestas obreras. Convocó a las elecciones que dieron el triunfo al peronista Héctor J. **Cámpora**. Durante su mandato convocó sin éxito al llamado "**Gran Acuerdo Nacional**" y no pudo evitar el regreso al país de Juan D. **Perón**.

Larralde, Crisólogo (1902-1962): Político argentino. Dirigente de la **UCR**, fundó la línea interna **Movimiento de Intransigencia y Renovación**. Fue candidato a Vicepresidente en 1954.

Larrea, Juan (1782-1847): Político y comerciante español, participó en la **Revolución de Mayo** y se desempeñó como vocal de la **Primera Junta** y participó en la **Asamblea del Año XIII**. Partidario de las ideas de Mariano **Moreno**, impulsó la libertad de vientres y la extinción de títulos nobiliarios.

Lastiri, Raúl (1915-1978): Político **peronista** argentino, en su calidad de Presidente de la Cámara de Diputados ocupó provisionalmente la presidencia de la República entre julio y octubre de 1973, permitiendo la transición entre las presidencias de Héctor J. **Cámpora** y Juan D. **Perón**.

Latifundio: Gran extensión de tierra en manos de un único propietario. Por lo general, el L realiza una producción de cultivo extensivo, pero sólo una fracción del suelo se aprovecha, predominando las inmensas praderas destinadas a pastos para el ganado, lo que da como resulta-do una baja productividad. Surgido de los grandes fundos romanos, durante el feudalismo la parcelación de los feudos dificultó su formación, hasta el período de la llamada "acumulación originaria". En América Latina, el L ha sido –desde la época de la **colonización**- la base de un modelo que favoreció la formación de **oligarquías terratenientes** exportadoras de materias primas y alimentos a los países centrales.

Lavalle, Juan Galo (1797-1841): Militar y político **unitario** argentino, participó de las guerras de independencia y derrocó al Gobernador de Buenos Aires Manuel **Dorrego**, a quien fusiló. Combatió posteriormente a Juan M. de **Rosas**, siendo muerto por partidarios de éste.

Lebensohn, Moisés (1907-1953): Abogado y político argentino. Dirigente **radical** de tendencia **yrigoyenista**, participó en 1945 de la fundación del **Movimiento de Intransigencia y Renovación**, ala **izquierda** de la **UCR**.

Legión Cívica (14-2-1931 / 1936): Organización paramilitar de ultraderecha creada por el Presidente de facto General José F. **Uriburu** con el fin de que actuara como fuerza de choque en conflictos sociales. Formada por unos diez mil hombres y con una estructura similar a la de las escuadras **fascistas** italianas y las S.S. nazis, el

20 de mayo de 1931 obtuvo reconocimiento oficial y en 1932 se le concedió personería jurídica. Juan Queraltó se alejó y formó en 1937 la Alianza de la Juventud Nacionalista (luego **Alianza Libertadora Nacionalista**).

Legión de Mayo (25-8-1930 / 14-2-1931): Organización paramilitar de ultraderecha creada por José Güiraldes y Rafael Campos en las vísperas del **golpe de Estado de 1930** que derrocara al Presidente H. **Yrigoyen**. Disidencias internas derivaron en la formación de la **Legión Cívica** en febrero de 1931.

Leninismo (1903 →): Doctrina de **Lenin**, líder máximo de la **Revolución Bolchevique**. El L se opone a dejar librada la suerte de la clase obrera a sus luchas espontáneas –que sirven para la lucha por reivindicaciones económicas en los marcos del **capitalismo**, pero no para destruir las bases de éste– y postula la necesidad de crear un partido obrero –formado por revolucionarios profesionales– que guíe a los trabajadores hacia la toma del **poder** a través de la organización y la conciencia de clase. (Ver también **marxismo** y **Revolución Rusa**).

Levingston, Roberto Marcelo (1920 →): Militar **nacionalista** argentino y delegado argentino en la Junta Interamericana de Defensa, ocupó la presidencia de facto del país entre 1970 y 1971, en un marco de agitación social, inflación y acciones guerrilleras. Fue derrocado y sustituido por Alejandro A. **Lanusse**.

Ley 1.420 (8-7-1884): Ley que sentó las bases del sistema educativo argentino, sancionada durante la presidencia de Julio A. **Roca**. Implantó la enseñanza primaria obligatoria y gratuita, con el fin de integrar a los **inmigrantes** a la Nación. Planteó también la no obligatoriedad de la enseñanza religiosa, lo que provocó la oposición de la Iglesia.

Ley 2.393 (2-11-1888): Ley de matrimonio civil que habilitó al **Estado** a celebrar bodas. Hasta entonces, esta atribución era exclusiva de la Iglesia.

Ley Avellaneda (19-10-1876): Ley de fomento de la **inmigración**. Si bien planteaba una política de acceso a la tierra y formación de **colonias** para los **inmigrantes**, los intereses **terratenientes** prevalecieron.

Ley de Asociaciones Profesionales (2-10-1945): Decreto Nʴ 23.582 que reglamentó la actividad sindical. Estableció la obligatoriedad del reconocimiento de un único **sindicato** por actividad para negociar salarios y condiciones de trabajo y determinó que la **CGT** centralizara a todos los sindicatos. Esta disposición reforzó la burocratización de los sindicatos. El

27 de agosto de 1958 Frondizi dictó una nueva LAP y lo propio hizo **Perón** el 2 de abril de 1974.

Ley de autoamnistía (23-9-1983): También llamada "**Ley de pacificación nacional**", la Ley 22.924 exculpaba a las FF.AA. de ser enjuiciadas por la represión desatada durante la dictadura militar del **Proceso de Reorganización Nacional.** El Congreso la declaró nula poco después (Ley 23.040).

Ley de compre nacional (1971): Plan propuesto por el Ministro de Economía del Presidente **Levingston**, Aldo **Ferrer,** orientado a apuntalar a la industria nacional, mediante la realización de compras estatales sólo a empresas de capital nacional y subsidios y fomento tecnológico para el agro, a fin de recuperar competitividad. Se trató del último intento sistemático por salvar el modelo de industrialización por **sustitución de importaciones.**

Ley de Convertibilidad (27-3-1991 / 6-1-2002): Implementada por el Ministro de Economía del Presidente **Menem**, Domingo **Cavallo**, la LC se basó en los siguientes ejes: 1) respaldo de las reservas internacionales para la base monetaria, 2) fijación de la paridad peso = dólar, 1 a 1, 3) supresión de la cláusula de indexación, 4) control sobre la recaudación fiscal, 5) profundización del proceso de privatizaciones y, 6) aumento de las exportaciones con respecto a la región. La LC estalló luego de la crisis que desató la iniciación del *"corralito"* a fines de 2001.

Ley de Defensa Social (14-2-1910): Surgida como resultado de la represión a la huelga general de 1909 y promulgada durante el gobierno de **Figueroa Alcorta**, la LDS perseguía a activistas nativos considerados **subversivos,** complementando a la **Ley de Residencia** de 1902, que perseguía a los activistas extranjeros.

Ley de emergencia económica: En los últimos años, se dictaron en la Argentina varias leyes que atribuyeron prerrogativas especiales al **Estado.** Así, el gobierno de C. **Menem** sancionó una LEE en 1989 por la que reformó la carta orgánica del Banco Central, eliminó subsidios y favoreció al capital extranjero. En 2000, el gobierno de la **Alianza** anuló contratos y pagó deudas con bonos. Y en 2002, el gobierno de E. **Duhalde** utilizó una de estas leyes para abandonar la convertibilidad y devaluar la moneda.

Ley de enfiteusis: Ver **enfiteusis.**

Ley de federalización de Buenos Aires (11-9-1880): Ley 1.029 que designó a Buenos Aires como capital de la República Argentina, clave para la consolidación del **Estado** y la llamada **Organización Nacional.** Fue sancionada por el Presidente N. **Avellaneda** tras derrotar a los opositores a la medida encabezados por Carlos Tejedor.

Ley de inmigración: Ver **Ley Avellaneda.**

Ley de inversiones extranjeras (21-8-1953): Ley 14.222 sancionada durante la segunda presidencia de Juan D. **Perón** que fomentaba las inversiones de capital privado, nacional y extranjero, en la Argentina.

Ley de matrimonio civil: Ver **Ley 2.393.**

Ley de Obediencia Debida: Ver **obediencia debida.**

Ley de pacificación nacional: Ver **Ley de autoamnistía.**

Ley de Punto Final: Ver **punto final.**

Ley de Reforma Laboral (26-4-2000): Ley laboral aprobada durante el gobierno de la **Alianza**, que ratificó la tendencia iniciada por el **menemismo** y profundizó la **flexibilidad laboral**. Entre otras cosas, privilegió a los convenios de trabajo de ámbito inferior por sobre los de ámbito superior, lo que en la práctica derogó la obligatoriedad de los convenios colectivos de trabajo. A pesar de que para su aprobación varios senadores fueron sobornados, no se halló a ningún culpable y la base fundamental de la LRL continúa vigente.

Ley de Residencia (23-11-1902): Ley que los sectores **conservadores** dominantes sancionaron durante la presidencia de Julio A. **Roca**, como respuesta a la huelga general en el Puerto de Buenos Aires en 1902, que frenó las exportaciones, el elemento fundamental del **modelo agro-exportador**. Esta ley permitió al Poder Ejecutivo implantar el estado de sitio y expulsar a todo extranjero sospechoso de "**subversión**" o alteración del orden público y estaba dirigida especialmente contra los **anarquistas**.

Ley Federal de Educación (14-4-1993): Ley 24.195, sancionada durante el gobierno de C. **Menem**. La LFE estableció la Educación General Básica (EGB), dividida en tres ciclos de tres años cada uno, seguido del ciclo polimodal (secundaria). La ciudad de Buenos Aires y Neuquén mantuvieron la estructura anterior.

Ley Ricchieri (6-12-1901 / 31-8-1994): Ley 4.031 que estableció el servicio militar obligatorio durante la presidencia de Julio A. **Roca**. Fue derogada durante la presidencia de C. **Menem** luego del asesinato del soldado conscripto Omar Carrasco.

Ley Sáenz Peña (13-2-1912): Reforma electoral centrada en el voto universal (aunque sólo era para los varones argentinos, quedando excluidos las mujeres y los extranjeros, que incluían a gran parte de la clase obrera), obligatorio y secreto. Se implementó también el sistema de lista incompleta. De esta manera, terminó el fraude (elecciones en las que participaba el 10 % de los votantes) y se hizo posible que el **radicalismo** ganara las elecciones, como sucedió en 1916 cuando Hipólito **Yrigoyen** asumió la presidencia del país. Con ello, los sectores **conservadores** incluyeron en el sistema político a la clase media.

Leyes de Indias (colonización española, siglos XVI-XVII): Código que recopiló las leyes dictadas por la Corona española en América.

Liberación nacional: Proceso por el que países subdesarrollados, periféricos y dependientes de los centros imperialistas, logran un grado considerable de independencia económica y política. Con la finalización de la **Segunda Guerra Mundial** y el desarrollo del movimiento tercermundista, se desenvolvió una lucha de LN, en muchos casos armada, en buena parte de los países coloniales de África y Asia, y se formaron guerrillas de LN en los países –formalmente libres pero dependientes– de América Latina. En algunos casos, esos procesos no se detuvieron en la fase nacional burguesa, sino que avanzaron rápidamente hacia medidas de tipo anticapitalistas o **socialistas** –Cuba, Yugoslavia, etc–, enfrentando a sus propias **burguesías nacionales.**

Liberación o dependencia: Consigna cantada por sectores latinoamericanos **populistas**, como el **peronismo** y la **izquierda nacionalista**, que plantea la ruptura con el imperialismo norteamericano y el desarrollo de un **capitalismo** nacional.

Liberalismo (fines del siglo XVIII →): Doctrina económica y política desarrollada en el contexto de la **Primera Revolución Industrial** y la **Revolución Francesa**, como expresión de los intereses de la **burguesía**. El L económico surgió de la mano de autores como Adam Smith quien –influido por los fisiócratas– sostuvo la idea de un orden natural y el principio del *laissez faire*, rechazando la intervención del **Estado** en el mercado. Para Smith, el progreso humano está basado en la división del trabajo, la ley de la oferta y la demanda y el desarrollo del interés individual, que llevan al bienestar general. En el plano político, el L surgió como una reacción de la burguesía ascendente contra el absolutismo y la concentración de poderes, postulando la limitación y división de poderes. Son autores clave del L político John Locke y Montesquieu y del L económico, el ya mencionado Smith y David Ricardo (ver también **Crisis del 30, marxismo** y **keynesianismo**). En la Argentina, el L surgió a comienzos del siglo XIX bajo la influencia de la Revolución

Francesa y el pensamiento de la Ilustración, en especial reivindicando las ideas burguesas, librecambistas, laicas y positivistas (la "civilización") y oponiéndose a las diversas variantes caudillistas, **federalistas** y **populistas**, pero también al confesionalismo católico y al conservadorismo tradicionalista (que en su conjunto formaban la "barbarie"). Así, fueron exponentes del pensamiento **liberal Rivadavia** y los **unitarios**, **Mitre** y **Sarmiento**, entre otros. Posteriormente, la **Generación del 80** expresará estas ideas, y ya en el siglo XX el L se diversificará en diversas corrientes a veces difíciles de discriminar unas de otras (**L económico**, **L político**, liberales del Ejército enfrentados a los **nacionalistas**, conservadorismo, **neoliberalismo**, etc), expresadas entre otras figuras históricas por A. P. **Justo**, P. **Aramburu**, A. **Alsogaray**, J. A. **Martínez de Hoz**, D. **Cavallo** y R. **López Murphy**.

Liberalismo económico (fines del siglo XVIII →): Doctrina económica del **liberalismo** que postula un **capitalismo** basado en el librecambio y la libre competencia, con el postulado base de la ley de la oferta y la demanda a través de la mano invisible del mercado. Pensadores principales: Adam Smith, David Ricardo –los clásicos–, León Walras y Alfred Marshall –los neoclásicos–. Para su crítica ver **Crisis del 30**, **marxismo** y **keynesianismo**.

Liberalismo político (fines del siglo XVIII →): Rama del **liberalismo** que se basa en el respeto de las libertades y derechos individuales por parte del **Estado**, la división de poderes, el gobierno representativo y la democracia –con diversos matices según los autores–. Se fundamenta en el contrato social y representa lo público, las decisiones que se toman centralmente. En los siglos XVIII y XIX, el LP expresó los intereses burgueses opositores al conservadorismo, es decir la crítica de las corporaciones, lo aristocrático, el clero, los privilegios estamentales y el mercantilismo. Pensadores principales: John Locke, Montesquieu, Alexis de Tocqueville y Jean-Jacques Rousseau.

Libre navegación de los ríos (28-8-1852): La LNR fue una de las claves en el conflicto entre el **Litoral** y Buenos Aires desde la época de la **Revolución de Mayo**. Su implementación significaba el fin del monopolio porteño del comercio exterior y de la aduana, razón por la cual motivó décadas de guerras civiles. A mediados de siglo se convirtió en una de las demandas más importantes de los grupos sociales y económicos que pretendían insertar al país en el mundo. Tras la derrota de **Rosas**, terminó la etapa de las economías regionales autosuficientes y Argentina empezó a insertarse en la división internacional del trabajo con un **modelo agro-exporta-**

dor productor de cereales, carnes y lanas, lo que profundizó el carácter semicolonial del país.

Librecambismo (siglo XVIII →): Doctrina que defiende la libertad de comercio a nivel internacional, sin trabas ni barreras arancelarias, y el libre movimiento de trabajo y capital. El L surgió como oposición al mercantilismo, pero se afianzó en Europa en la segunda mitad del siglo XIX bajo la bandera de la teoría de las ventajas comparativas, de David Ricardo. El tratado franco-británico Cobden-Chevalier de 1860 y todos los subsiguientes que condujeron a fuertes reducciones arancelarias significaron el triunfo general del L. R. Tamames señala como sus principios básicos los siguientes: 1- la división internacional del trabajo que tendía a beneficiar a Inglaterra como primera potencia industrial, 2- el patrón oro, que permitía una fluidez en los mecanismos de pagos internacionales y en los movimientos de capital. 3- el comercio sin trabas, que permitía la exportación masiva de las manufacturas inglesas y la importación de materias primas y alimentos provenientes de países de la periferia, 4- la libertad de migraciones, 5- la libertad de los mares, 6- la reserva de los mercados coloniales para las potencias centrales. La **Crisis de 1873** lo puso en cuestionamiento y la **Crisis del 30** lo llevó a un gran retroceso.

En América Latina, el L fue dominante durante el **modelo agro-exportador.** Los pioneros del L fueron los economistas clásicos, Ricardo y Smith, R. Cobden y la Escuela de Manchester y los neoclásicos Say y Bastiat. Opuesto: proteccionismo.

Libro Azul (Spruille Braden, 12-2-1946): Libro escrito por el embajador norteamericano en la Argentina, Spruille **Braden**, donde denunció presuntos vínculos del **gobierno** militar y en particular de Juan D. **Perón** con el **nazismo.** Formó parte de la campaña electoral de los antiperonistas y provocó como respuesta el *slogan* **peronista:** *"Braden o Perón".* Diez días después apareció un *Libro Azul y Blanco* que denunciaba la intervención norteamericana en América Latina.

Liga de los Gobernadores: Alianza política entre Buenos Aires y las *élites* del interior que llevó a **Avellaneda** y a **Roca** al poder en 1874 y 1880, respectivamente. Al convencerse los gobernadores del interior del país de que para lograr mayor peso político debían favorecer y no frenar la **federalización de Buenos Aires,** la formación de la LG puso fin a los choques entre **unitarios** y **federales,** aceptando **el interior** la primacía de Buenos Aires y afianzándose de este modo el poder nacional. Además, fue la base para la formación del **PAN.**

Liga de los Pueblos Libres (1814-1820): Confederación de provincias aliadas en el Río de la Plata (Banda Oriental, Córdoba, Corrientes, Entre Ríos, Santa Fe y Misiones) bajo el protectorado de José **Artigas**. La LPL se oponía al monopolio aduanero y portuario de Buenos Aires, razón por la cual los gobiernos porteños la combatieron, llegando a solicitar la invasión portuguesa de la **Banda Oriental**, a fin de acabar con el artiguismo, lo que finalmente ocurrió entre 1817 y 1820. Su momento culminante se produjo tras la caída del Director Supremo Carlos de **Alvear** en abril de 1815, cuando llegó a controlar un importante territorio y población rioplatenses, y declaró la independencia, aunque siempre postuló la unidad con el resto de las **Provincias Unidas del Río de la Plata**. Independencia absoluta, confederación, soberanía particular de los pueblos, Constitución, aduanas compartidas, puertos múltiples, reforma agraria, participación de las masas más oprimidas (entre ellas, indios y esclavos) y métodos asamblearios, fueron algunos de sus rasgos salientes.

Liga del Interior (5-7-1830 / 4-11-1831): Organización político-militar de las fuerzas **unitarias** encabezadas por el General José M. **Paz** y Gregorio Aráoz de Lamadrid. La LDI enfrentó a la **Liga del Litoral** o **Liga Federal**, pero fue rápidamente derrotada.

Liga del Litoral (1831-1853): Organización político-militar de las fuerzas **federales** y formada por los **caudillos** Juan M. de **Rosas**, Facundo **Quiroga**, Estanislao **López** y Juan F. Ibarra. La LDL derrotó a la **unitaria Liga del Interior**.

Liga del Sur (20-11-1908 / 14-12-1914): Partido de hacendados rosarinos con reivindicaciones municipalistas. Presidido por Lisandro **de la Torre**, fue absorbido en 1914 por el **Partido Demócrata Progresista**.

Liga Federal: Ver **Liga del Litoral**.

Liga Patriótica Argentina (15-1-1919 / inicios de la década de 1930): Cuerpo especial de represión de las luchas obreras constituido pocos días después de la "*Semana Trágica*" por sectores oligárquicos, durante el gobierno de H. **Yrigoyen**. Creada por Manuel Carlés, la LPA llamará a estimular el amor a la Patria ("Haga Patria, mate un judío" era uno de sus *slogans*), actuar con decisión contra los "agitadores", ser guardianes de la "argentinidad" y defender el orden social contra el **comunismo**. En la Liga participaron miembros del Jockey Club, el Círculo de Armas, el Centro Naval, el Círculo Militar, la Asociación de Damas Patricias, el Yacht Club, la Iglesia, la policía, etc.

Liga Republicana (7-10-1929): Organización **nacionalista** de **derecha** fundada por el periodista Roberto de Laferrère y Rodolfo Irazusta. Se expresaba a través del diario *La Fronda*.

Liga Unitaria: Ver **Liga del Interior**.

Liniers y Bremond, Santiago de (1753-1810): Militar francés, al servicio de la Corona española resistió las **invasiones inglesas** en 1806-07. Designado Virrey al año siguiente, fue reemplazado por **Cisneros** y fusilado por los patriotas por su oposición a la **Revolución de Mayo**.

Logia Lautaro (Argentina, 1812-1820): Sociedad secreta masónica, fundada por José de **San Martín**, Carlos M. de **Alvear** y José M. Zapiola y que planteaba la lucha por la independencia americana. En octubre de 1812 produjo un golpe de Estado, provocando el reemplazo del **Primer Triunvirato** por el **Segundo Triunvirato** y la convocatoria a la **Asamblea de 1813**.

Lomos negros (siglo XIX): Epíteto recibido por los **federales** no rosistas.

Lonardi, Eduardo (1896-1956): Militar argentino, primer Presidente de la **Revolución Libertadora**, a fines de 1955. Del ala **nacionalista** católica del sector golpista, intentó conciliar con el **peronismo** –*"ni vencedores ni vencidos"*–, al que veía como un freno para el **comunismo**. Fue desplazado

por Pedro **Aramburu**, del ala dura liberal o *"gorila"*.

López, Atilio Hipólito (1929-1974): Dirigente sindical argentino alineado con el **sindicalismo combativo** y la **izquierda peronista**. Con su gremio, UTA, participó en el *Cordobazo* y en 1973 fue elegido Vicegobernador de Córdoba, acompañando a Ricardo **Obregón Cano**. Ambos fueron derrocados por el golpe de Estado conocido como el *Navarrazo*. Poco después fue asesinado por la **Triple A**.

López, Estanislao (1786-1838): Militar argentino, fue Gobernador de Santa Fe y apoyó a **Artigas** en su lucha contra el **Directorio**, al que derrotó en **Cepeda** en 1820. Sin embargo, la derrota días antes del artiguismo en Tacuarembó, lo llevó a firmar acuerdos contrarios al federalismo –cuidadosamente recubiertos de postulados federales–, como el **Tratado del Pilar**, el **Tratado del Cuadrilátero** y el **Pacto Federal**. Se unió a **Rosas** y combatió a **Lavalle**, a quien derrotó.

López, Francisco Solano (1826-1870): Político y militar paraguayo, Presidente de su país entre 1862 y 1870, al suceder a su padre, Carlos Antonio López. Procuró romper con el aislamiento geográfico del Paraguay e impulsó un modelo de desarrollo capitalista independiente que fue abortado por la coalición entre Argentina,

Brasil y Uruguay en la **Guerra de la Triple Alianza**, en la que fue muerto.

López Murphy, Ricardo (1951 →): Economista y político argentino. Miembro de la **UCR**, fue Ministro de Defensa y de Economía durante el gobierno de F. De la **Rúa**. En este último cargo duró menos de dos semanas, ya que su planteo de reducir el gasto público en dos mil millones de dólares (especialmente en educación) recibió un fuerte rechazo de los sectores universitarios. De ideas **liberales**, rompió con el **radicalismo** para fundar **Recrear**, agrupación con la que fue candidato a Presidente en 2003, obteniendo el tercer lugar con tres millones cien mil votos, el 16,34 %. Posteriormente pasó a un segundo plano.

López Rega, José (1916-1989): Político **peronista**, policía y secretario privado de Juan D. **Perón** durante su exilio y su Ministro de Bienestar de Social en 1973, cargo que retuvo luego de la muerte de aquel. Ya con **Isabel Perón** en la presidencia, *"El Brujo"* tuvo gran poder, creando la **Triple A** o **Alianza Anticomunista Argentina**, organización de ultraderecha dedicada a actos terroristas (atentados, asesinatos y secuestros) contra sectores obreros y de **izquierda**. En 1975 fue obligado a irse del país por el repudio popular. Poco antes de morir, fue juzgado y encarcelado por los graves crímenes cometidos.

López y Planes, Vicente (1785-1856): Abogado argentino. Peleó contra las **invasiones inglesas** y se alistó en las fuerzas de **Belgrano** en el **Alto Perú**. Participó en la **Asamblea del Año XIII** y compuso las estrofas del Himno Nacional. Entre 1827-28 fue designado Presidente interino de la República.

Los argentinos pagarán su deuda externa sobre su hambre y su sed (**Nicolás Avellaneda, 1-5-1876):** Declaración que comprometía los recursos nacionales al pago de la **deuda externa**.

Los argentinos somos derechos y humanos (Proceso de Reorganización Nacional, 1979-1981): *Slogan* que formó parte de una campaña de propaganda de la dictadura militar del **Proceso de Reorganización Nacional**. En momentos en que a nivel mundial arreciaban denuncias sobre violaciones a los derechos humanos en la Argentina, comenzaron a difundirse cartas, imágenes, calcos –que se colocaban en los autos– y discursos, que decían que existía una campaña de desprestigio contra el país y que había que responder, mostrando la "verdadera Argentina". Así, diversos medios de comunicación, como el programa *Tiempo Nuevo* de los periodistas Bernardo Neustadt y Mariano Grondona o las revistas *Para Ti* y *Gente*, se plegaron a la campaña. *Para Ti*, por ejemplo, editaba unos calcos con fotos de niños jugando felices y despreocupados en paisajes idílicos, llenos de flores, etc.

Lucha antisubversiva: Ver **subversión.**

Lucha armada: Ver **guerrilla.**

Lucha contra la subversión: Ver **subversión.**

Luche y se van (1976-1983): *Slogan* que pregonaba la lucha contra la dictadura militar del **Proceso de Reorganización Nacional** con el objetivo de derrocarla.

Luche y vuelve (1955-1972): *Slogan* de la **Resistencia Peronista**, que planteaba que había que luchar para permitir el retorno del General **Perón** a la Argentina, quien estaba exiliado en España desde su derrocamiento.

Luder, Ítalo Argentino (1916 →): Político **peronista**, Presidente provisional de la República en 1975, en su calidad de Presidente del Senado. Firmó la orden de aniquilamiento de la llamada **subversión**, decreto que fue utilizado por el **Proceso de Reorganización Nacional** para desatar una represión sin precedentes en la **historia** nacional. En 1983 fue candidato a Presidente por el **PJ**, perdiendo con el **radical R. Alfonsín.**

M

M´ hijo el dotor (1903): *"Mi hijo, el doctor"*, expresión surgida de la obra teatral del mismo nombre (creada por Florencio Sánchez) y utilizada en la Argentina entre principios y mediados del siglo XX. La frase reflejaba las expectativas y esperanzas de los **inmigrantes**, representando el ansia de movilidad social ascendente de los hijos de la clase trabajadora.

Macri, Mauricio (1959 →): Empresario y político, líder del **PRO**, diputado nacional 2005-2007 y Jefe de Gobierno de la Ciudad de Buenos Aires desde ese año. Hijo de Franco Macri, uno de los líderes de la llamada **burguesía nacional**. Su gobierno se caracteriza por el proyecto estratégico de convertir a la Ciudad de Buenos Aires en un centro turístico y financiero lo que implica, por ejemplo, la desatención de las políticas sociales en beneficio de la construcción inmobiliaria de alto valor.

Madres de Plaza de Mayo (30-4-1977 →): Organismo de derechos humanos formado por madres de *desaparecidos* durante la dictadura militar del **Proceso de Reorganización Nacional**. Desde abril de 1977, un grupo de madres comenzó a dar vueltas alrededor de la Pirámide de Mayo, todos los jueves, reclamando la aparición con vida de sus hijos, utilizando un pañuelo blanco como símbolo de su lucha. Su fundadora, Azucena Villaflor, fue secuestrada y asesinada a fines de ese año, quedando a la cabeza de la organización Hebe de **Bonafini**. En 1986, por diferencias políticas un sector que se denominó Línea Fundadora, encabezado por Nora Cortiñas se separó. Aunque el sector de Bonafini mantuvo un discurso más radicalizado, la llegada al gobierno del **peronista** Néstor **Kirchner** llevó a este grupo a apoyar decididamente la política de derechos humanos de éste y de su sucesora Cristina **Fernández de Kirchner**. El sector de Cortiñas denunció como una claudicación de Bonafini su silencio ante distintas represiones a trabajadores e indígenas y su alineamiento con el Estado y representantes de las FF.AA., como el Jefe del Ejército Milani, acusado de violar los derechoa humanos durante la dictadura militar.

***Malón* (siglos XVI-XIX):** Ataque sorpresivo de un grupo de indígenas sobre las estancias criollas con el fin de apoderarse del ganado.

Malvinas: Islas ubicadas en el Océano Atlántico Sur cuyo nombre proviene de ocupantes franceses originarios de *Saint-Malo*, quienes las llamaron "*Malouines*". En 1767 pasaron a dominio español y luego fueron ocupadas por los británicos, quienes las bautizaron como *Falklands* en 1833. Argentina, que las había ocupado en 1829, desembarcó en las M en 1982, por lo que el gobierno de M. Thatcher envió tropas provocando la derrota argentina (ver **Guerra de M**).

***Manifiesto Liminar* (21-6-1918):** Documento redactado por Deodoro Roca que planteaba la democratización de las universidades y que constituyó el programa de la **Reforma Universitaria**.

***Mano de obra desocupada* (1983 →):** Expresión que designa a ex represores que actuaron durante el **Proceso de Reorganización Nacional** y quedaron en libertad por las **leyes de punto final** y de **obediencia debida**, continuando con su accionar delictivo durante los gobiernos democráticos (por ejemplo, como barras bravas, trata de personas, narcotráfico y robo de armas y autos).

***Mano dura*:** Postura de combatir el delito sin contemplaciones ni consideraciones humanitarias. En la Argentina, se desató en la década de 1990 una ola de inseguridad creciente, con robos, violaciones, asesinatos y secuestros, atemorizando a la población. Las posturas se dividen acerca de las causas: hay quienes sostienen que se trata de una delincuencia social, ligada a la pobreza y desocupación crecientes, pero otras lecturas señalan la conexión entre el delito organizado -con tecnología sofisticada, armas de guerra y contactos policiales y políticos- y la llamada "mano de obra desocupada", formada por ex represores en libertad. Como sea, la MD es una posición reivindicada sobre todo por sectores derechistas, como el ex policía y político Luis Patti –acusado de torturar para obtener confesiones-, el ex Vicepresidente Carlos **Ruckauf** o el empresario textil Juan C. Blumberg, padre de Axel, secuestrado y asesinado. Otras visiones señalan que –en tanto no se solucionen los gravísimos problemas sociales y/o continúen en libertad individuos comprometidos con la violación de los derechos humanos– la inseguridad continuará. También se adjudica la inseguridad a la connivencia del Estado en todos sus niveles (judicial, político, policial, militar, etc) con el delito.

Manrique, Francisco Guillermo (1919-1988): Político y militar argentino. Como Capitán de navío participó en los bombardeos antiperonistas a la Plaza de Mayo que causaron numerosos muertos. En 1971, como Ministro de Bienestar Social del gobierno de facto del General **Lanusse**, creó el PAMI, obra social de los jubilados. Fundó el **Partido Federal** y fue candidato presidencial de la **Alianza Popular Federalista** en 1973 y de la **Alianza Federal** en 1983.

Maoísmo (1949 →): Ideología de los seguidores de Mao Tsé Tung, líder de la Revolución China de 1949. A diferencia del **marxismo** clásico, el M postuló al campesinado –y no a la clase obrera– como clase revolucionaria, reivindicando además como líder carismático indiscutido a Mao. También planteó la necesidad de atacar la burocratización del **Estado** surgido de la revolución –especialmente durante el período de la llamada Revolución Cultural– y sostuvo posiciones **nacionalistas.** Sin embargo, sus críticas al burocratismo en las revoluciones –incluyendo a la U.R.S.S. - no incluyeron a la figura de Stalin, a quien el M, con algunas reservas, reivindica. Hacia la década de 1960, el M tuvo bastante influencia en movimientos guerrilleros de América Latina, como Sendero Luminoso del Perú y otros de Ecuador, Colombia y otros países. En la Argentina el partido maoísta más importante es el **Partido Comunista Revolucionario (PCR),** escisión del **PC.**

Marcha de la Civilidad (16-12-1982): Multitudinaria manifestación organizada por la **Multipartidaria** en los últimos meses del **Proceso de Reorganización Nacional** en reclamo de elecciones libres.

Marcha de la Constitución y la libertad (19-9-1945): Masiva manifestación organizada por la **Unión De-**

mocrática (UCR, PS, PC, PDP, con el apoyo **conservador**), con el respaldo de los sectores dominantes (la **Sociedad Rural**, la UIA, etc) y el embajador norteamericano Spruille **Braden**, raclamando el traspaso del poder a la Corte Suprema. El Presidente **Farrell** arrestó a los líderes de la marcha y reimplantó el estado de sitio levantado poco antes. La masividad de la misma llevó a un sector minoritario del Ejército a creer oportuno desplazar a **Perón**, lo que desembocó en los hechos del **17 de octubre**.

Martínez de Hoz, José Alfredo (1925 →): Economista y abogado **liberal**, Presidente de la **Sociedad Rural Argentina** (1945-1950) y Ministro de Economía entre 1962-63 y 1976-81. Proveniente de una tradicional familia de la *élite* agropecuaria conservadora presente en el país desde fines del siglo XVIII, como Ministro del **Proceso de Reorganización Nacional**, realizó una fuerte apertura del país al capital financiero internacional, elevando las tasas de interés y provocando una estampida de productos importados, afectando gravemente a la **industria** nacional y produciendo un gran endeudamiento externo y una caída abrupta del salario real. Su estrategia económica monetarista significó el fin de la **sustitución de importaciones** y el inicio del llamado modelo aperturista o **neoliberal**.

Martínez de Perón, María Estela: Ver **Perón, Isabel**.

Martínez Raymonda, Rafael (1933 →): Político argentino, miembro del PDP. Fue Embajador en Roma durante el **Proceso de Reorganización Nacional**, candidato presidencial de la **Alianza Demócrata Socialista** en 1983 y varias veces diputado nacional.

Marxismo (1843 →): Doctrina creada por Karl Marx que explica el funcionamiento de la sociedad en base a la producción material de la existencia humana y a la lucha de clases a través de la historia (materialismo histórico). Sostiene que la propiedad privada de los medios de producción es la base de la explotación del hombre por el hombre y que el **Estado** es un instrumento de la clase dominante para oprimir a las otras clases. El M introdujo en la teoría del valor el concepto clave de plusvalía, aquella parte del trabajo del **obrero** que no es remunerada y que un **capitalista** se apropia con el objetivo de acumular capital. Explicó también cómo dicha acumulación aumenta la composición orgánica del capital, provocando una tendencia a la caída de la tasa de ganancia, y con ello, crisis recurrentes que pueden abrir paso a situaciones revolucionarias. El M postula la formación de un partido obrero que derroque en forma revolucionaria a la burguesía e instaure la dictadura del proletariado, un Estado obrero como fase de transición a la sociedad **socialista** y a la fase final: el **comunismo**, sociedad sin clases ni Estado. El M se formó a partir de tres fuentes principales: la economía política en Inglaterra (Smith y Ricardo), el socialismo utópico en Francia e Inglaterra (Saint-Simon, Owen, Fourier) y la filosofía dialéctica y materialista en Alemania (Hegel y Feuerbach respectivamente). Desde su surgimiento, el M ha dado lugar a una gran diversidad de movimientos (en muchos casos, antagónicos entre sí) que se reclaman pertenecientes a esta doctrina: **socialdemocracia, leninismo, stalinismo, trotskismo, maoísmo, castrismo, guevarismo**, etc. Entre los sucesores más importantes del M inicial de Marx y Friedrich Engels, se destacan Lenin, León Trotsky, Rosa Luxemburgo, Antonio Gramsci, José Carlos Mariátegui y Ernesto Che Guevara. En el plano teórico, el M ha realizado aportes fundamentales en campos tan disímiles como la Filosofía, la Psicología, la Antropología, la Economía, la Ciencia Política, la Sociología, entre otros. En la Argentina, las ideas del M fueron difundidas inicialmente por Juan B. **Justo** (primer traductor al castellano de *El Capital*) y los inmigrantes europeos. Ante el rechazo de la **Revolución Rusa** por parte del **Partido Socialista**, un grupo formó en 1918 el **PS Internacionalista, Partido Comunista** dos años des-

pués, que tuvo importante influencia hasta la llegada del **peronismo**. Se produjeron durante todo el siglo XX sucesivas **escisiones** de este partido y más allá de éste se formaron numerosos partidos y grupos que se reivindicaron marxistas, provenientes entre otros del trotskismo (ver **morenismo** y **Partido Obrero**), el maoísmo (ver **Partido Comunista Revolucionario**) y el guevarismo (ver **PRT**).

MAS (20-6-1982 →): Sigla del **Movimiento Al Socialismo**, partido reivindicado **trotskista** sucesor del **PST**, fundado por Nahuel **Moreno**. En 1983 presentó la candidatura presidencial de Luis **Zamora**, obteniendo unos cuarenta y dos mil sufragios. Posteriormente, se unió al **Partido Comunista** y fuerzas menores en el Frente del Pueblo y en **Izquierda Unida**, alianza con la cual Zamora se convirtió en diputado en 1989. El M sufrió varias escisiones: las más importantes fueron las de 1988 –el **PTS, Partido de Trabajadores por el Socialismo**– y 1992 –el **MST, Movimiento Socialista de los Trabajadores**, liderado por Zamora–. El M llegó a ser a comienzos de la década de 1990 el partido más grande de la **izquierda** argentina, pero luego de caracterizar la inminencia de la revolución se debilitó notablemente y en la actualidad es una fuerza de reducidas dimensiones. Se mantuvo incluso fuera del **Frente de Izquierda y de los Traba-**

jadores, la alianza de izquierda más importante en décadas.

Masacre de Ezeiza (20-6-1973): Enfrentamiento armado entre sectores de la **derecha peronista** –encabezados por José **López Rega** y sectores sindicales (**CGT** de Lorenzo **Miguel**) – y la **izquierda peronista** –la **Juventud Peronista** y los **Montoneros**–, el día del regreso al país de **Perón** después de dieciocho años de exilio. En el marco de la mayor movilización de masas de la historia nacional – hay quienes llegan a hablar de más de tres millones de personas– la ME produjo un número de muertes indeterminado. La renuncia del Presidente Héctor J. **Cámpora** –del ala izquierda del movimiento– derivó en un giro del gobierno hacia la derecha.

Masacre de Trelew (22-8-1972): Asesinato de un grupo de guerrilleros del **ERP** y **Montoneros** fugados de la cárcel de Rawson. Mientras que algunos lograron escapar (entre ellos estaba Mario R. **Santucho**, líder del ERP), trece de los que no llegaron a tomar el avión que los esperaba en la base Almirante Zar, Trelew, fueron fusilados.

Masacre del Puente Pueyrredón (26-6-2002): Asesinato de los militantes sociales Maximiliano Kosteki y Darío Santillán (pertenecientes al Movimiento de Trabajadores Desocupados) por parte de las fuerzas represivas enviadas por el Presidente **peronista** Eduardo **Duhalde**, con motivo de una manifestación del movimiento **piquetero** en reclamo de aumentos a los subsidios para los desocupados, que eran muchísimos a la fecha del hecho. El hecho se produjo en las inmediaciones de la estación de trenes de la localidad de Avellaneda, seis meses después de los hechos del *Argentinazo*, y en medio de un cuadro de extrema pobreza y gran movilización social. La MPP forzó a Duhalde a adelantar la convocatoria a elecciones, a fin de aquietar las aguas. Dos policías fueron condenados por el crimen, pero los lazos políticos quedaron impunes.

Massa, Sergio (1971 →): Abogado y político **peronista**, ex Jefe de Gabinete de Cristina **Fernández de Kirchner** e Intendente de Tigre, y actual diputado nacional por **el Frente Renovador**, partido que organizó con kirchneristas disidentes y peronistas opositores. Anteriormente fue Presidente del partido **liberal UCEDE** en la Provincia de Buenos Aires y alentó la alianza con el **menemismo**. Luego fue designado por el Presidente **Duhalde** al frente del ANSES, organismo de administración de la seguridad social y jubilaciones. Su triunfo en las elecciones legislativas de la Provincia de Buenos Aires en 2013 sobre el candidato kirchnerista Insaurralde, lo posicionan como uno de los presidenciables hacia el 2015.

Massaccesi, Horacio (1948 →): Político argentino, Gobernador de Río Negro y candidato presidencial de la **UCR** en 1995. Obtuvo alrededor de dos millones novecientos mil votos, un 16,7 %, muy lejos del **Justicialismo** y el **FREPASO.**

Massera, Emilio Eduardo (1925-2004): Militar, integrante de la Junta Militar del **Proceso de Reorganización Nacional,** en representación de la Armada. Fue condenado a prisión perpetua por crímenes aberrantes, pero fue indultado por C. **Menem** en 1990. Luego fue detenido por el robo de bebés de presos políticos y *desaparecidos.*

Matanza de Ezeiza: Ver *Masacre de Ezeiza.*

Matheu, Domingo (1765-1831): Político y comerciante español, fue miembro e importante sostén financiero de la **Primera Junta.**

Mayo: Ver **Revolución de Mayo.**

Mazorca **(16-10-1833 / 1-6-1846):** Sociedad política o **"Sociedad Popular Restauradora"** organizada para perseguir a los opositores por el Gobernador de Buenos Aires, Juan M. de **Rosas** y su esposa, Encarnación Ezcurra de Rosas. Sus miembros eran los "restauradores" o "mazorqueros", porque su símbolo era una espiga madura de maíz. Sus métodos incluyeron la tortura, el saqueo y el asesinato.

Medio pelo: En la Argentina, dícese de los sectores de la clase media que, en defensa de su interés particular, se desinteresa de los problemas ajenos, desprecia especialmente a la clase obrera y añora pertenecer a la *élite.* El MP es individualista, competitivo, no solidario, conservador y mediocre. El escritor Arturo Jauretche los describió en su libro *El MP en la sociedad argentina.*

Megacanje **(1-6-2001):** Operación realizada por D. **Cavallo,** Ministro de Economía del gobierno de F. **De la Rúa.** El M consistió en un cambio de bonos de la deuda pública argentina próximos a vencer por nuevos bonos con plazos más largos y tasas más caras. Seis meses después, la Argentina se declaró en *default.*

Mendoza, Pedro de: Ver **De Mendoza, Pedro.**

Mendozazo **(4 al 7-4-1972):** Conjunto de movilizaciones y protestas impulsadas por vecinos que protestaban por el aumento de las tarifas eléctricas, docentes y **sindicatos.** Durante tres días, la policía fue completamente desbordada, lo que provoca la intervención militar de la provincia. Los disturbios continuaron varios días, con un saldo de tres muertos, ocho heridos y quinientos detenidos.

Menem, Carlos Saúl (1930 →): Político y abogado peronista argentino, Presidente de la Nación entre 1989 y 1999. Durante su gobierno, el **peronismo** adoptó una política definidamente **liberal**, con privatizaciones, ajustes, **indulto** a los militares del **Proceso de Reorganización Nacional**, alianza plena con **EE.UU.** –las *"relaciones carnales"*– y medidas antipopulares, que aumentaron en forma exponencial los índices de desocupación y pobreza. Con D. **Cavallo** como Ministro de Economía y en el marco de la llamada **Convertibilidad**, llevó adelante un programa de endeudamiento externo y desindustrialización. En 1995, como consecuencia del **Pacto de Olivos** firmado dos años antes con el **radical** R. **Alfonsín**, logró su reelección. Su gobierno fue acusado de ser uno de los más corruptos de la historia política nacional, con altos niveles de despilfarro y malversación de fondos. En 2003 ganó la primera vuelta de las elecciones presidenciales con el 24 % de los votos pero renunció al *ballotage*, facilitando la llegada al poder del también peronista N. **Kirchner**. Luego fue senador nacional y operó como aliado no oficial del **kirchnerismo**.

Menemismo (1988 →): Fracción del **Partido Justicialista** adepta a Carlos S. **Menem** –y por extensión, de todos los simpatizantes no partidarios–, Presidente de la Nación entre 1989 y 1999. En el poder, el M implantó una economía de claro corte **liberal**, distante del primer **peronismo** (ver). Mientras que para sectores del propio PJ, el M implicaría una traición a los principios históricos del **justicialismo**, para otros constituyó una adecuación del movimiento al clima mundial de la época, hegemonizado por la **globalización neoliberal**.

Mercosur (17-3-1991 →): Mercado Común del Sur, tratado de colaboración económica firmado por Brasil, Argentina, Paraguay y Uruguay, al que posteriormente adhirieron Chile, Bolivia y Perú. En términos económicos, el M es una zona de libre comercio. También se establecieron criterios comunes para reducir aranceles. La desventaja que presenta el M es que los países de la zona no tienen un arancel externo común –lo que transformaría al M en una unión aduanera–, de manera que los productos ingresan por el país que tiene los aranceles más bajos y entran en el mercado, perjudicando al sector de la industria a la que el producto pertenece. La diferencia más importante entre el M y la Unión Europea es que ésta tiene instituciones propias mucho más desarrolladas –supranacionales–, mientras que el M tiene una estructura intergubernamental, es decir, que no supera lo nacional y por ello no tiene autonomía.

MID: Ver **Movimiento de Integración y Desarrollo.**

Migrantes internos: Personas que emigran desde un lugar a otro dentro de los límites de un mismo **territorio.** En particular, el término MI hace referencia a los sectores populares que –en la Argentina, entre 1920 y 1940– migraron desde el campo a las ciudades.

Miguel, Lorenzo (1928-2002): Sindicalista argentino de extracción **peronista,** figura clave de la denominada **burocracia sindical** y sucesor de A. **Vandor** al frente de la UOM, Unión Obrera Metalúrgica. Líder de las **62 Organizaciones,** tras la muerte del General **Perón** y producido el "*Rodrigazo*", se enfrentó con el gobierno de Isabel **Perón.** Combatió también a la **izquierda peronista.**

MIJD (2001 →): Sigla del **Movimiento Independiente de Jubilados y Desocupados,** agrupación piquetera liderada por Raúl **Castells** sucesora del MIJP, que había sido creado en 1993. Tras su ruptura con la **CCC,** el grupo de Castells se vinculó con el ala **izquierda** del movimiento **piquetero,** oponiéndose a los gobiernos de **Duhalde** y **Kirchner,** aunque manteniendo una posición autónoma y oscilante (por ejemplo, con alianzas con los peronistas hermanos **Rodríguez Saá**). El M se caracteriza por su estilo de acciones rápidas y mediáticas (tomas de casinos, *fast foods*, etc), aunque ha demostrado también una importante capacidad de movilización.

Misiones jesuíticas (1585-1767): Conjunto de poblaciones indígenas bajo el dominio de la Compañía de Jesús, sacerdotes **jesuitas.** Las MJ existieron en varios países de América y en la Argentina se ubicaron en el nordeste del país, en la zona guaraní lindante con Paraguay (país donde las MJ surgidas en 1607 fueron particularmente importantes). En lo político, los indígenas tenían instituciones similares a las de los cabildos españoles, pero la justicia estaba en manos de los sacerdotes. El desarrollo cultural y artístico fue importante (pintura, platería, carpintería, etc). Aunque existían tierras en manos indígenas y otras se destinaban al trabajo común, también había una economía basada en la explotación de trabajo indígena gratuito, con un elevado grado de especialización, lo que permitió un mayor nivel de vida de los indios. De todas formas, las MJ manejaron a los indígenas como un recurso no renovable, maximizando simultáneamente su productividad y su reproducción (hacia 1750 llegó a haber cien mil indígenas). Esta economía presentaba un carácter dual: la relación de los nativos con la Misión combinaba elementos feudales con otros característicos de la sociedad guaraní (como la ausencia de propiedad privada). Los artesanos, al igual que en la organización feudal de Europa, entregaban su producción a cambio de bienes muebles y el permiso para el uso de inmuebles de la Orden. Los agricultores, al igual que los siervos de la gleba, estaban adscriptos a la tierra. La economía externa de las misiones, en cambio, presentaba el carácter del **capitalismo** comercial: se producía para el mercado, y se exportaban excedentes que permitían acumular capitales fuera de las zonas productivas. La autosuficiencia de esta economía era incompatible con el modelo colonial; y en 1767 España ordenó la expulsión de los jesuitas, pasando las misiones bajo su control directo, lo que llevó a su disgregación. Bajo el gobierno de J. M. de **Rosas**, retornaron al país en 1836 y se establecieron definitivamente luego de **Caseros**.

Mita (América Latina, 1575-principios del siglo XIX): Implementado por los Incas y por los españoles en América, la M –o "turno" en quechua– era una de las modalidades de la **encomienda** y consistía en el trabajo forzado temporal de los indios mitayos para un encomendero, a cambio de una remuneración fundamentalmente en alimentos. Los colonizadores la mantuvieron, ampliaron y profundizaron, causando la muerte por extenuación, enfermedades o mala alimentación de miles de indígenas. En Perú, la M fue especialmente importante en la zona minera de **Potosí** y tuvo incidencia en la llamada "**Rebelión de Túpac Amaru**". En la Argentina fue abolida por la **Asamblea del Año XIII**.

Mitayo (América Latina, siglos XVI-XIX): Trabajador temporario –por lo general, un indígena– de las minas y otras actividades en donde se utilizaba la **mita**.

Mitre, Bartolomé (1821-1906): Militar, político e historiador argentino, Presidente de la República entre 1862 y 1868 y dirigente fundamental de la **Organización Nacional**. Enemigo de **Rosas**, impulsó varias campañas para derrocarlo, participando en **Caseros**. Posteriormente, representó los intereses de Buenos Aires contra **Urquiza**, oponiéndose al **Acuerdo de San Nicolás** y siendo derrotado en **Cepeda** en 1859. Un año después se convirtió en Gobernador de Buenos Aires y en 1861 derrotó a Urquiza en **Pavón**, tras lo cual el país se unificó bajo su mando (esto enfrentó a los **liberales** de M con los **autonomistas** de **Alsina**, opositores a la nacionalización de la aduana). Durante su presidencia, se alió a Brasil y Uruguay, lanzando la **Guerra de la Triple Alianza** contra Paraguay y asumiendo la jefatura de los tres ejércitos. Fue sucedido por **Sarmiento** en la presidencia, y tras perder la sucesión de éste a manos de **Avellaneda** en 1874 se alzó en armas, pero fue derrotado. Participó de la fundación de la **Unión Cívica**, pero poco después fundó la **Unión Cívica Nacional** y acordó con **Roca** el apoyo a la candidatura presidencial de Luis **Sáenz Peña**. En 1870 fundó el diario *La Nación*.

MNRT: Ver **Movimiento Nacionalista Revolucionario Tacuara.**

Modelo agro-exportador (1852-1930): Esquema económico por el cual la **oligarquía** (propietaria de las mejores tierras y ganado) exportaba materias primas y alimentos (carnes y cereales) e importaba productos industriales y manufacturados (con mayor valor agregado que los productos primarios), en especial desde Gran Bretaña. El MAE reprodujo condiciones de dependencia económica de los países de la periferia con respecto a las potencias capitalistas (especialmente Inglaterra), ahogando la posibilidad de un desarrollo industrial nacional. También conocido como **modelo primario-exportador**, fomentó la entrada de capital extranjero e **inmigrantes**. La **Crisis del 30** puso fin al MAE, y obligó al pasaje a la **sustitución de importaciones.**

MODIN (8-9-1991 / 24-2-1998): Partido de orientación **nacionalista** de **derecha** creado por el ex Coronel **ca-**

rapintada Aldo **Rico**. A principios de la década de 1990 llegó a ser tercera fuerza (su pico máximo llegó en las elecciones para constituyentes de 1994, cuando obtuvo cerca de un millón y medio de votos, un 9,2 %), pero luego se diluyó integrándose al **Partido Justicialista**, partido por el cual Rico accedió a la intendencia de San Miguel. En 2003, Rico apoyó la candidatura presidencial de Adolfo **Rodríguez Saá** (un sector disidente se presentó bajo la sigla original). También se acrecó al **kirchnerismo**, aunque luego se distanció.

Molinas, Luciano (1888-1973): Político y abogado argentino. Tres veces diputado nacional, gobernador de Santa Fe y candidato a Presidente en 1958 por el **Partido Demócrata Progresista.**

Montoneras **(1820-1870):** Ejércitos provinciales rurales irregulares formados por diversos sectores populares –indios, **gauchos**– y encabezados por un **caudillo** que peleaban en las guerras de independencia nacionales defendiendo intereses regionales y principios republicanos, democráticos y federales, en oposición al centralismo **unitario** de Buenos Aires. Las primeras *M* participaron del ejército libertador de J. de **San Martín**. Las interpretaciones históricas van desde la lectura **liberal** –que ve en las *M* a la barbarie rural– hasta el llamado re-

visionismo histórico –visión **nacionalista** que las ve como formas de resistencia al poder oligárquico–, entre
otras visiones. Las *M* más recordadas
son las de Martín M. de **Güemes**, José
G. **Artigas**, Facundo **Quiroga**, Chacho
Peñalosa y Felipe **Varela**. Entre otros
factores, su explicación histórica está
ligada a la dificultad de formación (y
mantenimiento) de un ejército nacional unificado con la consiguien-
te autonomía de los ejércitos regulares. La derrota de Varela en 1869
les puso fin.

Montoneros (29-5-1970 / 18-8-1985):
Organización armada urbana surgida de la **Juventud Peronista**. Con origen en el grupo de la **derecha** católica **Tacuara** (a quienes se sumaron
sectores provenientes del Comando
Camilo Torres y de la **Tendencia Revolucionaria** del **peronismo**), los M vira-
ron hacia posiciones **populistas** y **nacionalistas** de **izquierda**, influidos por
el **Programa de Huerta Grande** elaborado por la **CGT** en 1962 y las ideas
de John William **Cooke**, intelectual de
la **izquierda peronista**. Postulaban la
lucha contra las dictaduras militares
y el regreso de **Perón**, exiliado en el
exterior. Surgidos alrededor de 1968,
el 1é de junio de 1970 los *"soldados
de Perón"* se dieron a conocer públicamente con el secuestro y ejecución
del General P. **Aramburu**. M contó en
sus filas con numerosos jóvenes, especialmente a principios de la déca-

da del ´70, en el proceso de retorno al país de Perón. En 1974, poco
antes de morir, la organización sufrió
el desplazamiento dentro del movimiento peronista ordenado por el
propio Perón, pasando a la clandestinidad y soportando una fuerte represión durante el **Proceso de Reorganización Nacional**, que la condujo
hacia su disolución a fines de la década del ´70. Su líder, Mario E. **Firmenich** –condenado por el **gobierno** de
Raúl **Alfonsín** en 1985– se exilió en
1976, no obstante lo cual está sos-
pechado de haber colaborado con la
dictadura militar iniciada en ese año.
Fue indultado por el también peronista Carlos **Menem** en 1990. Desde
1985 M se incorporó a la corriente interna del **Partido Justicialista** denominada "peronismo revolucionario".

Moreau, Leopoldo (1946 →): Político
argentino. Diputado, senador y candidato presidencial en 2003 por la
UCR, elección en la que este partido
tuvo la peor votación de su historia
(alrededor de un 2 %).

Moreau de Justo, Alicia (1885-1986):
Política y médica nacida en Inglaterra
y radicada en la Argentina. Participó
en el Primer Congreso Feminista Internacional y fue la segunda médica
recibida en el país. Histórica militante del **Partido Socialista**, se casó con
su líder, Juan B. **Justo**. Dirigió el periódico *La Vanguardia* entre 1958 y 1962

y en 1974 fundó la Confederación Socialista Argentina. Un año más tarde se sumó a la **Asamblea Permanente por los Derechos Humanos**, de la que fue co-presidente.

Moreno, Mariano (1778-1811): Abogado, periodista y político argentino, secretario de la **Primera Junta** en la **Revolución de Mayo**, donde enfrentó con decisión a la reacción española y tuvo activa participación en el fusilamiento de **Liniers**. También intervino en favor de la libertad de comercio, reformas agrarias, etc. Redactó el *Plan de Operaciones*, que se proponía extender la revolución al sur de Brasil y sumar a las masas altoperuanas y al Paraguay a un movimiento con fuerte protagonismo del Estado y un modelo industrialista. Influido por la **Revolución Francesa**, representó el ala **izquierda** de la revolución, enfrentando a C. Saavedra (partidario de una conciliación con España) y defendiendo las banderas de la burguesía ilustrada: la democracia, el **liberalismo** y la República. Fue el fundador de *La Gaceta de Buenos Ayres*. Murió en sospechosas circunstancias en altamar.

Moreno, Nahuel (1924-1987): Político argentino, fundador de varios partidos reivindicados **trotskistas**. Las estrategias del llamado morenismo han sido oscilantes; así, M pasó de la denuncia de **Perón** a integrarse al movimiento **justicialista** ("entrismo"), de condenar a la **Revolución Cubana** a reivindicar el **foquismo** para más tarde repudiarlo, entre otros planteos cambiantes. Luego de formar numerosos grupos –PORS (1941), GOM (1943), POR (1948), MAO (1956), **Palabra Obrera** (1957), **PRT** (1965), PRT-LV (1968)–, en 1973 el **PST** presentó como candidato presidencial a Juan C. **Coral** del **PSA**, lo que se reiteraría diez años más tarde con el **MAS**, que postuló a Luis **Zamora**. Este último partido fue el que más creció de todos los fundados por M, aunque luego de su muerte sufrió varias escisiones (**PTS, MST,** etc). El hilo conductor de la línea política de M ha sido el objetivo de acercarse a los obreros **peronistas** apoyando sus luchas, mimetizándose en cierto modo con ellos y colocando en un segundo plano la tarea del partido revolucionario como factor de desarrollo de la conciencia de clase.

Mosconi, Enrique C. A. (1877-1940): Militar argentino, de posiciones **nacionalistas** e industrialistas. Pionero en la industria petroquímica, fue el primer director general de Yacimientos Petrolíferos Fiscales, **YPF**, entre 1922 y 1930.

Motín de Arequito (8-1-1820): Alzamiento del Ejército del Norte en esa localidad cordobesa, cuando se dirigía hacia Santa Fe para aplastar la rebelión federal. Al mando de los generales Bustos, Paz, Heredia e Ibarra, el *MA* repudió el alineamiento de **Belgrano** y **Rondeau** con el centralismo porteño. Pocos días después Córdoba se sumaba al bloque artiguista, justo en momentos en que **Artigas** sufría una derrota catastrófica en Tacuarembó. Poco después, Rondeau sufría le decisiva derrota en **Cepeda**, que puso punto final al **Directorio.**

***Motín de Fontezuelas** (3-4-1815):* Alzamiento de las tropas destinadas a combatir a **Artigas** y sus aliados de Córdoba y el Litoral, que obligó a su jefe **Álvarez Thomas** a encabezarla, provocando la renuncia del Director Supremo **Alvear** y la caída de la **Asamblea del año XIII.** En su reemplazo fue designado **Rondeau,** pero en su ausencia asumió el propio Álvarez Thomas.

***Motín de las Trenzas** (7-12-1811):* Alzamiento de las tropas del Regimiento de *Patricios* contra Manuel **Belgrano,** a quien el **Primer Triunvirato** había designado en noviembre de 1811 como Coronel en reemplazo de Cornelio **Saavedra.** El objetivo de la medida era terminar con los resabios de las milicias urbanas de los años de las **invasiones inglesas,** con su poder de poder de veto y movilización de simples habitantes de la ciudad que no eran soldados. Tras la orden de Belgrano a los *Patricios* de

que se cortasen la coleta que los distinguía, suboficiales y tropa se atrincheraron. Belgrano ordenó reprimir a balazos, tras lo cual fue recibido al grito de *"Muera Belgrano"* y con el planteo de que *"quiere este cuerpo que se nos trate como a ciudadanos libres y no como a tropas de línea".* En el petitorio se pedía la destitución de Belgrano, pero diez de sus líderes fueron fusilados y las compañías de granaderos y artilleros que iniciaron la rebelión fueron disueltas. La represión del *MT* fue el fin de las milicias y de un modelo de jefatura militar basado en la adhesión de la tropa. La profesionalización del arte militar sobrevino al desplazamiento del saavedrismo. **Rivadavia** se quedó con todo el poder.

Movimiento al Socialismo: Ver **MAS.**

Movimiento de Integración y Desarrollo (MID, 14-11-1963 →): Partido político de orientación **desarrollista** fundado por el ex Presidente Arturo **Frondizi** y el economista Rogelio **Frigerio,** director de la revista *Qué.* El planteo central del **MID** –sucesor de la **UCRI**– se basó en el impulso del desarrollo de la **industria** pesada como herramienta de la independencia nacional, superando la vulnerabilidad de una economía agro-exportadora, el deterioro de los términos del intercambio y una balanza comercial negativa. Para ello, promovió las inversiones extranjeras con control del **Estado**. Representante del capital industrial nacional y extranjero, el MID reemplazó a la UCRI pero nunca pudo transformarse en un partido de peso, apoyando a **radicales** y **peronistas** en diversos momentos. En 1973 formó parte del **FREJULI**, en 1983 presentó a Frigerio como candidato presidencial (obteniendo el cuarto lugar con ciento ochenta mil votos), en 1989 apoyó a C. **Menem** y posteriormente se alió con la **UCR**.

Movimiento de Intransigencia y Renovación (4-4-1945 / 9-11-1956): Línea interna de la **UCR** de orientación **nacionalista**, opuesta al unionismo (que seguía una línea alvearista). Encabezada por Moisés **Lebenshon**, A. **Frondizi**, R. **Balbín** y C. **Larralde**, el MIR redactó la *Declaración de Avellaneda*. El 1ć de febrero de 1954 sufrió una fractura con el retiro de los sabattinistas y el 9 de noviembre de 1956, con la proclamación de Frondizi como candidato a Presidente, se escindieron los balbinistas

Movimiento de Trabajadores Argentinos: Ver **MTA**.

Movimiento Independiente de Jubilados y Desocupados: Ver **MIJD**.

Movimiento Nacional Justicialista: Ver **Partido Justicialista**.

Movimiento Nacionalista Revolucionario Tacuara (12-1962 / 22-3-1964): Escisión guerrillera del **derechista** grupo **Tacuara**, encabezada por José Baxter, José Nell, Amílcar Fidanza y **peronistas** que reivindicaban el **Programa de Huerta Grande** de la **CGT**. Se disolvió en 1964 luego del asalto al policlínico bancario (29-8-1963). Baxter adhirió posteriormente al **ERP**, pero la mayoría de los militantes del MNRT se sumó a **Montoneros** o a las **FAP**.

Movimiento Nacionalista Tacuara: Ver **Tacuara**.

Movimiento Patriótico de Liberación: Ver **FIP**.

Movimiento por la Dignidad y la Independencia: Ver **MODIN**.

Movimiento Pro Democratización e Independencia Sindical (1949-1955): Denominación de los **sindicatos comunistas** que actuaron en forma clandestina durante el período **peronista**, organizando importantes huelgas (por ejemplo, en los gremios metalúrgico y de la carne).

Movimiento Socialista de los Trabajadores (MST, 1992 à): Partido reivindicado **trotskista**, escisión del **MAS** –fundado por Nahuel Moreno–. El **MST** fue liderado en sus inicios por Luis **Zamora**, quien luego se retiró de la política y más tarde fundó su propio partido. Posteriormente, el MST refundó la alianza electoral **Izquierda Unida** con el **Partido Comunista** y fuerzas menores, logrando colocar algunos diputados. A pesar de dar prioridad a la movilización por sobre el desarrollo de la conciencia de clase de los trabajadores, el MST se ligó tardíamente al movimiento **piquetero**, cuando fundó el Movimiento Sin Trabajo Teresa Vive. Y aunque se opuso al denominado Encuentro de Rosario (del que participó su ex aliado, el PC), el MST realizó alianzas electorales con grupos y políticos del llamado **centroizquierda** como el **Partido Socialista**, Mario Cafiero y **Proyecto Sur** de Pino **Solanas**. En 2006 se dividió en dos grupos: MST Alternativa y MST El Socialista, siendo este último el origen de **Izquierda Socialista**. En 2008 se alineó decididamente con los productores agropecuarios ("pequeños y medianos" planteaban) en el conflicto del gobierno **kirchnerista** con el llamado *campo*. El hecho de que su principal figura pública, la enfermera y legisladora porteña Vilma Ripoll, marchara del brazo con el líder de la **Sociedad Rural Argentina**, Hugo Biolcatti, le produjo numerosas críticas y deserciones. Desde entonces, ha entrado en declinación.

Movimiento Todos por la Patria: Ver **MTP**.

Moyano, Hugo (1946 →): Sindicalista **peronista**, líder del Sindicato de Camioneros. Opositor al gobierno del también peronista C. **Menem**, formó el **MTA**, agrupación opositora de la conducción oficial de la **CGT**. En 2000 fue nombrado Secretario General de la central obrera, pero al año siguiente se retiró formando la **CGT disidente**. Luego se opuso al **radical** F. **De la Rúa** y apoyó a los presidentes peronistas A. **Rodríguez Saá**, E. **Duhalde** y N. **Kirchner**. En 2004 fue nombrado –como integrante principal de un triunvirato–dirigente de la CGT unificada y posteriormente fue único Secretario General de la CGT. En 2011 rompió con el **kirchnerismo**, se acercó al sciolismo y luego se unió efímeramente con el peronista de derecha Francisco **de Narváez**, pero su fracaso electoral lo llevó a acercarse con el también peronista de derecha Sergio **Massa**.

MST: Ver **Movimiento Socialista de los Trabajadores**.

MTA (1-2-1994 / 13-7-2004 →): Sigla del **Movimiento de Trabajadores Argentinos**, sector sindical disidente de la **CGT** que se opuso al apoyo dado por la central obrera al gobierno de Carlos **Menem**. Reingresó a la CGT en septiembre de 1996 pero en marzo de 2000 volvió a romper en desacuerdo con el rumbo que le daba a la CGT su titular, R. Daer. A partir de allí se la conoció como **CGT Disidente** hasta que en 2004 se reintegró a la CGT. Su principal dirigente fue Hugo **Moyano**, secundado por Juan M. Palacios de UTA, Julio Piumato de Judiciales y Alicia Castro de Aeronavegantes.

MTP (8-5-1986 / 25-6-2005): Sigla del **Movimiento Todos por la Patria**, agrupación **nacionalista** de **izquierda** formada por sectores provenientes del **PI, Montoneros** y la **democracia cristiana** que planteaban un frente amplio. Con el objetivo de frenar un supuesto golpe de Estado contra el Presidente R. **Alfonsín**, en enero de 1989 el M realizó el copamiento del Regimiento 3 de Infantería de **La Tablada**, donde fueron asesinados varios de sus dirigentes (Jorge Baños, Francisco Provenzano, etc) y militantes. También participaba en la dirección el ex dirigente del **ERP** Enrique Gorriarán Merlo, quien de ser indultado por el Presidente E. **Duhalde** relanzó al movimiento el 30 de mayo de 2003 (luego de más de una década de inactividad), para culminar fundando el Partido del Trabajo y el Desarrollo, PDT, en 2005.

MUCS (26-8-1957 →): Agrupamiento de los **sindicatos comunistas** formado tras la caída de **Perón**, en oposición a las **62 Organizaciones peronistas** (de las que formó parte inicialmente bajo el nombre de **19 Organizaciones**). Desde 1958 se constituyó por separado y participó en el Movimiento Nacional Intersindical. En 1960 representaba a unos ciento cincuenta mil trabajadores pero poco después su fuerza se redujo notablemente.

***Mueran los salvajes unitarios* (1820-1852):** Consigna difundida por los **federales** en su lucha con los **unitarios**, en el marco de la guerra civil que se desató en la Argentina con posterioridad a la independencia nacional.

Multipartidaria (14-7-1981 / 18-8-1983): Reaparición pública de los partidos políticos, luego de cinco años de proscripción por parte de la dictadúra del **Proceso de Reorganización Nacional**. La M estaba formada por los siguientes partidos: **UCR** (Carlos Contín), **PJ** (Deolindo Bittel), **PI** (Oscar **Alende**), **MID** (Arturo **Frondizi**) y **PDC** (Francisco Cerro), que pedían una salida electoral no condicionada al entonces Presidente de facto, R. **Viola** y a sus sucesores L. **Galtieri** y R. **Bignone**. El 16 de diciembre de 1982 la M organizó la **Marcha de la Civilidad**. Con la convocatoria electoral de agosto de 1983, la M cumplió su cometido.

N

Nacionalismo (fines del siglo XVIII →):
Doctrina que reivindica las características comunes de una comunidad nacional, por encima de las diferencias de clase. El N abarca una gama amplia y heterogénea de movimientos. Surgió con la **Revolución Francesa** y se consolidó en las primeras décadas del siglo XIX en Europa, como reacción frente al expansionismo de Napoleón, por lo general ligado al **liberalismo**, en oposición al concepto de un imperio universal y a las lealtades propias del feudalismo. El N impulsó las unificaciones de Italia –a través de la prédica de Giusseppe Mazzini– y Alemania, la formación de nuevos Estados luego de la desaparición de los imperios austro-húngaro, ruso y otomano, la independencia de Irlanda y el desmembramiento del Imperio español en América. También se expresó a través de movimientos independentistas en Cataluña, el País Vasco, Gales, Armenia y Albania, entre otros. En las décadas de 1920 y 1930 aparecieron N anti-liberales y autoritarios, con connotaciones racistas y *chauvinistas*, como el **fascismo** y el **nazismo** y desde la década de 1930 se desarrollaron los N **populistas** y/o anti-colonialistas y antiimperialistas en América Latina, Asia y África. El **marxismo** ha identificado al N con el interés nacional de la burguesía y –en el caso de las naciones oprimidas– ha planteado la necesidad de incorporar la tarea nacional a la estrategia socialista, dada la incapacidad burguesa para enfrentar en forma consecuente al imperialismo. Desde la década de 1980 el rol del N ha sido cuestionado desde la perspectiva de la **globalización**, aunque –por el contrario– algunos enfoques sostienen que la exacerbación de algunos movimientos nacionalistas se produce –precisamente– como reacción a esa tendencia globalizadora. En la Argentina, las tendencias nacionalistas fueron varias: elitista y corporativa (inspirada en Charles Maurrás y Johann G. Fichte, por ejemplo, los hermanos Irazusta y L. Lugones), católica (el sacerdote Julio Meinvielle), popular (yrigoyenismo, **FORJA**, **peronismo**, etc), de **izquierda** (**Ramos**, **Cooke**), etc. Por ejemplo, desde el N radical, Raúl **Scalabrini Ortiz** denunció el dominio inglés en la economía nacional: **frigoríficos**, puertos, **industrias, ferrocarriles**, etc. Pensadores como Manuel Gálvez y Ricardo Rojas reivindicarán las raíces **criollas**, lo tradicional y lo nativo, atacando la extranjerización, el materialismo y el cosmopolitismo de los **inmigrantes**. La variante más derechista de esta postura defenderá un orden basado en los valores hispánicos y católicos más tradicionales y sostendrá la existencia de un "alma nacional". El pensamiento nacionalista expresó a *élites* nacionales de áreas periféricas y a sectores medios atemorizados por la

"invasión" inmigratoria que –según su lectura– venía a apropiarse de las riquezas nacionales. Sus valores centrales fueron: la glorificación de la sociedad rural (sobre todo del interior) y la cultura tradicional, anterior a la llegada de los inmigrantes, expresada por los **gauchos** y los **caudillos**, manifestación genuina del espíritu nacional y la "argentinidad", descripción en la que se destacarán Leopoldo Lugones y Carlos Bunge, que crearon una suerte de mito del **gaucho**, símbolo de la nobleza, la sabiduría, la generosidad, el coraje y la franqueza. A la inversa de la descripción de **Sarmiento**, José Ramos Mejía describió a los inmigrantes como seres biológica y culturalmente inferiores que pretendían escapar de la "decadencia" europea y salvar a su raza en nuestro país. La mayoría de los nacionalistas apoyó el **Golpe de Estado de 1930** y se sumó posteriormente al **peronismo**. La derecha nacionalista criticará por igual al liberalismo y el comunismo, a los que veían como expresiones extranjeras y antinacionales. Rechazaban la democracia liberal y alentaban un modelo político autoritario y corporativo. Los hermanos Irazusta, por ejemplo, acusaban a la **oligarquía** de entregar el país al capital británico, especialmente tras el **Pacto Roca-Runciman**. Pero se horrorizaban también con la amenaza de las "sectas sin patria": **socialistas, comunistas y anarquistas.**

Nacionalismo popular: Ver **populismo**.

Navarrazo (27-2-1974): Golpe de Estado encabezado por el Coronel retirado Antonio Navarro, que derrocó al Gobernador de Córdoba Ricardo **Obregón Cano**, ligado a la **izquierda peronista**. El N profundizó el rumbo derechista del gobierno de **Perón**.

Nazismo (Alemania, 1919 →): Doctrina política ultraderechista del **Partido Obrero Nacionalsocialista** Alemán (NSDAP), creado y dirigido por Adolf Hitler, en el marco de la humillación alemana tras su derrota en la **Primera Guerra Mundial** y la imposición de severas sanciones por parte de las potencias vencedoras en el Tratado de Versalles. El N planteaba la lucha contra el **marxismo**, el judaísmo y todo movimiento o ideología que representara –según su óptica– a las razas y clases inferiores. Accedió al poder en 1933 –en un contexto de terrible **crisis** económica y seis millones de desocupados– e impuso una dictadura feroz –que asesinó a millones de personas en campos de concentración– apoyándose en sectores de la clase media desencantados, campesinos, grupos obreros atraídos por un supuesto "socialismo nacional", pero representando en lo fundamental a los intereses del gran capital industrial (con la empresa Krupp como símbolo). El N se planteó como objetivos centrales barrer con el **comunismo**, "purificar" la raza y expandir el poderío del imperialismo alemán. Una fuerte intervención del **Estado** en la economía y la producción armamentista (*"cañones en lugar de mantequilla"*, diría el Ministro H. Goering) lograron reducir el desempleo. Este movimiento desarrolló una agresiva política expansionista, gobernando hasta la derrota alemana en la **Segunda Guerra Mundial**, en 1945. A partir de allí, el N ha entrado en decadencia, aunque diversos movimientos minoritarios siguen reivindicando sus planteos.

Neoliberalismo (fines de la década de 1970): Corriente de economistas que surgió como reformulación del **liberalismo** clásico y su *aggiornamiento* a la era de la **globalización**. Con la **Crisis del Petróleo**, el N hizo una seria crítica del **keynesianismo**, al que veía como antesala del **comunismo** (el N plantea que la libertad es amenazada por la extensión de la planificación económica). El N accedió al poder en Inglaterra (Margaret Thatcher) y Estados Unidos (Ronald Reagan). Para el N, el mercado –en lugar del **Estado**– es el que debe asignar los recursos a la sociedad a través del libre juego de la oferta y la demanda, incluyendo la determinación de los salarios y los niveles de desempleo. El mercado determinaría qué sectores sociales obtienen más medios necesarios para cubrir sus demandas. Los individuos más competitivos serían los que obtengan la mayor cantidad de bienes y servicios. El N postuló la necesidad de incrementar la productividad de la economía sobre la base de una mayor inversión en investigación y desarrollo, con rebajas de impuestos al capital y de las tasas de interés, política monetaria moderada, privatizaciones y énfasis en la calidad de los productos, en desmedro de su masividad y estandarización. La difusión mundial en la década de 1990 de las políticas económicas neoliberales –también llamadas neoconservadoras– ha agravado en forma dramática los niveles de pobreza y desempleo. Los críticos de esta teoría sostienen que en las sociedades capitalistas actuales no existe la libre competencia. Los keynesianos y **socialdemócratas** plantean que sólo la regulación estatal del mercado puede paliar las desigualdades. El **marxismo**, por su parte, sostiene que no hay igualdad posible bajo el régimen social capitalista. Con un primer antecedente en Walter Lippman (*La ciudad libre*, 1936), se considera a Friedrich Von Hayek (Escuela de Viena) y a Milton Friedman (Escuela de Chicago) como a dos de los autores fundamentales del N.

Neoperonismo (década de 1960): Sector del **peronismo** liderado por el sindicalista A. **Vandor**, que postuló un mayor grado de autonomía del movimiento frente al liderazgo del General **Perón**, en razón del exilio de éste en España. En varias ocasiones, las orientaciones del N chocaron con los planteos de Perón. El N organizó diversos partidos con los que se presentó a elecciones provinciales, dejando en un segundo plano la exigencia de la legalidad para Perón y para el **Partido Justicialista**: Tres Banderas en Mendoza, Partido Federal en Salta, el Movimiento Popular Neuquino, la **Unión Popular**, etc. Otros dirigentes destacados fueron Juan A. Bramuglia, Andrés Framini, Deolindo F. Bittel, Elías Sapag y Raúl Matera.

Ni golpe ni elección, revolución (1971): Consigna cantada por los gremios clasistas del **SITRAC-SITRAM** durante las huelgas de ese año contra el **GAN**.

Ni yanquis ni marxistas, peronistas (1973-1976): Consigna cantada por la **derecha peronista**, que reivindicaba la llamada Tercera Posición, delimitándose del **capitalismo** norteamericano y del **marxismo** –al que identificaban con la **U.R.S.S.** –, y reivindicando un capitalismo nacional.

Ni vencedores ni vencidos (**Eduardo Lonardi, 16-9-1955**): Frase del Presidente de facto que derrocara a **Perón**, que representa al ala moderada del **golpe de 1955**, dispuesta a negociar con el **peronismo** y a integrarlo, en contraposición al ala dura o *"gorila"*. La frase fue utilizada por prime-ra vez por **Urquiza**, luego de vencer a **Rosas** en **Caseros**.

Nueva Fuerza (1971-1975): Partido liberal-conservador fundado por Álvaro **Alsogaray**. En las elecciones presidenciales de marzo de 1973, la fórmula Chamizo-Ondarts obtuvo algo más de doscientos treinta mil votos (2 %).

Nuevo orden mundial (1991 →): Ordenamiento mundial que reemplazó al mundo bipolar tras la desaparición de la U.R.S.S. y el dominio militar indiscutido de los norteamericanos. Inspirado en los planteos de G. Bush, se inició en los hechos con la Guerra del Golfo.

Nuevos movimientos sociales (década de 1960 →): Movimientos sociales que –a diferencia de los tradicionales– no se movilizan por reclamos sectoriales o puntuales ni impugnan en general al orden social imperante, sino que se centran en demandas vinculadas a valores generales, como los derechos humanos, la ecología o la paz. Algunos autores ven en los NMS nuevas formas de hacer política, ante la crisis de los canales de representación tradicionales –en particular de los partidos políticos–.

Nuevos pobres (**América Latina, década de 1980 →**): Grupos de clase media que perdieron ingresos, trabajo y/o ahorros hasta caer en la pobreza. Son grupos sociales anteriormente no pobres y que tenían cubiertas sus necesidades básicas, con acceso a la enseñanza media e incluso superior y un número de hijos por familia menor que el de los pobres estructurales. Sin embargo, a pesar de esos beneficios, tienen dificultades para sostener un consumo cotidiano que cubra sus necesidades, sufren desempleo, falta de cobertura de salud, precariedad laboral, etc. Este sector también es conocido como perteneciente a la franja de la "pobreza crítica", diferenciándose en este sentido de la "pobreza extrema".

Nunca más (1-11-1984): Expresión surgida luego de la investigación realizada por la **CONADEP** –presidida por el escritor Ernesto Sábato– que reveló la existencia de un plan sistemático de secuestros, torturas, desaparición de personas y asesinatos durante el **Proceso de Reorganización Nacional**. El resultado de la investigación fue publicado en un libro llamado NM, consignando casi nueve mil *desaparecidos*.

Ñoqui (década de 1980 à): Empleado público que sólo concurre a su lugar de trabajo el día de la fecha de cobro. El término se vincula al día 29 en que, según la tradición, se comen los Ñ. En la década de 1990 se generalizó este sistema de corrupción, por el cual muchos políticos acomodaron a parientes, amigos o a personas vinculadas a prácticas clientelistas.

Obediencia Debida (4-6-1987): Ley 23.521 sancionada durante el gobierno de Raúl **Alfonsín**, que eximía de castigo a más de quinientos oficiales acusados de violar los derechos humanos, considerando que sólo respondían órdenes de sus superiores, a las que –supuestamente– no podían desobedecer. Fue el resultado de la presión ejercida por los *Carapintadas* en la rebelión de **Semana Santa**.

Obregón Cano, Ricardo (1916 →): Político argentino. Perteneciente a la **izquierda peronista**, asumió como Gobernador de Córdoba en 1973 pero fue derrocado al año siguiente por el llamado "*Navarrazo*". En 1975 se sumó al Partido Auténtico, ligado a **Montoneros**. Luego debió exiliarse.

OCPO-BR (1973-1976): Sigla de la **Organización Comunista Poder Obrero**, guerrilla surgida del sindicalismo clasista de Córdoba, a quienes se sumaron El Obrero, Orientación Socialista, el MIR y algunos sindicalistas de Villa Constitución. La O se definía como **marxista** revolucionaria y consideraba al **PRT** como principal aliado. A mediados de 1974 creó su brazo armado, las Brigadas Rojas (BR) y a principios de 1976 adhirieron a la Organización de Liberación de la Argentina formada por el **ERP** y **Montoneros**.

OEA (30-4-1948 →): Sigla de la **Organización de Estados Americanos**, agrupa a treinta y cinco países incluyendo a los de América Latina, más EE.UU. y Canadá. En 1962, el organismo expulsó a Cuba, en repudio a la revolución socialista producida en la isla tres años antes y a su alineamiento con la U.R.S.S.

OIC: Sigla de la **Organización Internacional de Comercio**, antecedente del GATT.

OIT (1919 →): Sigla de la **Organización Internacional del Trabajo**, foro internacional de discusión sobre temas laborales en donde se hallan representados los sectores del capital, del trabajo y de los Estados.

Oligarquía: Nombre recibido por la **burguesía rural** propietaria de las mejores tierras de la Pampa Húmeda, pasturas y ganado. Fue la clase económica, política e ideológicamente dominante durante el **modelo agroexportador**.

OMC (1-1-1995→): Sigla de la **Organización Mundial de Comercio**, que reemplazó al **GATT** continuando la acción de éste. La forman casi ciento cincuenta países.

11 de septiembre (11-9-1852): Secesión de Buenos Aires de la **Confederación Argentina**, encabezada por Valentín **Alsina**, designado Gobernador. Apenas unos meses antes, el **Acuerdo de de San Nicolás** había convocado a un Congreso General Constituyente para unificar políticamente al país. Pero Buenos Aires no aceptaba transferir determinadas cuotas de poder: así, se oponía a la igualdad en la representación en el Congreso (dos diputados por provincia) y a la nacionalización de la aduana (prevista en el artículo 19 del acuerdo). El levantamiento derivó en la coexistencia por casi diez años de la Confederación Argentina, con capital en Paraná, y Buenos Aires, dualidad que acabó con la victoria bonaerense en **Pavón** en 1861.

Onganía, Juan Carlos (1914-1995): Militar argentino, de tendencia **nacionalista** de **derecha** y uno de los impulsores de la **Doctrina de la Seguridad Nacional**. Líder azul en el enfrentamiento militar conocido como *Azules y Colorados*. Presidente de la Nación en 1966, en nombre de la dictadura militar denominada **Revolución Argentina**, tras encabezar un golpe de Estado contra el gobierno constitucional de Arturo **Illia**. Durante su gobierno se impulsó el desarrollo de la industria pesada y la obra pública bajo el control extranjero y su Ministro de Economía, A. **Krieger Vasena**, implementó medidas antipopulares (**devaluación**, reducción de gastos sociales, etc). De ideas corporativistas, persiguió a la oposición –disolvió el Congreso, proscribió a los partidos, y reprimió especialmente en las universidades (ver *La noche de los bastones largos*) y en las fábricas– lo que produjo varias revueltas estudiantiles y obreras. Luego del *Cordobazo* de 1969 perdió poder, hasta que fue destituido en 1970.

Ongaro, Raimundo (1939 →): Sindicalista argentino del gremio gráfico, encabezó la **CGT de los Argentinos**, escisión de la **CGT** orientada por A. **Vandor**. Perteneciente al **peronismo** combativo, con posterioridad se acercó al sindicalismo ortodoxo.

ONU (24-10-1945 →): Organismo mundial creado al finalizar la **Segunda Guerra Mundial**, que agrupa a todas las naciones, con la idea declarada de contribuir a mantener la paz y la seguridad internacionales. Inicialmente formaron parte de la 0 51 países, teniendo hoy 191 miembros. La 0 tiene seis órganos principales: la Asamblea General, el Consejo de Seguridad, el Consejo Económico y Social, el Consejo de Administración Fiduciaria, la Secretaría de la 0 y la Corte Internacional de La Haya. Por fuera de esta estructura la 0 tiene una serie de organismos que son autónomos pero que están relacionados con ella: el **FMI** y el **Banco Mundial**, la Organización Mundial de la Salud (OMS), el Alto Comisionado de las Naciones Unidas para Refugiados (ACNUR), el Programa de las Naciones Unidas para el Desarrollo (PNUD), el Fondo de las Naciones Unidas para la Infancia (UNICEF), la Organización Internacional del Trabajo (OIT), la Organización de las Naciones Unidas para la Agricultura y la Alimentación (FAO), la Organización de las Naciones Unidas para la Educación, la Ciencia y la Cultura (UNESCO) y la Unión Internacional de Telecomunicaciones (UIT).

OPEP (1961 →): Sigla de la **Organización de Países Exportadores de Petróleo**, creada para regular la producción y los precios de este combustible y donde tienen un lugar destacado los países árabes. Su papel fue clave durante la **Crisis del petróleo** (ver).

Operación Masacre **(Rodolfo Walsh):** Libro en el que el autor describe los fusilamientos de los generales **peronistas** encabezados por Juan José **Valle** y Raúl Tanco tras la rebelión contra la **Revolución Libertadora**, hechos acaecidos entre el 9 y el 12 de junio de 1956.

Operativo Dorrego (10-1973): Acción conjunta de las FF.AA. y militantes de la **Juventud Peronista** centrada en la acción social en zonas carenciadas e inundadas. Fue un intento de acercar posiciones entre la **izquierda peronista** y los militares tras el triunfo electoral de **Perón**.

Operativo Independencia (9-2-1975): Intervención militar en la llamada lucha antisubversiva, ordenada por el gobierno **peronista** de Isabel **Perón**. Desarrollado en Tucumán, el OI fue el paso inicial de una represión sin antecedentes en el país que decretó el "aniquilamiento del accionar de los elementos subversivos."

Operativo Retorno (21-8 al 2-12-1964): Intento fallido de retorno al país del General Juan D. **Perón**. Organizado por el sindicalista A. **Vandor**, el OR fracasó cuando el avión que traía a Perón, proveniente de Madrid, fue interceptado en Río de Janeiro y regresado a España. Perón retornó ocho años después, el 17 de noviembre de 1972.

Orden neocolonial (fines del siglo XIX-1930): Sistema de dominación política oligárquica en América Latina entre fines del siglo XIX y la **Crisis del 30**, en el marco de la inserción continental en la división internacional del trabajo como exportadora de materias primas y alimentos e importadora de productos industriales provenientes de los países capitalistas centrales (ver también **modelo agroexportador, orden conservador** y **conservadores**).

Orden conservador (1862-1912): Una de las denominaciones que recibió este período, caracterizado fundamentalmente por el **modelo agro-exportador** en lo económico y el control por parte de la *élite* agro-ganadera del régimen político, centrado en mecanismos de democracia fuertemente restringida y **fraude** electoral (ver también **Organización Nacional, Unicato, conservadores, Generación del 80** y **oligarquía**).

Orden y administración (fines del siglo XIX): Lema de la *élite* **terrateniente**, especialmente **criolla** y porteña, que encabezó la **Organización Nacional** e integró al país al mercado mundial. Fue utilizado especialmente por Julio A. **Roca**.

Orden y progreso: Concepto base del ideario positivista del siglo XIX. En nuestro país fue impulsada por la *élite* que formó el **Estado** Nacional. El orden (la formación de un Estado nacional) era requisito del progreso (un modelo económico capitalista dependiente integrado al mercado mundial) y el progreso legitimaría ese orden. El orden excluía a los "obstáculos" del progreso: los indios y las **montoneras**. Con el orden vendrían los capitales extranjeros y los **inmigrantes** necesarios para el desarrollo del **modelo agro-exportador**.

Organización Comunista Poder Obrero Brigadas Rojas: Ver **OCPO-BR**.

Organización de Estados Americanos:

Ver **OEA**.

Organización de Países Exportadores de Petróleo: Ver **OPEP**.

Organización Internacional de Comercio: Ver **OIC**.

Organización Internacional del Trabajo: Ver **OIT**.

Organización Mundial de Comercio: Ver **OMC**.

Organización Nacional (1-5-1851 / 21-9-1880): Período que abarca desde el pronunciamiento de J. J. de **Urquiza** contra J. M. de **Rosas** hasta la **federalización de Buenos Aires**. Los principales acontecimientos que jalonaron la ON fueron: la **Batalla de Caseros**, el **Acuerdo de San Nicolás**, la formación de la **Confederación Argentina**, la **Constitución Nacional**, la **Batalla de Cepeda**, la **Batalla de Pavón**, la **Guerra del Paraguay** y la **Conquista del Desierto** (ver las entradas respectivas). La ON unificó al **Estado** nacional (Ejército, moneda, leyes, educación, símbolos patrios, etc) y sentó las bases del **modelo agro-exportador**.

Ortiz, Roberto Marcelino (1886-1942): Político y abogado argentino de filiación **radical antipersonalista**, Presidente de la Nación entre 1938 y 1942, apoyado por el hasta entonces gobernante, Agustín P. **Justo**, de quien era Ministro de Hacienda. Con firmes lazos con el capital británico, intentó sin éxito acercar posiciones entre radicales y **conservadores** para transparentar el régimen político de la **Década Infame**. Frente a la **Segunda Guerra Mundial**, mantuvo la neutralidad del país aunque era partidario de los Aliados. Por problemas de salud, a mediados de 1940 debió dejar el mando a su Vice, el conservador R. **Castillo**, renunciando definitivamente en junio de 1942 y falleciendo poco después.

OTAN (4-4-1949 →): Sigla de la Organización del Tratado del Atlántico Norte, alianza militar integrada por países europeos occidentales, EE.UU. y Canadá. Fue creada para enfrentar a la U.R.S.S. y sus aliados.

P

Pacto de Caracas: Ver **Pacto Perón-Frondizi.**

Pacto de Londres: Ver **Pacto Roca-Runciman.**

Pacto de Olivos (13-12-1993): Acuerdo entre el **peronismo** y parte del **radicalismo** sobre la reforma constitucional –concretada un año después– por el cual Carlos **Menem** fue reelecto Presidente en 1995. Lo firmaron el propio Menem y Raúl **Alfonsín.**

Pacto de Ottawa: Ver **Conferencia de Ottawa.**

Pacto de San José de Costa Rica (22-11-1969): Conocido también como Convención Americana Sobre Derechos Humanos. La Argentina adhirió a ella en 1994.

Pacto de San José de Flores (11-11-1859): Acuerdo firmado entre la **Confederación Argentina** –liderada por J. J. de **Urquiza**– y la Provincia de Buenos Aires –con B. **Mitre** a la cabeza– tras la derrota de ésta en la **Batalla de Cepeda.** Por este pacto, Buenos Aires se declaró parte integrante de la Confederación **Argentina** y se comprometió a obedecer la **Constitución de 1853,** no sin antes proponer diversas reformas, que fueron aceptadas casi en su totalidad por la Convención Nacional *ad hoc* que tuvo lugar en 1860. El PSJF frenó los planteos autonomistas bonaerenses de V. **Alsina** y C. Tejedor.

Pacto de San Nicolás: Ver **Acuerdo de San Nicolás.**

Pacto del Litoral: Ver **Pacto Federal.**

Pacto del Pilar: Ver **Tratado del Pilar.**

Pacto Federal (4-1-1831): A partir de 1830, el país se dividió en dos grandes bloques: la **Liga del Interior,** que agrupaba a ocho provincias con centro en Córdoba, liderada por el general José María **Paz,** e identificada con el proyecto **unitario;** y la **Liga del Litoral,** conducida por Juan Manuel de **Rosas** y que comprendía las provincias de Buenos Aires, Santa Fe, Entre Ríos y Corrientes. Esta última liga fue conformada por el PF con el objetivo de enfrentar a la Liga del Interior e impulsar el proyecto constituyente nacional bajo la forma de un **Estado federal.** El PF –al que se suscribieron todas las provincias tras la derrota unitaria– estuvo vigente hasta la sanción de la **Constitución Nacional** en 1853. Paradójicamente, el PF se firmó diez años después de la derrota del máximo exponente federal, José **Artigas,** constituyendo una resignificación muy alejada del ideario federal de la primera década posterior a la **Revolución de Mayo.**

Pacto militar-sindical (Raúl Alfonsín, 1983): En el marco de la campaña electoral, el candidato presidencial **radical** denunció un supuesto acuerdo sindical-militar por el cual –en caso de triunfar el **Partido Justicialista** en las elecciones– los crímenes cometidos por los militares durante el **Proceso de Reorganización Nacional** quedarían impunes. La denuncia restó muchos votos al PJ en beneficio de la UCR.

Pacto Perón-Frondizi (18-2-1958): Acuerdo por el que **Perón** –por intermedio de su representante, John W. **Cooke**– comprometía los votos del proscripto **Partido Peronista** en favor del candidato de la **UCRI**, Arturo **Frondizi**, a cambio de que éste devolviera el control de la **CGT** a los **sindicatos** e implementara una política **nacionalista** al llegar a la presidencia.

Pacto Roca-Runciman (Argentina-Inglaterra, 1-5-1933): Tratado firmado por Julio A. **Roca** (h), Vicepresidente de la Nación, y el Secretario de Comercio británico, Walter Runciman. En la Conferencia de Ottawa de 1932, Gran Bretaña había liberado a sus dominios de gravámenes sobre productos agropecuarios, elevádolos en el caso de otros países, emtre ellos la Argentina. El gobierno argentino se propuso revertir tal situación, por lo que convocó a los británicos a reunirse. El PRR comprometió al país europeo a comprar **carne enfriada** argentina a cambio de enormes beneficios y privilegios para el capital británico en nuestro país (como la distribución de licencias de exportación entre los **frigoríficos** ingleses instalados en la Argentina y la rebaja de aranceles para la entrada de manufacturas británicas). Fue uno de los últimos intentos por mantener el **modelo agro-exportador** agotado tras la **Crisis del 30**.

Pactos preexistentes: Acuerdos interprovinciales que de reconocimiento mutuo de formar parte de la Nación Argentina. Los PP regularon los conflictos y sentaron las bases de la **Organización Nacional**. Se destacan, en particular, el **Pacto Federal** de 1831 y el **Acuerdo de San Nicolás** de 1852.

Palabra Obrera (23-7-1957 / 25-5-1965): Organización política reivindicada **trotskista** fundada por Nahuel **Moreno**. Realizó una táctica de entrismo en el **peronismo** (su periódico *PO*, tenía como subtítulo *"Órgano del peronismo obrero revolucionario"*) que derivó en el acatamiento de la orden del General **Perón** de votar por A. **Frondizi** para Presidente. En 1959 condenó la **Revolución Cubana** acusando a Fidel Castro de *"gorila"*. PO se centró en un trabajo sindical en el seno de las **62 Organizaciones**. En 1965, PO se fusionó con el **FRIP** de **Santucho** formando el **PRT**.

Palacios, Alfredo Lorenzo (1880-1965): Político y abogado argentino, el primer diputado **socialista** en América (1904). De ideas reformistas e impulsor parlamentario de diversas leyes sociales se enfrentó, sin embargo, al **peronismo** y fue embajador en Uruguay del gobierno de **Lonardi**. Aunque reivindicó a la **Revolución Cubana**, rechazaba el clasismo **marxista** clásico y adhería a las posiciones moderadas del **Partido Socialista**.

Pampa gringa (siglo XIX): Polo de desarrollo económico basado en la colonización agraria, el centro de este proceso se ubicó en la provincia de Santa Fe.

PAN (11-3-1874 / 12-10-1910): Sigla del **Partido Autonomista Nacional**, la más importante organización conservadora de la historia nacional, formada por la fusión del **Partido Autonomista** de A. **Alsina** y el **Partido Nacional** de N. **Avellaneda**, que llevó a la presidencia a este último en 1874 venciendo al **Partido Liberal Nacionalista** de Mitre. En 1880, el P volvió a triunfar en las elecciones presidenciales con la fórmula **Roca**-Madero. El P se constituyó en oposición al mitrismo porteño. Contó también con el apoyo de los **liberales** sarmientistas del **Partido Nacional** y de la **Liga de los Gobernadores**. En 1877 sufrió la **escisión** de un grupo que formó el **Partido Republicano** en discrepancia con el acercamiento entre Alsina y Mitre. La muerte de Alsina en ese mismo año despejó el camino para el liderazgo del General Roca, cabeza de la **Conquista del Desierto**. Un sector autonomista se mantuvo en el P y otro se sumó a las filas del mitrismo. En 1886, la Liga de los Gobernadores comandada por Roca colocó en la presidencia a Miguel **Juárez Celman**. Sin embargo, esto provocó la división del partido, ya que otros grupos apoyaron las candidaturas de Bernardo de **Irigoyen** y Dardo Rocha. En 1898 triunfó la fórmula Roca-Quirno Costa. El 26 de julio de 1901 se produjo la ruptura del P: el **Partido Autonomista** (Pellegrini) y el **Partido Nacional** (Roca). Posteriormente, el alejamiento de la vida **política** de Roca y la muerte del Presidente **Quintana** (también del P, triunfante en 1904) permitieron a su sucesor –José **Figueroa Alcorta**– intervenir las provincias que formaban la base de la Liga de los Gobernadores (Córdoba, Corrientes, San Juan, La Rioja, Santiago y San Luis) provocando una crisis definitiva en el P a partir de 1906 (el golpe de gracia será el ascenso a la presidencia de Roque **Sáenz Peña** en 1910). Fue el **partido** clave de la *élite* dirigente de la Argentina durante cuarenta años, manejando a las camarillas dirigentes del interior del país y a los **caudillos** y utilizando todo tipo de recursos, incluidos la violencia y el **fraude**. Gobernó el país en todo el período previo a la **Ley Sáenz Peña**, en defensa de la hegemonía de los sectores agropecuarios y comerciales de Buenos Aires, en momentos en que se planteaba la federalización de esta provincia. El P expresaba políticamente a la llamada **Generación del 80**: Julio A. Roca, Carlos Pellegrini, etc. A partir de la disolución del P, las fuerzas conservadoras se dispersaron hasta su reunificación nacional en 1931 (ver **Partido Demócrata Nacional**).

Panamericanismo (1826 →): Doctrina que postula la unidad política, económica, cultural y militar de los Estados americanos. El P surgió para combatir la penetración europea en América y son claves en su desarrollo la **Doctrina Monroe**, la declaración de Woodrow Wilson sobre la independencia de los Estados del continente (1915) y la *"política del buen vecino"* de Franklin D. **Roosevelt**, las que se vinculan –sobre todo la primera– a un P hegemonizado por EE.UU., en tensión con el P reivindicado por libertadores del continente como **San Martín**, **Moreno** o Bolívar. La creación de la **OEA** en 1948 concretó las ideas del P, tal vez un punto intermedio entre ambas tendencias.

Participacionistas **(1955-1983):** Sector sindical dispuesto a negociar y hasta participar de los gobiernos militares de facto. Durante la **Revolución Argentina**, los *P* encabezados por el dirigente del vestido José Alonso se agruparon en la **CGT Azopardo**, encabezada por Augusto **Vandor**. Pero el grupo más definido en esta orientación fue encabezado por Rogelio Coria, del gremio de la construcción. También se conoció a este sector con el nombre de *"colaboracionistas"* o *"blandos"*. Opuesto: *"duros"*.

Partido Autonomista (1-10-1862 / 11-3-1874): Organización bonaerense liderada por Adolfo **Alsina**, opositora a la **federalización de Buenos Aires** propuesta por **Mitre** en 1862 (la que –aunque no se concretó– dio lugar a la llamada "ley de compromiso"). Aunque sin fuerza propia como para imponer su propio candidato, el PA bloqueó la continuidad del mitrismo en la presidencia y en 1874 se unió con el **Partido Nacional** de Avellaneda, formando el **Partido Autonomista Nacional (PAN)**, el más importante partido **conservador** de la historia nacional.

Partido Autonomista: Ver **PAN**.

Partido Autonomista Nacional: Ver **PAN**.

Partido Cívico Independiente (1956-1962): Partido **liberal-conservador** creado por Álvaro **Alsogaray**, que obtuvo unos cuarenta mil **votos** en las elecciones presidenciales de 1958 (con la fórmula Peña-Zaeffer). Alsogaray se desempeñó como Ministro de Economía del Presidente A. **Frondizi**.

Partido Comunista (PC) (26-12-1920

→): Organización política de **izquierda** surgida como una escisión **marxista** del **Partido Socialista**, tras el triunfo de la **Revolución Rusa** (en sus primeros dos años se llamó **Partido Socialista Internacional**). Tuvo un importante peso en el movimiento obrero entre fines de la década de 1920 y comienzos de la década de 1940, cuando la aparición del **peronismo** le restó gran parte de su fuerza. Su apoyo a **Ortiz** en 1938 y a la **Unión Democrática** en contra de **Perón en 1946** y su incondicional apoyo a la política de Stalin perjudicaron al PC, que fue perdiendo respaldos. En las elecciones presidenciales de 1951 obtuvo unos setenta mil votos. En 1955 apoyó el golpe antiperonista y describió a Isaac **Rojas** con "posiciones democráticas y de cierta resistencia al imperialismo." Este partido apoyó posteriormente a **Frondizi** (aunque luego lo denunció como traidor), rechazó el **golpe del 66** y en 1970 lanzó el **Encuentro Nacional de los Argentinos**. En marzo de 1973 formó la **Alianza Popular Revolucionaria** (junto con el PI, el **Partido Revolucionario Cristiano** y **UDELPA**), obteniendo dos diputados nacionales. En las elecciones de septiembre de ese mismo año apoyó la fórmula Perón-Perón. El PC tuvo una actitud ambigua frente a la dictadura militar del **Proceso de Reorganización Nacional**, donde distinguió un *"ala democrática"* y un *"ala pinochetista"*, y propuso un gobierno de convergencia *"cívico-militar"*. Pese a ello,

cientos de militantes fueron perseguidos, con varios *desaparecidos* y asesinados. Desde 1973 ha formado diversos frentes electorales de izquierda, como la mencionada APR, el Frente del Pueblo, el FRAL e **Izquierda Unida**. En 1983 apoyó al PJ en las elecciones presidenciales que ganara el **radical** Raúl **Alfonsín**. En 2000 Patricio Echegaray fue electo diputado por la ciudad de Buenos Aires y en 2001 Izquierda Unida obtuvo cerca de seiscientos mil votos. Para las elecciones parlamentarias de 2005, el PC se unió al Partido Socialista y al **PI**, terminando con la experiencia de Izquierda Unida. Apoyó a los gobiernos del **kirchnerismo**, profundizando la dilución de este sector de la izquierda detrás del peronismo. En cuanto a las escisiones, en 1925 y hasta 1930 existió un PC Obrero que viró hacia el **trotskismo** (Héctor Raurich). En 1927 el sindicalista José Penelón (concejal del PC en 1920) formó el PCRA llamado desde 1931 Concentración Obrera, que subsistió hasta los años ´60. En 1945 Rodolfo Puiggrós se alineó al peronismo creando el Movimiento Obrero Comunista. En 1968 el PC sufrió una escisión **maoísta**, el **PCR**. Su máximo dirigente fue Vittorio **Codovilla**, destacándose también Rodolfo **Ghioldi**; actualmente es dirigido por el mencionado P. Echegaray. Ideológicamente, el **PC** surgió como partidario del **bolchevismo**, pero con la consolidación en la U.R.S.S. del **stalinismo**, su línea política fue variando al compás de los planteos internacionales del PCUS (en el VIII Congreso de 1928 se definió como "marxista-**leninista**-stalinista"). Así, pasó del planteo de la dictadura del proletariado a la reivindicación de la democracia en general, de la "*clase contra clase*" al frente popular con el Partido Socialista, de calificar a **Yrigoyen** de **fascista** y a Perón de **nazi** a aliarse con la UCR y a considerar al peronismo como una fuerza importante en la liberación nacional y social, entre otros virajes. Un eje que ha perdurado en al menos las últimas cuatro décadas ha sido su caracterización de la **burguesía nacional** como el sector capitalista en condiciones de encabezar un proceso de independencia nacional. De este modo, para el PC la clase obrera debe encolumnarse detrás de ese sector burgués que –presume– enfrenta al imperialismo, el capital monopolista y la **oligarquía** nativa para impulsar un **capitalismo** nacional (la "revolución democrático-burguesa") y –en una segunda etapa– impulsar transformaciones de tipo **socialista**. Esta postura ha sido justificada por el PC desde el plano teórico por la supuesta inmadurez del capitalismo argentino y la persistencia de resabios semi-feudales y precapitalistas en su estructura económico-social.

Partido Comunista Revolucionario (PCR) (1968 →): Partido de ideología **maoísta**, escindido del **Partido Comunista**. El **PCR** caracteriza la existencia en la Argentina de una clase **terrateniente** de rasgos feudales (precapitalistas) aliada al imperialismo, que debe ser enfrentada por la coalición entre la **burguesía nacional**, el campesinado y los trabajadores, con el fin de imaplantar una revolución burguesa. El PCR experimentó diversos virajes, por ejemplo, votando a **Perón** en 1973, dando apoyo crítico al gobierno de Isabel **Perón** y llamando a votar a C. **Menem** en 1989. A partir de 1983 se presentó públicamente como **PTP, Partido del Trabajo y del Pueblo**. Tras algunas vacilaciones, el PCR se colocó en la oposición al **kirchnerismo**, apoyando a la derechista Mesa de Enlace en el conflicto entre la burguesía agropecuaria y el gobierno en 2008. En 2011 apoyó la candidatura presidencial de Alcira Argumedo, que no pudo superar las elecciones primarias. En 2013 tampoco pudo pasar esa elección en la Provincia de Buenos Aires, donde el partido apoyó a PODEMOS, alianza de partidos entre los que se encuentra el MST. Con presencia en **sindicatos** y comisiones internas, a mediados de la década de 1990 el PCR impulsó la creación de la **CCC**, posiblemente el primer grupo **piquetero**. También se destaca en el movimiento universitario a través de la CEPA. Su principal dirigente es Otto Vargas.

Partido Conservador: Ver **conservadores**.

Partido Conservador Popular (11-7-1956 →): Escisión pro-peronista del **Partido Demócrata** liderada por Vicente **Solano Lima** quien en 1973 fue electo Vicepresidente de la Nación por el **FREJULI**, acompañando a H. **Cámpora**. En las elecciones presidenciales de 1958 presentó la fórmula Solano Lima-Maldonado, obteniendo cerca de ciento ochenta mil votos (casi el 2 %). En 1983 apoyó al justicialismo, obteniendo Julio Amoedo una senaduría nacional. En 1989 se sumó al FREJUPO.

Partido de Trabajadores por el Socialismo: Ver **PTS**.

Partido del Orden (1821-1824): Organización política representativa de los ganaderos que estableció alianzas con políticos urbanos como Bernardino **Rivadavia**. En momentos en que el poder central nacional se había desmembrado, el PDO planteaba la modernización administrativa del país y buscaba establecer una nueva legitimidad republicana, bajo la hegemonía bonaerense. Pudo realizar diversas reformas –educativas, culturales, eclesiásticas y militares– en el marco del gobierno de Martín Rodríguez en Buenos Aires, pero las presiones del interior lo debilitaron unos años después.

Partido del Trabajo y del Pueblo: Ver **Partido Comunista Revolucinario.**

Partido Demócrata: Ver **Partido Demócrata Nacional.**

Partido Demócrata Cristiano (PDC) (11-7-1954 →): Organización política católica surgida poco antes de la caída del **peronismo**, que condenó por igual al **liberalismo** individualista y al **comunismo** colectivista. En las elecciones presidenciales de 1958 la fórmula Ayarragaray-Sueldo obtuvo cerca de doscientos noventa mil votos, un 3,2 %. En 1963, la fórmula Sueldo-Cerro logró algo más de cuatrocientos treinta mil sufragios, el 4,5 %, y obtuvo siete diputados y dos senadores nacionales. En la **democracia cristiana** se manifestaron dos tendencias contrapuestas: un sector de orientación **liberal** y fuertemente antiperonista y otro de características más **populistas** y con simpatías hacia el peronismo. Esta contradicción llevó a reiteradas escisiones, siendo la más importante la del 2 de abril de 1967: por un lado, la que en 1973 adoptó el nombre de **Partido Revolucionario Cristiano** (H. Sueldo) y por el otro el **Partido Popular Cristiano** (J. A. Allende). Desde la década de 1970 el PDC ha oscilado entre los frentes de centroizquierda y alianzas con el **PJ**. En las elecciones presidenciales de 1958 la fórmula Ayarragaray-Sueldo obtuvo casi doscientos noventa mil votos y en las de 1963, con Sueldo-Cerro, cuatrocientos treinta y cinco mil sufragios, siete diputados nacionales y dos senadores. El 12 de diciembre de 1981, el PDC se reunificó. En 1983 la fórmula Cerro-Ponsatti obtuvo algo más de cuarenta y cinco mil sufragios, el 0,3 %. En 1989 apoyó al **FREJUPO** y posteriormente se sumó al **FREPASO** y a la **Alianza**. Principales dirigentes: Mario Amadeo, José A. Allende, Francisco Cerro, Horacio Sueldo, Carlos Auyero, Augusto Conte y Néstor Vicente.

Partido Demócrata Nacional (1-8-1931 / 2-8-1956): Organización política conservadora, unión de la Federación Nacional Demócrata (partidos provinciales) y ex miembros del **Partido Socialista Independiente** y del **radicalismo antipersonalista**. Impulsor activo de la **Concordancia** en 1931, que llevó a la presidencia a Agustín P. **Justo**. Luego del **PAN**, el PDN fue el único partido **conservador** de alcance nacional. Desde el 22 de julio de 1946 pasó a llamarse **Partido Demócrata** (que apoyó sin formar parte a la **Unión Democrática**, escindiéndose por ello el **Partido Independiente**, pro-peronista) y diez años después sufrió la escisión de un grupo pro-peronista, el **Partido Conservador Popular**. En las elecciones presidenciales de 1951 presentó la fórmula Pastor-**Solano Lima**, obteniendo algo más de ciento setenta mil votos, un 2,3 %. En agosto de 1956, el PD se disolvió, quedando dispersos sus miembros en agrupaciones provinciales (siendo el más importante el Parti-

do Demócrata de Mendoza). Así, para las elecciones presidenciales de 1958 hubo tres fórmulas conservadoras (González Iramain-Aguinaga obtuvieron ciento cuarenta y cinco mil votos, el 1,6 %). En ese mismo año, la mayoría de los grupos que pertenecieron al PD se sumaron a la **Federación de Partidos de Centro**. Principales dirigentes: Rodolfo Moreno, Ramón S. **Castillo**, Robustiano Patrón Costas, Vicente **Solano Lima**, Emilio Hardoy y Manuel Fresco (Gobernador de Buenos Aires entre 1936-1940).

Partido Demócrata Progresista (PDP) (14-12-1914 →): Organización política creada por Lisandro **de La Torre**, con miembros disidentes de la **UCR** y dirigentes conservadores del interior (como Julio A. **Roca** (h) y José Félix **Uriburu**). Representante de pequeños y medianos productores rurales y con importante influencia en la Provincia de Santa Fe, el **PDP** reivindicó en sus inicios las ideas del centroizquierda europeo (radical-socialismo francés), el laicismo y cierto antiimperialismo. Con la fórmula De la Torre-Alejandro Carbó, obtuvo casi cien mil votos en 1916 (13,2 %), cuando sus electores fueron decisivos para la elección presidencial de Hipólito **Yrigoyen**. En las elecciones presidenciales de 1922 obtuvo unos setenta y tres mil votos, el 8,3 % y De la Torre fue electo diputado nacional (en 1928 sólo se presentó en Santa Fe, logrando catorce mil votos). En las décadas de 1930 y 1940 –luego de que el ala más conservadora se fuera del partido– participó en frentes con los **socialistas** (obteniendo casi quinientos mil votos y dos senadores nacionales en 1931 con la **Alianza Civil**) y en la **Unión Democrática** en 1946. El 22 de julio de 1935 fue asesinado en el Congreso el senador electo Enzo Bordabehere (ver *guerra de las carnes*). En 1955 integró la **Junta Consultiva** convocada por la **Revolución Libertadora**, apoyó a UDELPA en 1963 (seiscientos veinte mil votos propios, un 6,4 % y doce bancas nacionales) y a la **Alianza Popular Federalista** en 1973 (tres diputados nacionales) y en décadas recientes viró hacia posiciones **neoliberales**, especialmente con el liderazgo de Rafael Martínez Raymonda, quien fuera embajador en Roma de la dictadura militar del **Proceso de Reorganización Nacional**. En 1983, aliado al **Partido Socialista Democrático**, obtuvo cuarenta y cinco mil votos (0,30 %). En 1989 formó parte de la **Alianza de Centro** con la **UCEDE** y partidos menores, siendo Alberto Natale candidato a Vicepresidente. Posteriormente se alió con radicales y socialistas en Santa Fe, y con partidos de centro-derecha en la Ciudad de Buenos Aires.

Partido Federal (30-3-1856 / 11-4-1870): Partido liderado por J. J. de Urquiza y apoyado por diversos **caudillos** provinciales, en oposición al **Partido Liberal** de **Mitre**. En 1860 Santiago **Derqui**, miembro del PF, accedió a la presidencia de la Nación. En 1861, los federales fueron derrotados por Mitre en **Pavón** y en 1868 apoyaron la candidatura presidencial de **Sarmiento**. Con el asesinato de Urquiza en 1870 el PF se disolvió y sus miembros pasaron a las filas de varios partidos: el Partido Blanco (López Jordán), el Partido Colorado (antijordanistas), del **Partido Nacional** y del **Partido Autonomista**.

Partido Federal (8-12-1973 →): Partido agrupado en el espacio del centro-derecha creado por el **Ministro** de Bienestar Social durante la **Revolución Argentina**, Francisco **Manrique**, poco después de las elecciones de 1973, cuando la **Alianza Popular Federalista** obtuvo casi un millón ochocientos mil **votos** (14 %). En 1983 se unió al **PDP** en la **Alianza Federal**, obteniendo poco más de setenta y cinco mil votos. Respaldó las candidaturas presidenciales de E. **Angeloz** (CFI, 1989), C. **Menem** (1995), D. **Cavallo** (1999) y en 2003 se sumó a la alianza encabezada por **Recrear** para respaldar a R. **López Murphy**.

Partido Humanista (8-3-1984 →): Partido de centroizquierda creado y dirigido por Silo (Mario Luis Rodríguez Cobos). En 2000 colocó en la legislatura porteña a Lía Méndez, quien también fue candidata presidencial. En 1989 se alió al Partido Verde presentando la fórmula Ammann-Méndez. Posteriormente se sumó al **kirchnerismo**.

Partido Independiente (17-10-1945 / 23-5-1946): Partido de tendencia conservadora escindido del **Partido Demócrata Nacional**, que apoyó a **Perón** en las elecciones presidenciales del 24 de febrero de 1946, siendo disuelto por éste una vez en el poder. Lo lideraban Manuel Fresco, el Contraalmirante Alberto Tesaire y Héctor J. **Cámpora**.

Partido Intransigente (PI) (24-6-1972 →): Partido político de orientación **nacionalista** popular, fundado por el ex dirigente de la **UCRI**, Oscar **Alende**. Reivindicando al yrigoyenismo, al *Programa de Avellaneda* y al *"peronismo pueblo"*, en 1973 el PI formó parte de la **Alianza Popular Revolucionaria** obteniendo casi novecientos mil votos y cinco diputados. En 1983 fue tercera fuerza con trescientos cuarenta mil votos y tres diputados (Alende-Viale, 2,3 %). Apoyó al **peronista** C. **Menem** en 1989, a la **Alianza** en 1999 y al **kirchnerismo** desde 2003. Enrolado en la llamada **izquierda nacional**, no logró quebrar el bipartidismo radical-peronista, oscilando siempre en el apoyo de unos y otros.

Partido Justicialista (PJ) (14-1-1947 →): Partido político creado por Juan D. Perón, el más importante del país en los últimos sesenta años. Su base social y electoral se constituyó con la mayoría de la clase obrera y los **sindicatos**, considerada la *"columna vertebral"* de un movimiento nacional policlasista dirigido por la **burguesía nacional**. Luego de la reelección de Perón en 1951 (cuatro millones setecientos mil votos, casi el 62,5 %), el **PJ** fue proscripto en 1955 por la **Revolución Libertadora** y debió mimetizarse en otras siglas (**Unión Popular**, Tres Banderas, etc). Tras el retorno de su líder, el **FREJULI** se impuso dos veces en 1973, pero la muerte de Perón al año siguiente llevó a la presidencia a M. Estela **Martínez de Perón**, derrocada por el **golpe de Estado de 1976**. En 1983, la fórmula **Luder**-Bittel obtuvo casi seis millones de votos, un 40 %, pero perdió a manos del **radical Alfonsín**. En 1989, Carlos **Menem** llegó a la presidencia con el **FREJUPO** y fue reelecto en 1995. En 1999, E. **Duhalde** perdió las elecciones con la **Alianza** encabezada por F. **de la Rúa**. Además de Perón, accedieron a la presidencia de la Nación a través del PJ Héctor J. **Cámpora**, los mencionados María E. Martínez de Perón, C. Menem y E. Duhalde, Adolfo **Rodríguez Saá**, Néstor **Kirchner** y Cristina **Fernández de Kirchner**. El PJ sufrió proscripciones y persecuciones durante el **Proceso de Reorganización Nacional**. En términos estructurales, el PJ expresó hasta la década de 1990 los intereses de la llamada burguesía nacional, hasta que durante el gobierno de Menem se ligó al gran capital nacional y extranjero, adoptando una ideología **neoliberal**. Mantiene hasta la actualidad un estilo **populista** y corporativo, con prácticas políticas clientelistas y prebendarias que le permiten mantener –a pesar de sus reiteradas divisiones internas– un dominio sobre importantes sectores de las masas populares. (Ver también **peronismo, justicialismo** y **Partido Peronista**).

Partido Laborista (24-10-1945 / 14-1-1947): Organización **política** creada sólo una semana después del **17 de octubre** de 1945 por **sindicatos socialistas, radicales** e independientes que apoyaron la gestión de Juan D. **Perón** al frente de la **Secretaría de Trabajo y Previsión**. Liderados por el telefónico Luis Gay y el dirigente de la carne Cipriano Reyes, el PL surgió con el objetivo de constituirse en un partido de trabajadores aliado a Perón, pero manteniendo un margen de independencia. Clave en la elección presidencial de 1946 que llevó a Perón al poder, fue disuelto el 23 de mayo de ese año por decisión de éste, quien creó el **Partido Único de la Revolución Nacional** (luego **Partido Peronista**), unificando las tendencias obreras y burguesas del movimiento. Por resistir la medida y defender la independencia del partido, Reyes fue encarcelado y Gay fue forzado a renunciar a su cargo.

Partido Liberal (15-12-1856 →): Considerado uno de los más viejos partidos del país (aunque tres décadas antes existió el **Partido del Orden**), fue fundado con la participación entre otros de B. **Mitre**. Heredero de los **unitarios** y opositor a la **Confederación Argentina**, en su historia sufrió reiteradas divisiones; así, durante la presidencia de Mitre (1862-1868) el sector liderado por A. **Alsina** se opuso a la **federalización de Buenos Aires** formando la fracción "autonomista" (los *"crudos"* o Partido Autonomista) frente a los "nacionalistas" de Mitre (los *"cocidos"* o **Partido Nacionalista**). Luego de **Pavón**, el triunfante PL se convirtió en el partido de los porteños. Debido a la pretensión mitrista de federalizar la Provincia de Buenos Aires, en 1862 Alsina fundó el Partido Autonomista; y en 1868 D. **Sarmiento**, del PL, accedió a la presidencia con Alsina como **Vice**. En 1874 el sector **liberal** que apoyó a Sarmiento formó el **Partido Nacional**, liderado por N. **Avellaneda**. En 1876 un sector de los autonomistas regresó al PL, mientras que el otro se sumó al **PAN** de **Roca**. En 1880, con elementos autonomistas disgregados, se formó un segundo PL. En la actualidad, el PL sólo subsiste en la provincia de Corrientes, donde suele aliarse al Partido Autonomista.

Partido Liberal Nacionalista: Ver **Parti-**

do Nacionalista.

Partido Modernista (1-12-1891): Partido escindido del **PAN**, liderado por Roque **Sáenz Peña** (ex **Partido Republicano**) y formado por ex juaristas que rechazaron el acercamiento entre **Roca** y **Mitre**. El lanzamiento de la candidatura presidencial de Luis **Sáenz Peña** –padre de Roque– forzó la renuncia a la candidatura de éste lo que determinó la disolución del PM.

Partido Nacional (15-10-1871 / 11-3-1874): Partido liderado por Nicolás **Avellaneda**, escisión del **Partido Liberal**, surgido como oposición del **Partido Autonomista** de Adolfo **Alsina**. Ambos partidos se fusionaron, formando el **Partido Autonomista Nacional**, lo que permitió el acceso a la presidencia de la Nación de Avellaneda, en 1874. Ligado a los grupos agropecuarios y exportadores, defendió la **federalización de Buenos Aires**.

Partido Nacional: Ver **PAN**.

Partido Nacionalista (1-10-1862 / 21-9-1880): Partido escindido del **Partido Liberal**, encabezado por B. **Mitre**, elegido Presidente en 1862 tras el triunfo de **Pavón**. Surgió como consecuencia de la sanción de la llamada "ley de compromiso", que implicó un paso previo a **federalización de Buenos Aires**. En 1874 presentó la fórmula Mitre-Torrent –derrotada por la fórmula autonomista **Avellaneda**-

Acosta– y en 1877 se acercó al Presidente Avellaneda. En 1880, con partidarios autonomistas disgregados por la federalización, se formó un segundo Partido Liberal mitrista.

Partido Obrero (PO) (6-11-1982 →): Partido **trotskista** originado en su antecesor, **Política Obrera**. Con presencia en numerosos **sindicatos** y comisiones internas, se ha destacado en la organización del movimiento **piquetero** creando el **Polo Obrero** en 2000. En las elecciones presidenciales de 1983, la fórmula Flores-Guagnini obtuvo cerca de catorce mil votos. Su principal dirigente, Jorge **Altamira**, fue diputado de la Ciudad de Buenos Aires y desde 1989 varias veces candidato presidencial. En octubre de 2013 el PO realizó la mejor elección de su historia, como parte del **Frente de Izquierda y de los Trabajadores**, obteniendo casi un millón trescientos mil votos, y consagrando tres diputados nacionales y varias decenas de legisladores provinciales y municipales. Además de Altamira, se han destacado Pablo Rieznik (docente universitario), Gregorio Flores (histórico dirigente del **Cordobazo**) y Néstor **Pitrola** (dirigente gráfico y diputado nacional). A diferencia de otros grupos reivindicados trotskistas (como los provenientes del **morenismo**), el PO otorga importancia estratégica al programa, caracterizando de "movimientista" a las corrientes que separan la lucha del programa. Ha denunciado también los virajes "democratizantes" de otros grupos de **izquierda** contemporáneos (**MAS, MST, PC, PCR**, entre otros). Por último, el PO impugna la tesis (que adjudica al **nacionalismo burgués**), acerca del carácter antiimperialista de la **burguesía nacional**, y afirma que sólo la clase obrera –aliada con otras clases no capitalistas– puede encabezar un proceso de transformación nacional y social.

Partido Peronista (14-1-1947 →): Partido formado luego de la disolución de las organizaciones que apoyaron el acceso al poder por parte de **Perón**, en particular del **Partido Laborista** y la **UCR Junta Renovadora**, inicialmente llamado **Partido Único de la Revolución Nacional**. El PP o **Partido Justicialista** (ver) se formó con una rama masculina, una femenina y una gremial, con una estructura verticalista, donde todas las decisiones las tomaba el líder. La **Revolución Libertadora** disolvió al PP el 1é de diciembre de 1955, iniciándose en la clandestinidad la llamada **resistencia peronista** (Ver también **justicialismo** y **peronismo**).

Partido Peronista Auténtico (11-3-1975 / 24-3-1976): Partido creado por disidentes **peronistas** que entendían que el rumbo del **gobierno justicialista** encabezado por Isabel **Perón** se oponía a los postulados históricos del movimiento. Lo encabezaban Andrés Framini y Oscar Bidegain y adherían a él Héctor J. **Cámpora** y Ricardo **Obregón Cano**.

Partido Popular Cristiano (17-10-1972 / 12-12-1981): Uno de los dos sectores en que se dividió el **Partido Demócrata Cristiano** a partir de 1967. Encabezado por José Antonio Allende apoyó al **FREJULI** en 1973, obteniendo tres diputados nacionales. Se reunificó con el **Partido Revolucionario Cristiano** en 1981.

Partido radical: Ver **UCR**.

Partido Republicano (24-7-1877 / 15-9-1878): Escisión del **PAN** liderada por Aristóbulo **del Valle**, Leandro N. **Alem**, Roque **Sáenz Peña** e Hipólito **Yrigoyen**. Con la muerte de Adolfo **Alsina**, se disolvió en menos de un año y sus miembros se reintegraron al autonomismo o se sumaron al **Partido Liberal Nacionalista** de B. **Mitre**.

Partido Revolucionario Cristiano (17-10-1972 / 12-12-1981): Uno de los dos sectores en que se dividió el **Partido Demócrata Cristiano** a partir de 1967. Encabezado por Horacio Sueldo en 1973 integró la **Alianza Popular Revolucionaria** con el **PI** de Oscar **Alende** y el **PC**, obteniendo casi novecientos mil votos y tres diputados nacionales. Se reunificó con el **Partido Popular Cristiano** en 1981.

Partido Revolucionario de los Trabajadores: Ver **PRT**.

Partido Socialista (PS) (29-6-1896 →): Organización política formada en 1894 por **Juan B. Justo**, Nicolás **Repetto** y otros. Anteriormente denominado **Partido Socialista Obrero Internacional** y **Partido Socialista Obrero Argentino**, adoptó la denominación de PS el 28 de junio de 1900. Si bien reivindicó en sus principios al **marxismo**, su visión positivista y librecambista orientó su línea hacia una política reformista, bregando por el progreso moral y un **capitalismo** social y se ligó a lo que sería llamado más adelante la **socialdemocracia**. Tuvo peso entre los **inmigrantes** y obreros urbanos calificados, especialmente en la Capital Federal y Santa Fe. En 1904 obtuvo el primer diputado de América Latina, Alfredo **Palacios** (quien entre 1915-30 formó el **PS Argentino**) y en 1913 contaba con cinco legisladores. En las elecciones presidenciales presentó las siguientes fórmulas y votaciones: 1916, Justo-Repetto sesenta y seis mil, 8,9 %, 1922, Repetto-De Tomaso setenta y ocho mil, casi 9 %, 1928, M. **Bravo**-Repetto sesenta y cinco mil, 4,5 %, 1931 **Alianza Civil** (ver), 1937, Repetto-Orgaz cincuenta mil, 2,5 %, 1946 **Unión Democrática** (ver), 1951, **Ghioldi** cincuenta y cinco mil, 0,72 %. Tras el triunfo de la **Revolución Rusa** –a la que no adhirió– en enero de 1918 sufrió la escisión del **PS Internacionalista** (**Partido Comunista** en 1920) y en 1927 la del **PS Independiente**. La lucha parlamentaria fue para el PS la herramienta principal para impulsar sus planteos de mejoras de las condiciones de vida y laborales de los trabajadores, aunque fue importante su presencia en los **sindicatos**, donde peleó la dirección desde principios del siglo XX hasta mediados de la década del ´40. La llegada del **peronismo** al **poder** le quitó gran parte de su protagonismo (**Perón** persiguió al PS y el periódico *La Vanguardia* fue clausurado). En 1953 un sector encabezado por Enrique Dickmann formó el **PS de la Revolución Nacional**, pro-peronista. Desde fines de la década del 50, ha sufrido constantes divisiones y reunificaciones (**PS Argentino-PS Democrático** en 1958 fue la división más significativa). En 1955 apoyó el golpe de Estado contra Perón y en 1973 el PS Argentino se unió al **trotskista PST** obteniendo unos setenta y cinco mil votos, mientras que el PS Democrático logró casi ciento diez mil sufragios. En 1976 este sector aportó intendentes al **Proceso de Reorganización Nacional**. El PS fue integrante de varios frentes de centroizquierda como el **FREPASO** y la **Alianza**, y actualmente es parte del **Frente Amplio Progresista**, que con Hermes **Binner** obtuvo el 12 % de los votos en las elecciones presidenciales del 2011.

Partido Socialista Argentino (2-6-1915 / 1922): Escisión del **Partido Socialista** encabezada por Alfredo **Palacios**, expulsado de las filas del **PS**. En 1922 el PSA se disolvió y sus militantes fueron volviendo al PS (Palacios lo hizo en 1930).

Partido Socialista Argentino (PSA) (15-7-1958 / 23-4-1972): Uno de los dos sectores en que se dividió el **Partido Socialista**, el PSA estuvo encabezado por Alfredo **Palacios** y Alicia **Moreau de Justo** (viuda de Juan B. **Justo**). Defendió la **Revolución Cubana** y adoptó una postura más dialoguista hacia el **peronismo** que el **PSD**. En mayo de 1961 se dividió en dos grupos: **PSA** Casa del Pueblo (Palacios y Moreau de Justo) y **PSA de Vanguardia** (David Tieffemberg y Abel Latendorf). En 1966 Juan Carlos **Coral** fue expulsado de esta fuerza y luego se unió al **PRT** *La Verdad* para crear el **PST** en 1972. En las elecciones presidenciales de 1963, la fórmula Palacios-Soria obtuvo cerca de doscientos noventa mil votos, casi el 3 %. En 1972, un sector del PSA Casa del Pueblo se unió al MAPA de **Estévez Boero**, constituyendo el **Partido Socialista Popular**. El sector que permaneció como PSA en 1982 pasó a denominarse **Partido Socialista Auténtico**.

Partido Socialista Argentino de Vanguardia (21-5-1961 / 20-11-1973): Escisión de **izquierda** del **Partido Socialista Argentino** de tendencia **guevarista**, encabezada por David Tieffemberg y Abel Lattendorf. En 1966 un sector estudiantil rompió para sumarse a **Política Obrera**, otro fundó **Vanguardia Comunista** y un tercero creó Vanguardia Popular (que se autodisolvió en 1972 para ingresar al **peronismo**). Lo que quedó del PSAV posteriormente acercó posiciones con el **peronismo** y se sumó al **FREJULI**.

Partido Socialista Auténtico (PSA) (12-1982 →): Denominación que adoptó el **Partido Socialista Argentino** (sector V. García Costa) en las vísperas de la caída de la dictadura militar del **Proceso de Reorganización Nacional**. En 1985, se sumaron al PSA la Confederación Socialista Argentina de Alicia **Moreau de Justo** y el Partido Socialista Unificado (pero éste se retiró poco después). En 1989 apoyó la candidatura presidencial de C. **Menem**. Su principal dirigente en la actualidad es Mario Mazzitelli, quien fuera candidato a la presidencia. También militó en este partido Graciela **Fernández Meijide**.

Partido Socialista de la Izquierda Nacional: Ver **PSIN**.

Partido Socialista de la Revolución Nacional (24-9-1953 / 28-6-1966): Escisión pro-**peronista** del **Partido Socialista** encabezada por Enrique Dickmann y apoyada por Jorge A. **Ramos**.

Su Federación Bonaerense estaba controlada por Nahuel **Moreno**. En las elecciones de diputados de 1954 obtuvo unos cien mil votos. Opositor a la **Revolución Libertadora**, fue disuelto por ésta en febrero de 1956. Fue legalizado en 1964 y desapareció definitivamente luego del **golpe de Estado de 1966**.

Partido Socialista de los Trabajadores (PST) (13-11-1972 / 20-6-1982): Partido de orientación **trotskista** fundado por Nahuel **Moreno**, a partir del **PRT** *La verdad*, escindido a su vez del PRT de R. **Santucho** (que planteó la lucha armada con la que el P no acordaba). Importante en algunos **sindicatos** industriales, en 1973 presentó la candidatura presidencial de Juan C. **Coral** (proveniente del **Partido Socialista Argentino**, fuerza con la que se unió) obteniendo cerca de setenta y cinco mil votos, el 0,62 %. En las elecciones de septiembre de ese mismo año obtuvo alrededor de ciento noventa mil votos con la fórmula Coral-Páez, un 1,6 %. Caracterizó al regreso de **Perón** a la Argentina como un triunfo de la clase trabajadora y adoptó una posición opositora tardía frente a la dictadura militar, no obstante lo cual sufrió persecuciones, asesinados y *desaparecidos*. Luego de proponer una federación nacional con todos los partidos socialistas, en 1982 pasó a denominarse **Movimiento al Socialismo**.

Partido Socialista de Vanguardia: Ver **Partido Socialista Argentino de Vanguardia**.

Partido Socialista de Vanguardia Comunista: Ver **Vanguardia Comunista**.

Partido Socialista Democrático (PDS) (15-7-1958 / 14-9-2002): Uno de los dos sectores en que se dividió el **Partido Socialista**, encabezado por Américo **Ghioldi** y Nicolás **Repetto**. En las elecciones de 1963 la fórmula Orgaz-Fitte obtuvo cerca de doscientos sesenta mil votos, un 2,6 % y en 1973 la fórmula Ghioldi-Balestra obtuvo unos ciento diez mil sufragios (0,9 %). El **PSD** mantuvo una postura marcadamente antiperonista y conservadora y apoyó a la dictadura militar del **Proceso de Reorganización Nacional**, a la que le aportó algunos intendentes. En 1983 se unió al **PDP** en la **Alianza Demócrata Socialista** (ver) y en 1985 formó la **Unidad Socialista** apoyando en 1989 a la fórmula **Estévez Boero**-A. **Bravo**. En las últimas décadas surgió un sector disidente de centroizquierda, liderado por Alfredo Bravo, que llevó al PSD a formar parte del **FREPASO**, de la **Alianza** y del **ARI**. A fines de 2002 se unió al **Partido Socialista Popular** en un **PS** reunificado.

Partido Socialista Independiente (PSI) (7-8-1927 / 1-3-1936): Escisión del **Partido Socialista**, encabezada por Federico **Pinedo** y Antonio de Tomaso. En marzo de 1930 se impuso en las elecciones de diputados en Capital Federal y en septiembre apoyó el golpe de Estado que derrocó a H. **Yrigoyen**. Luego, el PSI apoyó al **liberal** Agustín P. **Justo**, electo Presidente de la Nación por la **Concordancia** en 1932 y Pinedo pasó a ser Ministro de Justicia. Luego de las elecciones de marzo de 1936 el socialismo independiente –que llegó a contar con quince diputados nacionales y en ese año sólo tenía dos- se fue diluyendo y sus principales dirigentes se sumaron a diversas fuerzas, en especial al **Partido Demócrata Nacional** (**conservador**) y al **radicalismo antipersonalista**.

Partido Socialista Internacional (6-1-1918 / 26-12-1920): Escisión **marxista** del **Partido Socialista**, en 1920 pasó a denominarse **Partido Comunista**. Juan Ferlini y José Penelón fueron los primeros concejales **comunistas** de la Argentina.

Partido Socialista Obrero Argentino (13-10-1895 / 28-6-1900): Denominación anterior del **Partido Socialista**, ex **Partido Socialista Obrero Internacional**. Sufrió una escisión a mediados de 1899 por parte del Centro Socialista Carlos Marx, la Sociedad de Curtidores y algunos centros socialistas que formaron la Federación Obrera Socialista Colectivista.

Partido Socialista Obrero Internacio- nal (7-4-1894 / 13-10-1895): Primera denominación del **Partido Socialista**, posteriormente llamado **Partido Socialista Obrero Argentino**. Estaba formado por la Agrupación Socialista, el grupo *Les Egaux* y el *Fascio dei Lavoratori* a los que se sumaron en 1895 el **Club *Vörwarts*** y el Centro Socialista Universitario. Dirigentes: José Ingenieros, Juan B. **Justo** y Leopoldo Lugones.

Partido Socialista Popular (PSP) (23-4-1972 / 14-9-2002): Partido surgido de una escisión del **Partido Socialista Argentino** Casa del Pueblo, liderado por Guillermo **Estévez Boero**. Luego sufrió dos escisiones: la del grupo comandado por Víctor García Costa y la del Movimiento Socialista de Liberación Nacional de Jorge Selser (de cuyo seno surgirá, a su vez, una nueva escisión, el Partido Socialista Unificado de Simón Lázara). En las elecciones presidenciales de 1983, la fórmula **Estévez Boero**-Rossi obtuvo algo más de veinte mil votos, un 0,14 %. En 1985 se integró a la **Unidad Socialista**, apoyando en 1989 la fórmula Estévez Boero-A. **Bravo**. Adoptó una línea **nacionalista** de centroizquierda, hasta que en 2002 se reunificó con el **Partido Socialista Democrático** en el **PS**.

Partido Único de la Revolución Nacional (23-5-1946 / 14-1-1947): Denominación inicial del **Partido Peronista** (ver), producto de la decisión del Presidente J. D. **Perón** de unificar en una sola fuerza a las organizaciones que respaldaron su candidatura presidencial en 1946. Mientras que la **UCR Junta Renovadora** y el **Partido Independiente** acataron la orden, el **Partido Laborista** se negó, lo que derivó en la persecución política de sus dirigentes.

Partido Unitario: Ver **unitarios**.

Paso, Juan José (1758-1833): Político y abogado argentino, Secretario de la **Primera Junta** (1810) y partidario del sector de Mariano **Moreno**. Vocal del **Primer Triunvirato** (1811) y del **Segundo Triunvirato** (1812) y diputado del **Congreso de Tucumán** (1816).

Patacones (2001-2003): Bono emitido por la Provincia de Buenos Aires durante el gobierno de C. **Ruckauf**, centralmente para pagar salarios. El P, junto con otros bonos provinciales, evidenció la profunda crisis del sistema monetario y económico del país. El nombre deriva de una moneda acuñada en América en la época colonial y posteriormente en la Argentina.

***Patagonia Rebelde* (23-10 al 20-12-1921):** Proceso de huelgas de los obreros rurales de la Patagonia contra los **terratenientes** argentinos y británicos, en reclamo de aumentos salariales y mejores condiciones de trabajo. El Presidente de la Nación, el **radical** H. **Yrigoyen**, envió tropas a la zona, las cuales fusilaron en for-

ma masiva a los trabajadores, en su mayoría de tendencia **anarquista**. En 1974 se rodó una película que relata los hechos.

Patagonia Trágica: Ver ***Patagonia Rebelde***.

***Patota sindical* (1983):** Denominación de la **burocracia sindical**, surgida en la campaña electoral que llevó a la presidencia de la Nación a R. **Alfonsín**. Éste denunció un **pacto militar-sindical** y acusó a los **sindicalistas** de "*patoteros*", por sus métodos violentos y antidemocráticos.

***Patria financiera* (1976 →):** Denominación que recibió la **burguesía financiera**, concentrada en la especulación, durante el **Proceso de Reorganización Nacional** y que perdura hasta la actualidad.

Patrón Costas, Robustiano (1878-1953): Político y abogado argentino, empresario del azúcar. Gobernador de Salta y Presidente del Senado nacional entre 1932 y 1943. Su postulación para la presidencia representando a los grupos conservadores fue un factor que influyó en el **golpe de Estado de 1943**.

Patronazgo: Otorgamiento de cargos públicos y diversas prebendas con el fin de obtener lealtad o apoyo político. En la Argentina, la práctica del

P fue habitual desde fines del siglo XIX. En cada pueblo había un **caudillo conservador** o **radical** –por lo general un estanciero– que conseguía puestos, hacía favores o cubría a los conocidos perseguidos por la comisión de algún delito, entre otras funciones.

Paz, José María (1791-1854): Militar argentino, participó en las batallas de la independencia nacional y luego se constituyó en referente de los **unitarios**, formando la **Liga del Interior** y combatiendo a **Rosas**.

Paz y administración (Julio A. Roca, 1880-1886): Lema del Presidente **Roca**, que sintetizaba los objetivos de su gobierno: **federalización de Buenos Aires, conquista del desierto** y legalización y centralización del poder.

PC: Ver **Partido Comunista**.

PDC: Ver **Partido Demócrata Cristiano**.

PDP: Ver **Partido Demócrata Progresista**.

Pellegrini, Carlos (1846-1906): Político y abogado **liberal** argentino, en 1890 sucedió –en su calidad de Vicepresidente– a Miguel **Juárez Celman** como Presidente de la Nación, luego de la crisis económica y financiera que estalló ese año, gobernando por dos años. Destacado dirigente de la **Generación del 80**, en sus últimos años encabezó el ala aperturista de la **oligarquía** en favor de una apertura política y el fin del **fraude**.

Peninsulares: Nombre que en las colonias americanas de **España** se utilizaba para los nacidos en la península, para diferenciarlos de los **criollos**.

Peñaloza, Ángel Vicente "Chacho" (1789-1863): Caudillo argentino oriundo de la provincia de La Rioja. Se alzó varias veces contra el gobierno de Juan M. de **Rosas**, denunciando el centralismo porteño. Luchó al mando de Facundo **Quiroga** y se sumó luego a la **Liga del Norte**. Caído Rosas, apoyó a **Urquiza** y enfrentó a **Mitre**. Poco después fue apresado y ejecutado.

Perón, Eva (1919-1952): Nombre adoptado por María Eva Duarte de **Perón**, actriz y política argentina, esposa de Juan D. **Perón**. Cumplió un destacado papel en la liberación de Perón tras los sucesos del **17 de octubre** de 1945. *"Evita"* encabezó la Fundación Eva Perón, favoreciendo a los sectores más pobres y débiles de **la sociedad con medidas sociales, aunque apelando a un fuerte asistencialismo**. Con un discurso **populista** y más radicalizado que el contenido de sus medidas concretas (la mayoría de las veces sus ataques al "capital" no fueron más allá de la retórica), fue impulsora también del **voto femenino** (Ley 13.010 del 9-9-1947) y creadora del Partido Peronista Femenino (26-7-1949). Falleció de cáncer a los treinta y tres años. Su figura carismática se ha transformado en un ícono amado y odiado por igual. Escribió *La razón de mi vida* (1951).

Perón, Evita, la Patria Peronista (1973-1976): Consigna cantada por la **derecha peronista** –en particular por su sector sindical–, reivindicando el carácter nacional del movimiento **justicialista** en oposición a lo que definían como el carácter apátrida del **socialismo nacional** que defendía la **Juventud Peronista**.

Perón, Evita, la Patria Socialista (1973-1976): Consigna cantada por la **izquierda peronista** –en particular la **Juventud Peronista**–, reivindicando el carácter **socialista** y **nacionalista** del movimiento **justicialista**, en oposición a los planteos de los sectores sindicales ligados a la **derecha peronista**.

Perón, Isabel (1931 →): Política **peronista** argentina, de nombre real María Estela **Martínez** y apodada *"Isabelita"*. Se casó con Juan D. **Perón**, a quien –en su carácter de Vicepresidente– sucedió en la presidencia, después de la muerte de éste en 1974. Encabezó un gobierno débil, con fuerte inclinación derechista por la influencia de José **López Rega**. Fue derrocada por el **golpe militar de 1976**.

Perón, Juan Domingo (1895-1974): Político y militar argentino, tres veces Presidente de la Nación. Luego de participar del **golpe de Estado de 1943** como miembro del **GOU**, se destacó por las medidas sociales que implementó desde **la Secretaría de Trabajo y Previsión**, accediendo luego al Ministerio de Guerra y a la Vicepresidencia. Con el apoyo de la mayoría de las masas trabajadoras –que marcharon en defensa de su liberación el **17 de Octubre** de 1945– salió de la cárcel y accedió al poder por primera vez en 1946, tras triunfar en las elecciones de ese año, impulsando una política **nacionalista** y de sustitución de importaciones, especialmente en la industria liviana, contando el apoyo de la llamada **burguesía nacional**. Con fuertes medidas sociales (educación, vivienda, derechos laborales, etc), obtuvo el respaldo de las masas populares, aunque regimentó desde el **Estado** a los **sindicatos**, impulsando un pacto social. En su segundo mandato –y frente a la crisis originada en la escasez de divisas– se orientó a una política más ortodoxa, cercana al capital extranjero. Su política exterior se basó en la llamada **Tercera Posición**, que tomaba distancia de los bloques encabezados por EE.UU. y la U.R.S.S. Fue derrocado en 1955 por un golpe de tendencia **liberal** y se exilió por dieciocho años. En 1973 accedió a una tercera presidencia, reemplazando a Héctor J. **Cámpo-**

ra, pero murió poco más de un año después, siendo reemplazado por su tercera esposa, Isabel **Perón** (ver **peronismo** y **justicialismo**).

Peronismo (1945 →): Movimiento político creado por el General Juan D. **Perón** –también conocido como **justicialismo**– caracterizado por la conciliación de clases, el intervencionismo estatal, el nacionalismo económico y una tendencia corporativista, **populista** y autoritaria en lo político. De todas formas, estos postulados iniciales –basados en **"las tres banderas" y la "tercera posición"** – fueron sufriendo cambios conservadores desde la segunda presidencia de Perón y especialmente en su tercer mandato, y en las posteriores presidencias de María Estela **Martínez de Perón**, Carlos **Menem** –el Presidente peronista más **liberal**–, Adolfo **Rodríguez Saá**, Eduardo **Duhalde**, Néstor **Kirchner** y Cristina **Fernández de Kirchner**. Varias son las teorías sobre el origen del P, destacándose la visión de Gino Germani, para quien los *"cabecitas negras"*, sin experiencia política ni sindical, son el sustento principal del movimiento obrero peronista, por estar "disponibles" y ser fácilmente manipulables desde el **Estado**. Para otros autores, como Murmis y Portantiero, al lado de los "nuevos" obreros **migrantes internos**, hay que ubicar en por lo menos igual importancia a los "viejos" obreros de las ciudades, con experiencia política y sindical previa (ex **sindicalistas** o **socialistas** en su mayoría), como base obrera del P. Aunque el mismo Perón y muchos peronistas simpatizaron con el **fascismo**, la base social de éste era la pequeña burguesía. Y a diferencia de otros populismos en América Latina con base campesina, el P tendrá una sólida base social obrera. De modo que el P se apoyó indudablemente en la mayoría de la clase obrera, a quien -con una situación internacional que favorecía al país- otorgó importantes concesiones –salario mínimo, jubilación, aguinaldo, vacaciones y mejoras diversas en la salud, la educación y la vivienda- aunque al precio de la pérdida de toda independencia del movimiento obrero, que fue totalmente cooptado desde el **Estado (Ley de Asociaciones Profesionales)**. El régimen peronista encarceló a dirigentes obreros opositores (incluyendo al laborista Cipriano Reyes) y prohibió el derecho de huelga cuando los conflictos se orientaban en contra de la línea política del gobierno (ferroviarios, marítimos, bancarios, gremio de la carne), llegando incluso a reprimir huelgas y encarcelar a sus dirigentes (como ocurrió con la **huelga general** del sindicato del azúcar FOTIA en 1949 y con la huelga ferroviaria de fines de 1950). También persiguió a diversas instituciones patronales, como el diario La Prensa o el Jockey Club y a políticos opositores como el radical Ricardo **Balbín**, quien fue encarcelado. Las universidades fueron intervenidas y se implantó la enseñanza religiosa. En lo económico, el P fomentó la **sustitución de importaciones**, especialmente de la industria liviana. Se nacionalizaron los **ferrocarriles** británicos (con una alta indemnización), los teléfonos de la ITT norteamericana y los depósitos bancarios. No obstante, el discurso antiimperialista fue morigerado con medidas como la adhesión al **Acta de Chapultepec**, la ratificación del **TIAR**, la toma de créditos con el Eximbank y la **Ley de inversiones extranjeras**. La coalición social que apoyó a este P inicial estaba encabezada por la llamada **burguesía nacional** –pequeños y medianos empresarios ligados al mercado interno– y el sector **nacionalista** del Ejército, con el apoyo del grueso de los trabajadores y de la Iglesia. En lo esencial, el P planteó en sus inicios un **capitalismo keynesiano**, corporativista, anticomunista –"buscamos suprimir la lucha de clases", dijo Perón– y antiliberal. Su variable ideología ha dado lugar a numerosos giros –hacia posiciones más o menos **liberales**, más o menos **desarrollistas**, más o menos fascistas, más o menos izquierdistas, etc– y a enfrentamientos internos que expresaron en distintos momentos –especialmente tras la muerte del General Perón– la existencia en el P de intereses sociales contrapuestos. De todas formas, y considerando sus permanentes crisis internas, aún en la actualidad el P sigue siendo el movimiento político principal del país y su existencia continúa siendo vital en el mantenimiento de la hegemonía por parte de las diversas fracciones de la burguesía sobre las masas laboriosas. Ver también **menemismo** y **kirchnerismo**.

Peronismo combativo: Ver **izquierda peronista**.

Peronismo federal (2005 →): Escisión por derecha del **kirchnerismo**, encabezada por los hermanos **Rodríguez Saá**, Eduardo **Duhalde** (quien en 2011 se retiró de la coalición) y Carlos Reutemann, entre otros. El PF reclama la representatividad del **Partido Justicialista** y proclama alianzas con otros partidos de centroderecha, como el **PRO**, aunque también se han sumado a acuerdos grupos como el **MIJD** del piquetero Raúl Castells. La sumatoria de todos los grupos del PF suman treinta y siete diputados y siete senadores nacionales. Alberto Rodríguez Saá fue su candidato presidencial en 2007 y 2011, obteniendo en ambas ocasiones alrededor de un millón y medio de votos.

Peronismo sin Perón **(Augusto Vandor, 1964-1973):** Política del líder sindical Vandor, que propugnaba un sindicalismo bajo su liderazgo, aprovechando el exilio y la proscripción de **Perón**.

Personalistas (1924-1933): Agrupamiento de los seguidores de Hipólito **Yrigoyen** en la **UCR**, enfrentados a los **antipersonalistas**. Los P expresaban al ala más **populista** del partido, en contraposición con la tendencia más conservadora y elitista del antipersonalismo.

PI: Ver **Partido Intransigente**.

Pilar: Ver **Tratado del Pilar**.

Pinedo, Federico (1895-1971): Abogado y economista argentino, miembro del **Partido Socialista Independiente**, organización de tendencia conservadora. Se opuso al **Pacto Roca-Runciman** y enfrentó las denuncias de L. **De la Torre** respecto del monopolio británico sobre las carnes argentinas. Como Ministro de Hacienda de Agustín P. **Justo**, implementó medidas tendientes a enfrentar la **Crisis del 30**. Frente a las dificultades planteadas por la **Segunda Guerra Mundial**, en 1940 presentó el Plan de Reactivación Económica, más conocido como **Plan Pinedo**, centrado en la compra estatal de las cosechas, el impulso de la construcción y la promoción de una **industria** para la exportación hacia países limítrofes y EE.UU., país al que pretendía aliarse. El Plan fue desaprobado por el Congreso.

Piqueteros (1996 →): Movimiento social de trabajadores surgido al calor de los despidos causados por las privatizaciones de la década de 1990 y el aumento explosivo de la desocupación. Los primeros piquetes se realizaron en localidades petroleras (Cutral Có y Tartagal), tras la privatización de **YPF**, por parte de obreros cesanteados, especialmente a través de los cortes de rutas –aunque también apelan a otras modalidades, como las ocupaciones de fábricas–. El movimiento P se compuso mayoritariamente de desocupados, pero también intervienen en él corrientes sindicales y comisiones internas. Desde su surgimiento, se han transformado en el movimiento de lucha más combativo del país, organizándose socialmente en diversidad de emprendimientos –comedores populares, pequeños proyectos, etc– y políticamente en las llamadas **Asambleas Nacionales de Trabajadores**. Su experiencia sentó las bases de un vasto movimiento de protesta que se extendió a otros sectores sociales –chacareros, ahorristas, comerciantes, estudiantes, etc– y que desembocó en la caída del gobierno de Fernando **De la Rúa** a fines de 2001, en lo que se conoce como *"Argentinazo"*. Con la asunción de Eduardo **Duhalde** en la presidencia y de su sucesor, Néstor **Kirchner**, el movimiento P se dividió en lo que la prensa dio en llamar P "blandos" y P "duros". Los primeros –de extracción **peronista** o filoperonista– apoyaron al gobierno, encabezados por Luis **D´ Elía**, al frente de la **FTV**, Federación de Tierra y Vivienda, mientras que los "duros" –vinculados a corrientes y partidos de **izquierda**– constituyeron una férrea oposición, siendo sus principales dirigentes Raúl **Castells** (**MIJD, Movimiento Independiente de Jubilados y Desocupados**) y Néstor **Pitrola** (**Polo Obrero**). La **Corriente Clasista y Combativa** (**CCC**) de Juan C. Alderete mantuvo una actitud ambigua.

Pitrola, Néstor (1952 →): Político y dirigente sindical argentino. Como representante de la oposición en el **sindicato** gráfico participó en la fundación del **Polo Obrero**, agrupación **piquetera** a la que lidera. Fue también dirigente del **Bloque Piquetero Nacional** y de la **ANT** y es miembro del Comité Central del **Partido Obrero**, de tendencia **trotskista**. Candidato presidencial en 2007, en 2013 fue consagrado junto con Pablo López como el primer diputado nacional del PO, como parte del **Frente de Izquierda y de los Trabajadores**.

PJ: Ver **Partido Justicialista**.

Plan Austral (15-6-1985): Plan de estabilización destinado a frenar abruptamente el proceso inflacionario, implementado por el Ministro de Economía del gobierno de **Alfonsín**, Juan **Sourrouille**. El Plan incluyó un congelamiento de precios, salarios, tipo de cambio, tarifas de empresas y servicios públicos, junto con un cambio en la denominación de la moneda. La inflación bajó del 30 % al 2 % mensual.

Plan BB (1989): El Presidente **Menem**, recientemente electo, colocó a Miguel Roig, miembro del grupo Bunge y Born –tradicional grupo agropecuario– al frente del Ministerio de Economía. El nuevo equipo planteó el ordenamiento del déficit fiscal y un modelo exportador. Mantuvo, sin embargo, el control de precios y el cierre a las importaciones. El equipo empezó en un clima de optimismo y con una deuda pública reducida por la hiperinflación anterior. Pero cuando el gobierno reanudó los pagos suspendidos, se volvió a generar deuda pública, con lo que se produjo una segunda hiperinflación –ya con Néstor Rapanelli como Ministro de Economía– que fue más breve y menos intensa: el tipo de cambio subió diez veces, con alta inflación. Poco después, Bunge y Born se retiraba del gobierno.

Plan Bonex (30-12-1989): Plan del Ministro de Economía de **Menem**, Erman González, que convirtió la deuda pública y los depósitos bancarios en títulos en dólares, llamados Bonex o bonos externos, pagaderos a nueve años.

Plan Brady (6-12-1991): Plan elaborado a mediados de la década de 1980 por Nicholas Brady, secretario del Tesoro de EE.UU., ante el creciente endeudamiento de los países de la periferia. Propuso cambiar bonos de la **deuda externa** de improbable cobranza por títulos nuevos garantizados por el Tesoro norteamericano. Los **bancos** devolvieron los títulos a su valor nominal a los países endeudados a cambio de empresas y activos, en el marco de una ola de privatizaciones. Aunque Argentina aceptó el canje en 1991 y rescató cerca de treinta mil millones de dólares, emitió nuevos títulos a quince y treinta años que terminaron generando una deuda aún mayor. El resultado final fue un mayor endeudamiento y la enajenación de decenas de empresas públicas.

Plan Bunge y Born: Ver **Plan BB.**

Plan Cavallo (27-3-1991 / 6-1-2002): Plan económico **neoliberal** implementado por el Ministro de Economía de C. **Menem**, Domingo **Cavallo**. Entre sus principales medidas estaban: la aceleración de las privatizaciones con su efecto de reducción del déficit fiscal, la desregulación de la economía, despidos de empleados estatales, incrementos en el IVA, mayor flexibilidad laboral, reforma previsional, entre otras. El llamado **Plan de Convertibilidad** implicaba que a cada dólar se correspondían diez mil australes (o un peso después del cambio de denominación). El tipo de cambio se utilizaba como regulador de los precios y a la vez se renunciaba a establecer la masa de dinero, pero obligaba a mantenerla en una relación de correspondencia con el balance de pagos externos. EL PC renunciaba a dos cosas: 1) a financiar el gasto público con crédito fiscal y, 2) el uso de las reservas del Banco Central tenía como única función servir de contrapartida de la masa de dinero. La base de funcionamiento del PC era un mecanismo de estabilización automático: si la balanza de pagos era negativa debido a que el ingreso de capitales no alcanzaba para compensar el déficit de la cuenta corriente, el plan preveía reducir la oferta monetaria, subir la tasa de interés en pesos y producir una recesión que moderase la subida de los precios al consumidor y los salarios nominales. El establecimiento de un seguro de cambio atrajo capitales que convirtieron sus dólares en pesos y obtuvieron ganancias sin riesgos. Si bien se produjo una expansión económica, hacia 1995 se inició un proceso recesivo, especialmente desde 1998 (Cavallo renunció al ministerio en 1996 y sólo retornó cuatro años después). La **deuda externa** pasó de sesenta mil millones de dólares en 1991 a casi ciento cincuenta mil diez años después. El desempleo y el déficit fiscal se precipitaron y en 2001 la fuga de capitales fue imparable, lo que llevó

a la caída del plan y del gobierno de
F. **de la Rúa**.

Plan Cóndor (1975-1982): Coordinación de los estados mayores de los ejércitos de Argentina, Uruguay, Chile, Paraguay y Bolivia con el fin de diseñar una estrategia común en la llamada lucha antisubversiva. El PC consistía en la realización de operaciones militares, tareas de inteligencia conjuntas y el intercambio de información. Constituyó una de las bases de las dictaduras militares implementadas en el Cono Sur de América en la década de 1970.

Plan Conintes (13-3-1960): Conmoción Interna del Estado, tal su nombre, el PC fue aplicado por el Presidente A. **Frondizi** con el fin de reprimir protestas obreras y populares y toda oposición considerada sediciosa. En concreto, significó la implantación del estado de sitio y la militarización de la sociedad, en especial de las fábricas industriales. Permitía allanamientos, detenciones y aplicación de la justicia militar para los civiles.

Plan de Convertibilidad: Ver **Plan Cavallo**.

***Plan de lucha* (18-5 al 15-6-1964):** Serie de protestas organizadas por la **CGT** contra el gobierno del **radical** A. **Illia**. Durante más de un mes, cuatro millones de trabajadores se movilizaron y fueron ocupadas más de diez mil empresas, en algunos casos con sus dueños adentro. Con centro en los meses de mayo y junio de 1964, el PL se desarrolló en distintas etapas entre febrero de 1964 y principios de 1966.

Plan Erman (1989-1991): El segundo plan económico del gobierno menemista hizo de la restricción monetaria su instrumento principal. El plan de Erman González detuvo la segunda hiperinflación y logró hacer stock de reservas en dólares, apelando a la flotación sucia. Durante el PE se implementó el **Plan Bonex**. Sin embargo, entre enero y febrero de 1991 se produjo un salto nominal del tipo de cambio de 26,9% y de 37,9%. La inflación volvió y llegó a un 27,7%, lo que condujo al plan a su crisis.

Plan Jefes y Jefas: Ver **Plan Trabajar**.

Plan Pinedo (1940): La **Segunda Guerra Mundial** había afectado seriamente el comercio de la Argentina con Europa. En ese contexto, el economista Federico **Pinedo** presentó el "Programa de reactivación de la economía" o PP, que representaba los intereses de los grupos que se diversificaron a partir de la industrialización de la renta agropecuaria y que querían cambios (especialmente acercarse a EE.UU., la nueva potencia). No descartaban la actividad agro-exportadora, que seguía siendo central (la *"rueda mayor"*) pero querían dar un lugar a la **industria** (la *"rueda menor"* que giraba alrededor de la rueda mayor) y un mayor papel al **Estado**. El plan chocaba con los intereses de los **terratenientes** y el capital inglés, quienes no querían cambiar el **modelo agro-exportador** porque creían que los problemas mundiales eran pasajeros. El PP proponía que el Estado comprara los excedentes agrícolas que no pudieran exportarse y además estimulaba la producción industrial exportable (industrias transformadoras de materias primas) y la construcción, para aumentar el nivel ocupacional. Se invitó especialmente al capital norteamericano a "expandirse" sobre la base del mercado externo. El plan no fue aprobado, lo que marcó un ahondamiento de la crisis de hegemonía del viejo bloque dominante, abriendo las puertas para el surgimiento de un nuevo modelo de acumulación capitalista: el **peronismo.**

Plan Prebisch (1956): Plan diseñado por este economista, en el marco de la llamada **Revolución Libertadora.** Su preocupación principal era cómo detener la inflación. Para ello, aconsejaba usar los métodos ortodoxos: reducir la tasa de creación de dinero y reducir el déficit fiscal. Preveía una disminución del empleo público y una mayor racionalidad en el manejo de las empresas estatales –o directamente su privati-

zación–. El plan no llegó a aplicarse y la inflación se disparó tras la devaluación de la moneda.

Plan Primavera (1-8-1988): Tras el fracaso del **Plan Austral**, el gobierno **radical** se propuso un modesto objetivo: evitar que se iniciase la hiperinflación antes de las elecciones de mayo de 1989. Pero esto no fue posible. El PP consistía en la aplicación de un impuesto cambiario, aumento de tarifas y una cobertura del déficit fiscal con endeudamiento del sistema previsional y con proveedores del **Estado**, pérdida de reservas internacionales, lanzamiento de títulos públicos e inmovilizaciones obligatorias y encaje en los depósitos bancarios.

Plan revolucionario de operaciones **(Mariano Moreno, 30-8-1810):** Plan político-militar que tenía por objeto organizar la lucha contra la opresión colonial española y los intereses británicos en la Argentina y América. Enviado en forma secreta a la **Primera Junta** e inspirado en los jacobinos franceses, M. **Moreno** planteaba aplicar el terror a los enemigos internos, la expansión de la insurrección al sur de Brasil, la expropiación de la minería y la implantación de un **Estado** fuerte y proteccionista. La campaña de Juan José Castelli al Alto Perú y la política de José Artigas en la Banda Oriental fueron parte del *PRO*, pero el mismo acabó por ser desechado por la burguesía criolla, más preocupada por conciliar con las potencias extranjeras que por el desarrollo de un mercado interno.

Plan Trabajar (1995 →): Programa de empleo implementado en el marco de un crecimiento sin precedentes de la desocupación. Incluye varias modalidades, entre ellas el **Plan Jefes y Jefas.** En los hechos, se trató de un subsidio de desempleo aunque –a diferencia de éstos– exigía una contraprestación. Los PT han sido utilizados como vara para nivelar hacia abajo el salario mínimo y han sido fuente de corrupción y clientelismo, en particular porque más del 80 % de ellos estuvieron en manos de intendentes y punteros vinculados a los partidos tradicionales (**peronismo y radicalismo**). Sólo una pequeña parte fue a manos de las organizaciones **piqueteras**, las cuales consiguieron la mayoría de ellos en base a cortes de ruta y diversas formas de lucha.

Plata dulce (1976-1981): Denominación popular de la política librecambista implementada por el Ministro de Economía durante la primera etapa del **Proceso de Reorganización Nacional**, J. **Martínez de Hoz**. La *PD* consistía en la compra de productos importados a muy bajo precio, aprovechando la reducción de aranceles aduaneros y la sobrevaluación del peso. Ese "dólar barato" también alentó los viajes de la clase media a EE.UU. y Europa para hacer compras de electrodomésticos, lo que popularizó el *"deme dos"*. La contracara de la *PD* fue la entrada masiva de capitales especulativos, la inflación y las altas tasas de interés, que provocaron un endeudamiento externo sin precedentes y el aumento de la desocupación por el cierre de fábricas. A principios de la década de 1980 se realizó una película alusiva al tema.

Plaza, Victorino de la (1840-1919): Político y abogado argentino de tendencia conservadora, como Vicepresidente reemplazó a Roque **Sáenz Peña** en la presidencia de la **Nación** entre 1913 y 1916, cuando entregó el mando a Hipólito **Yrigoyen**. Abogado de empresas británicas propietarias de los **ferrocarriles** argentinos, durante la **Primera Guerra Mundial** declaró la neutralidad del país frente al conflicto.

Plaza del No (1-5-1990): Acto en Plaza de Mayo en oposición a la política menemista y como respuesta a la **Plaza del Sí**, realizada días antes. Entre los convocantes estaban **Izquierda Unida** y el **Partido Obrero.**

Plaza del Sí (6-4-1990): Acto en Plaza de Mayo en apoyo a la política implementada por el Presidente C. **Menem.** Entre los convocantes se encontraban el **Partido Justicialista**, la **UCEDE** y el periodista Bernardo Neustadt. Pocos días después, la **izquierda** organizó la *Plaza del No*.

PO: Ver **Partido Obrero**.

Política Obrera (3-1964 / 6-11-1982): Partido **trotskista** fundado por un grupo de jóvenes entre los que se contaba Jorge **Altamira**. En 1963, poniendo el énfasis en la formación de un partido de trabajadores clasista y oponiéndose al foco guerrillero, Altamira rompió con Reagrupar y formó PO al año siguiente. En 1965 se sumaron sectores de Vanguardia Revolucionaria, el **Partido Socialista Argentino de Vanguardia** y militantes católicos entre los que estaba J. C. Rath. En 1967 se sumaron ex militantes del **PRT** *El combatiente*. Tuvo activa intervención en el *Cordobazo* formando agrupaciones sindicales. En 1971 propuso un frente único antiimperialista y en 1973 llamó a votar en blanco o críticamente por el **PST**. Integrantes de PO como J. Fischer y M. A. Bufano fueron asesinados por la **Triple A.** A fines de 1982 pasó a denominarse **Partido Obrero**, nombre que conserva hasta la actualidad.

Polo Obrero (11-7-1999 →): Movimiento **piquetero** creado por el **trotskista Partido Obrero** en su X Congreso, formado por trabajadores ocupados y desocupados. El PO participó en todas las **ANT** e integró el **Bloque Piquetero Nacional**. Es uno de los llamados grupos piqueteros *duros*, enfrentados a todos los gobiernos desde **De la Rúa** hasta los **Kirchner**. Reivindica la vigencia del *Argentinazo* de diciembre de 2001 y desarrolla una estrategia para tomar el poder e imponer un gobierno de los trabajadores. Tiene fuerte presencia en algunas provincias (Salta, Santa Cruz) y considerable organización en otras (incluida la Provincia de Buenos Aires). A nivel sindical su presencia se ha ido consolidando lentamente en algunos sectores (subtes, telefónicos, docentes, gráficos, pescadores, mineros, etc). Su principal dirigente es el gráfico y diputado nacional Néstor **Pitrola**.

Populismo: Doctrina y movimientos que plantean la defensa de los intereses del pueblo, entendido como una unidad nacional por encima de las clases sociales y enfrentada a los intereses de una *élite* "cipaya" aliada al interés extranjero. Se dice por ello, que el P es nacional, popular y policlasista. También llamado nacionalismo popular, el P no se plantea transformaciones sociales profundas sino reformas dentro del orden social capitalista. El P se caracteriza por liderazgos carismáticos con apoyo de masas trabajadoras no delimitadas como clase independiente. A. Rouquié lo define como una dictadura demagógica que se apoya en las clases populares urbanas, que siguen en forma irracional a un líder carismático. En este sentido, el P implicaría también la incorporación de las masas al orden político y social, realizada desde el Estado, es decir, con masas que carecen de independencia. El P es criticado desde el **marxismo**, que lo ve como una "vacuna anti-revolucionaria", que moviliza a las clases que pueden amenazar al sistema dominante –particularmente a los obreros– pero no para la revolución sino –al contrario– para mantener la dominación de clase. En este sentido, **Perón** decía "ceder algo para no perderlo todo", "la revolución antes de que la haga el pueblo" o "perder un centavo para ganar un peso". También es atacado desde el **liberalismo** –ya que el P se caracteriza por su desdén hacia la **política** parlamentaria e institucional– y por las visiones conservadoras elitistas u oligárquicas. Para Przeworski y Wallerstein, el Estado populista es la versión del **Estado de Bienestar** keynesiano en la periferia capitalista. Aunque pueden rastrearse antecedentes en los P ruso y norteamericano del siglo XIX, es en América Latina donde el P se desarrolló con mayor profundidad en las décadas de 1930 y 1940 (también con antecedentes en el siglo anterior), con proyectos industrialistas dirigidos desde el Estado basados en la **sustitución de importaciones** y cierta distribución de la riqueza, bajo fuertes liderazgos carismáticos (por ejemplo, J. Perón, G. Vargas, L. Cárdenas y el aprismo peruano).

Por algo será (1976-1983): Frase que se difundió durante el **Proceso de Reorganización Nacional**, cuando un sector de **la población justificaba las violaciones a los derechos humanos** que se estaban denunciando. Particularmente utilizada por ciertos sectores medios, el PAS asentía con la represión contra la denominada **subversión**. Cuando posteriormente se dieron a conocer las atrocidades cometidas por la dictadura militar, la expresión fue cayendo en desuso.

Posadas, Gervasio Antonio de (1757-1833): Político y abogado argentino, integrante del **Segundo Triunvirato** y primer **Director Supremo** entre enero de 1814 y 1815. Luego de la ocupación de Montevideo declaró traidor a José **Artigas**, líder del **federalismo**. La sublevación de **Rondeau** en el norte, más el retorno al poder en España de **Fernando VII** –amenazando con una reconquista del Río de la Plata– determinaron su caída (siendo reemplazado por su sobrino Carlos María de **Alvear**) y posterior prisión hasta 1821.

Prebisch, Raúl (1901-1986): Economista argentino, funcionario de diversos gobiernos civiles y militares. Como miembro de la **CEPAL**, destacó la gravedad de dos problemas: la balanza de pagos deficitaria y la inflación, disparada por políticas monetarias y salariales expansivas. Según

el análisis **desarrollista** de P, la dificultad principal para el **desarrollo** argentino está en la imposibilidad de aumentar las importaciones de materias primas y combustibles, maquinaria y equipos, dificultad originada en las limitadas exportaciones agropecuarias y que se expresa bajo la forma de un deterioro en los términos del intercambio. Autor del llamado **Plan Prebisch**.

Primer Plan Quinquenal (1947-1951): Plan económico implementado por el **peronismo**. Se caracterizó por el distribucionismo –favoreciendo a los sectores urbanos obreros y de la llamada **burguesía nacional**–, el **nacionalismo** y el industrialismo –desarrollando la industria liviana–.

Primer Triunvirato (23-9-1811 / 8-12-1812): Poder Ejecutivo de tres cabezas integrado por Juan José **Paso**, Feliciano **Chiclana** y Manuel de **Sarratea**. Su secretario, Bernardino **Rivadavia**, tuvo especial influencia. La presión del General **San Martín**, B. de Monteagudo y la **Logia Lautaro** forzó la caída del PT y su reemplazo por el **Segundo Triunvirato**.

Primera fundación de Buenos Aires (2-2-1536): Creación del primer asentamiento en el Río de la Plata, al que Pedro **de Mendoza** llamó Puerto de Nuestra Señora Santa María del Buen Aire. Cinco años después, el gobernador de Asunción –Domingo Martínez de Irala– la despobló, hasta que Juan de **Garay** la refundó en 1580.

Primera Guerra Mundial (28-6-1914 / 10-11-1918): Enfrentamiento armado entre las principales potencias mundiales: Alemania, el Imperio Austro-Húngaro y Turquía –por un lado– y Francia, Rusia e Inglaterra (la Triple Entente) más EE.UU. (este último se sumó el último año) –por el otro–. Según Hobsbawm, la principal causa de la PGM fue la competencia capitalista y la lucha entre las potencias imperialistas por conquistar nuevos mercados. Ambos bandos incorporaron los avances tecnológicos de la época a la maquinaria bélica: gases químicos, aeroplanos, tanques y submarinos. En noviembre de 1918 Alemania se rindió. El saldo de la guerra fue terrible: más de diez millones de muertos, la gran mayoría trabajadores (el 2 % de la población de Europa y el 8 % de la clase trabajadora). Además, la mayor parte de los muertos eran jóvenes –a lo que hay que sumar una caída en los nacimientos–. La clase media también fue afectada, pero la gran burguesía se enriqueció con la fabricación de armas y las exportaciones a enormes mercados mundiales, que profundizaron la concentración industrial. Alemania, Rusia y el Imperio Austro-Húngaro fueron los más afectados. En cuanto a pérdidas materiales, Francia y Bélgica cargaron con el peso mayor. Consecuencias de la PGM: la **Revolución Rusa** (1917), el auge de los **nacionalismos** y posterior aparición del **fascismo** y el **nazismo**, la **Crisis del 30**, el debilitamiento de la hegemonía inglesa a manos de EE.UU., el aumento de la intervención del **Estado**, etc. En lo referente a la Argentina, aún cuando Inglaterra era vital para la economía nacional, el país se declaró neutral (en esta decisión influyó el recuerdo terrible de la participación argentina en la **Guerra de la Triple Alianza** cuatro décadas antes). Las necesidades bélicas redujeron considerablemente la provisión de manufacturas importadas y consecuentemente la entrada de ingresos aduaneros. Entre 1914-16, EE.UU. se convirtió en principal proveedor manufacturero, dadas las dificultades de la industria británica. Cuando asumió la presidencia en 1916 **Yrigoyen** mantuvo la neutralidad; la Argentina estaba en una situación favorable, dado el aumento de las cantidades y los precios de los productos primarios exportables, especialmente las carnes y los cueros. Sin embargo, esto provocó inflación y luego de finalizada la guerra se generalización las protestas obreras.

Primera Internacional (28-9-1864 / 15-7-1876): Organización internacional de los trabajadores, fundada por algunos sindicalistas ingleses y activistas **anarquistas** y **marxistas**, con el objetivo de superar las limitaciones de las luchas obreras pasadas, particularmente las derrotas en las **revoluciones de 1848**. Un sector concibió a la PI como una organización para presionar a los **patrones** de todos los países, apoyando las huelgas obreras (ver **sindicalismo**, *tradeunionismo* y **espontaneísmo**). Otros plantearon la emancipación de los trabajadores, cuya primera etapa pasa por la educación política de las masas. Uno de los dirigentes de la PI fue Karl Marx, que planteaba una crisis próxima del sistema capitalista, pero criticaba la violencia indiscriminada, la acción voluntarista, el golpe de mano, propio de algunos grupos anarquistas. Para Marx, el proletariado debía constituir un partido propio, intentar mejorar en lo inmediato la condición obrera y preparar la toma del poder a través de una revolución política, mediante la formación teórica de los militantes, ya que –dijo– "La emancipación de los trabajadores debe ser obra de los propios trabajadores". La derrota de la **Comuna de París** en 1871 acentuó las diferencias acerca de la necesidad de crear un partido obrero, lo que provocó el alejamiento de los anarquistas. La PI llegó a tener varias decenas de miles de afiliados, pero no pudo sobrevivir a esas diferencias entre marxistas y anarquistas –influidos por Proudhon y Bakunin–.

Primera Junta (25-5-1810 / 18-12-

1810): Primer organismo de gobierno patrio, surgido de la **Revolución de Mayo**. A fines de 1810, la incorporación de las provincias transformó a la PJ en la **Junta Grande**. Los miembros de la PJ fueron: Cornelio **Saavedra** (Presidente), Mariano **Moreno**, Juan J. **Paso**, Domingo **Matheu**, Juan J. **Castelli**, Manuel **Alberti**, Manuel **Belgrano**, Juan **Larrea** y Miguel de **Azcuénaga**.

Primera Revolución Industrial (1750-1830 aprox.): Primera etapa de la **Revolución Industrial** y del **capitalismo** industrial, con centro en Inglaterra, caracterizada por el uso del vapor como fuente de energía, el carbón como combustible, el hierro como materia prima, el taller manufacturero, el ferrocarril, el telégrafo, el desarrollo de la física, etc. El período 1760-1800 fue la etapa del desarrollo de las industrias textil –con el algodón de Manchester como símbolo– y metalúrgica. A partir de 1800 surgen el sistema de fábrica y la maquinización, la urbanización, el uso de la máquina de vapor y los primeros trenes, momento en que Inglaterra pasó a ser "El taller del mundo". Según Hobsbawm, la PRI fue primitiva y los aparatos y técnicas utilizadas eran simples. Con ella, se consolidaron las dos clases fundamentales del capitalismo: la burguesía y el proletariado.

PRO: Ver **Propuesta Republicana.**

Proceso: Ver **Proceso de Reorganización Nacional**.

Proceso de Reorganización Nacional (24-3-1976 / 10-12-1983): Denominación de la dictadura militar que derrocó al gobierno de **Isabel Perón**. Tras el golpe de Estado, el gobierno militar mantuvo el estado de sitio, intervino la **CGT** y la **CGE**, disolvió el Congreso y la Corte Suprema y prohibió toda actividad política y gremial (los paros pasaron a ser considerados delitos subversivos y se autorizó la ocupación militar de las fábricas). El PRN se caracterizó por una represión sin precedentes –con unos diez mil presos políticos, cien mil exiliados y decenas de miles de *desaparecidos*, secuestrados, torturados y asesinados–, una desindustrialización muy fuerte, un ataque feroz a las conquistas de la clase obrera (el 30 % de los desaparecidos fueron obreros), el empobrecimiento de la mayoría de la población, enormes niveles de endeudamiento externo (la **deuda externa** pasó de ocho mil millones de dólares en 1976 a cuarenta y cinco mil en 1983) y la derrota en la **Guerra de Malvinas**. Aunque hubo juzgamientos posteriores (**Juicio a las Juntas** durante el gobierno de Raúl **Alfonsín** y posteriores juicios durante las presidencias del matrimonio **Kirchner**), la mayoría de los militares involucrados en delitos de *Lesa Humanidad* obtuvieron impunidad.

Programa de Avellaneda (4-4-1947): Programa político **nacionalista y populista** de un sector del **radicalismo**, el **Movimiento de Intransigencia y Renovación**, adoptado por el conjunto de la **UCR** en 1948. El *PA* fue una respuesta a los desafíos que el surgimiento del **peronismo** implicaron para los radicales e incluía la defensa del **federalismo**, el voto femenino, la nacionalización de los servicios públicos y la reforma agraria.

Programa de Huerta Grande: Ver **62 Organizaciones.**

Programa de La Falda: Ver **62 Organizaciones.**

Propuesta Republicana (25-5-2005 →): Alianza electoral de derecha en la Ciudad de Buenos Aires entre los partidos **Recrear** de Ricardo **López Murphy**, el **Partido Federal** y Compromiso para el Cambio del empresario Mauricio **Macri.** Obtuvo el triunfo con casi el 34 % de los votos para diputados. En 2007 Macri ganó las elecciones para Jefe de gobierno de la Ciudad. Se trata de un partido de importancia distrital, con peso en un puñado de provincias más allá de la capital del país (Córdoba, Entre Ríos, Santa Fe). Se ha mantenido en la oposición por derecha al **kirchnerismo,** aunque eso no le ha impedido anudar acuerdos de conveniencia mutua con el **Frente para la Victoria.**

Protocolo de Palermo (6-4-1852): Convocatoria del General **Urquiza** a todas las provincias para que envíen sus representantes a efectos de constituir la Comisión Representativa prevista en el **Pacto Federal**, con el fin de sancionar una **Constitución Nacional.**

Provincia Cisplatina (actual Uruguay, 1822-1828): Denominación de la **Banda Oriental** mientras estuvo bajo dominio de los portugueses.

Provincias Unidas del Río de la Plata (1778-1860): Nombre de los territorios que formaron parte del **Virreinato del Río de la Plata.** Pocos años después de la **Revolución de Mayo** proclamaron su independencia, dando origen a lo que es hoy la República Argentina, tras el desmembramiento de Paraguay, Uruguay y Bolivia.

Proyecto Sur (2007 à): Alianza de partidos nacionalistas y de centroizquierda, encabezada por Fernando *Pino* **Solanas.** Postula la nacionalización de los recursos estratégicos, entre ellos la red ferroviaria. Se formó con el concurso del Partido PY, el **MST,** el **Partido Socialista Auténtico** y el **PTP.** En 2011 no logró superar las primarias presidenciales, obteniendo menos del 1 % de los votos. Solanas decidió no sumarse al **Frente Amplio Progresista,** lo que le costó el alejamiento de la mayor parte de los once diputados nacionales con los que contaba. Pero luego se unió en la Ciudad de Buenos Aires con fuerzas de centroderecha, formando el UNEN, lo que provocó el retiro de PY del MST y el PTP.

PRT (25-5-1965 →): Unión del **Frente Indoamericano Popular (FRIP)** y **Palabra Obrera**. Aunque inicialmente reivindicado **trotskista**, en 1966 se dividió en el P *La verdad* (luego **PST**), de Nahuel **Moreno** –que planteaba el trabajo en los **sindicatos**– y el P *El combatiente*, de Roberto **Santucho**, corriente que en el V Congreso del P adhirió a la lucha armada, creando el **ERP, Ejército Revolucionario del Pueblo**. El P planteaba el objetivo del **socialismo** y la estrategia del frente popular (ver **FAS**).

PS: Ver **Partido Socialista**.

PSA: Ver **Partido Socialista Argentino**.

PSA: Ver **Partido Socialista Auténtico**.

PSD: Ver **Partido Socialista Democrático**.

PSI: Ver **Partido Socialista Independiente**.

PSIN (1-6-1962 / 9-12-1971): Partido de la llamada **izquierda nacional** encabezado por Jorge A. **Ramos**. EL P apoyó a la **resistencia peronista** y se formó centralmente con militantes universitarios. En 1971 pasó a llamarse **FIP**.

PSP: Ver **Partido Socialista Popular**.

PST: Ver **Partido Socialista de los Trabajadores**.

PTP: Ver **Partido Comunista Revolucionario**.

PTS (20-7-1988 →): Organización política **trotskista**, escisión del **Movimiento al Socialismo**. Aunque inicialmente estaba formado por una abrumadora mayoría de militantes del movimiento estudiantil universitario, con un puñado de dirigentes sindicales, en los últimos años ha tenido un fuerte crecimiento en los gremios. Como parte del **Frente de Izquierda y de los Trabajadores** consagró en octubre de 2013 a su primer diputado nacional, Nicolás del Caño. Su principal dirigente es Cristian Castillo, candidato a vicepresidente en 2011 y diputado provincial en la Provincia de Buenos Aires.

Pueyrredón, Juan Martín de (1777-1850): Político y militar argentino. Líder junto con **Liniers** de la resistencia a la invasión inglesa de 1806 y Gobernador de Córdoba y Chuquisaca. Reemplazó a Juan José **Paso** en el **Segundo Triunvirato** y representó a San Luis en el **Congreso de Tucumán**, donde fue designado **Director Supre-**

mo (1816-19). Cercano al General **San Martín**, fue miembro de la **Logia Lautaro**. Durante su gobierno combatió a la rebelión **federal** encabezada por José **Artigas**, propiciando la invasión de la **Banda Oriental** por parte de los portugueses e intentando sin éxito coronar a diversos príncipes europeos. También favoreció los intereses de los acreedores de la deuda pública, en su mayoría británicos, y de los terratenientes. En función de esta política, retaceó la prometida ayuda a San Martín y su plan continental. Tras el fracaso de la **Constitución de 1819** renunció al cargo y se exilió con ayuda portuguesa.

Puntero: Sujeto que pertenece a un partido político y que dispone de los recursos económicos que este partido posee para distribuirlos entre la población más necesitada en una zona determinada –un barrio, por ejemplo– a cambio del compromiso de apoyo de estos sectores –votos, movilizaciones, fuerza de choque, etc–. El ejemplo más difundido en nuestro país de esta forma de clientelismo es el de los P del **peronismo** y el **radicalismo**.

Punto Final (**23-12-1986**): Ley 23.492 (también llamada Ley de caducidad de la acción penal) sancionada durante el gobierno de Raúl **Alfonsín**, por la que se estableció un límite de tiempo de treinta días para realizar acusaciones por violaciones a derechos humanos durante la dictadura del **Proceso de Reorganización Nacional**. Si bien aceleró la presentación de denuncias –en poco tiempo quedaron procesados más de trescientos oficiales–, impidió denuncias posteriores. Como respuesta a estas citaciones, en la **Semana Santa** de 1987 se produjo una rebelión de oficiales llamados *Carapintadas*.

Q

Que se vayan todos (2001): Cántico que surgió durante los **cacerolazos** que precedieron a la caída del Presidente F. **De la Rúa**. La expresión *"QSVT, que no quede ni uno solo"*, hacía referencia a los miembros del poder político (diputados, senadores, ministros, Presidente, jueces, etc) rechazados en bloque por una clase media hastiada de corrupción, engaños y medidas impopulares. Al grito de *QSVT*, miles de personas tomaron las plazas centrales del poder político nacional, rechazando el estado de sitio que había decretado De la Rúa por los saqueos que se estaban desarrollando en zonas pobres del conurbano bonaerense. Ese repudio de los sectores medios al Presidente al que buena parte había votado, fue uno de los factores determinantes en la producción del llamado *Argentinazo*.

Quintana, Manuel (1835-1906): Político y abogado **conservador**, Presidente de la Nación entre 1904 y 1906, con el apoyo de Julio A. **Roca**. Gobernó en un momento de auge del **modelo agro-exportador**, pero reprimió con dureza las protestas obreras y la **Revolución radical** de 1905, e implantó el estado de sitio. Tras su muerte lo reemplazó en la presidencia su Vicepresidente, José **Figueroa Alcorta.**

Quiroga, Juan Facundo (1793-1835): Militar y **caudillo** argentino, se destacó en la lucha de los **federales** contra los **unitarios**. El *"Tigre de los llanos"* luchó en las batallas de independencia y como Gobernador de La Rioja se opuso al centralismo de B. **Rivadavia**. Fue derrotado por el General José M. **Paz** y se alió a Juan M. de **Rosas**, siendo asesinado en 1835. Ambos representaron la *"barbarie"* en la visión de D. F. **Sarmiento**, quien se inspiró en él para escribir su libro, *Facundo*.

R

Radical: Aquel que plantea posiciones extremistas y pretende ir a la raíz del problema. Sin embargo, la aplicación más habitual del término no está asociada a partidos revolucionarios sino a partidos demócratas burgueses, ubicados a la **izquierda** de los **liberales**, pero en el centro político, como el Partido Radical francés o el británico. También es el caso de la **UCR** en la Argentina, en relación con los **conservadores**. De este modo, se da la paradoja de que R termina significando, en la práctica, su opuesto: moderado.

Radicalismo: Ver **Unión Cívica Radical**.

Ramírez, Francisco (1786-1821): Caudillo argentino, oriundo de Entre Ríos. Se unió a José Ricardo López Jordán y a José G. **Artigas** para luchar contra el centralismo porteño, España y Portugal. Junto con el caudillo santafecino Estanislao **López** derrotaron al Director Supremo José **Rondeau** en **Cepeda** y firmaron el **Tratado del Pilar**, que determinó el triunfo de las autonomías provinciales sobre Buenos Aires. Poco después renegó del **federalismo** y se enfrentó a Artigas y a López por el liderazgo del Litoral, siendo ejecutado por fuerzas de Santa Fe.

Ramírez, Pedro Pablo (1885-1962): Militar **nacionalista** argentino, Presidente de la Nación tras el **golpe de Estado de 1943** –sucedió a Arturo **Rawson** a los dos días de producido el mismo– cargo que debió ceder al año siguiente a Edelmiro **Farrell**. Presionado por los sectores **liberales** en enero de 1944 rompió relaciones con Alemania y Japón en el marco de la **Segunda Guerra Mundial**, aunque la derrota del Eje era inminente.

Ramos, Jorge Abelardo (1921-1994): Político e historiador argentino, fundador del **Frente de Izquierda Popular**, representante de la llamada **izquierda nacional**. Desde una postura crítica apoyó al **peronismo**, al que terminó adhiriendo poco antes de morir, durante la presidencia de C. **Menem**, de quien fue embajador en México.

Rawson, Arturo (1885-1952): Militar argentino, encabezó el **golpe de Estado de 1943** que derrocó a Ramón **Castillo**, pero debió renunciar a los dos días por no compartir la postura de neutralidad en la **Segunda Guerra Mundial** con la mayoría de los militares golpistas (proponía un acercamiento con EE.UU.), siendo reemplazado por el **nacionalista** Pedro Pablo **Ramírez**.

Real Audiencia: Órgano judicial de la **colonización española** en América, predecesor de las cámaras de apelaciones contemporáneas. En Buenos Aires se estableció en 1661.

Rebelión de Túpac Amaru (4-11-1780 / 18-5-1781): Movimiento de rebelión indígena contra la dominación española que estalló en Tinta (Cuzco) y se extendió a toda la cordillera, amenazando a todo el poder español en Sudamérica. Fue encabezado por el cacique y empresario Gabriel Condorcanqui o **Túpac Amaru** (nombre del último emperador incaico). Tanto éste como Túpac Catari –comerciante– pertenecían a sectores medios acomodados. La rebelión también contó con el apoyo de los caciques, comerciantes y arrieros. La anexión del **Alto Perú** a Buenos Aires impedía a la región comerciar libremente: los más rebeldes fueron entonces las capas medias de la sociedad colonial. En Cuzco, los campesinos pretendían la abolición de tributos –cosa que Túpac Amaru no parecía dispuesto a hacer– y otros atropellos del corregidor como los "repartos y gabelas". Túpac –por temor a perder su apoyo– cedió a estas presiones. También se reclamaba la devolución de tierras usurpadas y la abolición de la esclavitud y –en el Alto Perú– la eliminación de la **mita** de **Potosí**. De este modo, cada sector social apoyó el alzamiento por razones muy distintas y a veces hasta opuestas entre sí aunque –en definitiva– el movimiento fue derrotado por la alianza del **Esta-**do colonial, los **criollos**, los europeos y la Iglesia.

Reconquista (12-8-1806): Denominación que recibe la fecha en que la Ciudad de Buenos Aires fue recuperada de manos de los británicos, por parte de las tropas encabezadas por Santiago de **Liniers** (ver **invasiones inglesas**).

Recrear para el Crecimiento (9-10-2002 / 8-2009): Partido del llamado centroderecha creado por el ex **radical** Ricardo **López Murphy** y al que se sumaron diversos partidos **conservadores** provinciales y el **Partido Federal**, cuya candidatura presidencial obtuvo alrededor de tres millones ciento cincuenta mil votos (algo más de 16 %), ocupando el tercer lugar. En 2009, tras la salida de López Murphy, RPC se integró al **PRO** de Mauricio **Macri**.

Redota: Ver **Éxodo Oriental**.

Reducción: Durante la **colonización española** de América, régimen especial al que eran sometidos los indígenas, según las Leyes de Indias. Entre los objetivos de las R estaban el de aislar a los aborígenes con el fin de evangelizarlos y garantizar su trabajo en la tierra o las minas. Una de las R más conocidas fueron las organizadas en Paraguay por los **jesuitas**. **Reforma de la Constitución de 1860**

(1860-1866): Primera reforma de la **Constitución Nacional**, que paradójicamente no se basó en lo estipulado en el artículo 30 (que prevé los mecanismos para implementar una reforma de la Carta Magna) sino en el **Pacto de San José de Flores** y el Convenio Complementario del 6 de junio de 1860. Debido a ello, se constituyó una Convención Nacional *ad hoc* con un carácter especial y anormal. Según González Calderón, esta Convención no tuvo un poder constituyente sino simplemente reformador, reafirmando con ello la primacía de la Constitución de 1853. Sánchez Viamonte, por el contrario, sostuvo el carácter constituyente de esa Convención, equivalente al que tuvo el Congreso Constituyente de 1852-1853. La reforma de 1860 intridujo dos modificaciones: eliminó la exigencia de que sólo el **Senado** pudiera iniciar reformas de la Constitución (artículo 51) y suprimió la prohibición de reformar la Constitución de 1853 hasta pasados diez años de su juramento (artículo 30).

Reforma de la Constitución de 1866 (1866-1898): La reforma de 1866 se limitó al examen del artículo 4 y del inciso 1 del artículo 67 en lo relativo a los derechos de exportación.

Reforma de la Constitución de 1898 (1898-1949): Al igual que la reforma de 1866, la de 1898 se limitó a cuestiones puntuales, a saber: a) fijar el número de habitantes que el artículo 37 exige como base para elección de diputados nacionales, b) establecer el número de ministros del Poder Ejecutivo (artículo 87) y, c) en lo referente al inciso 1 del artículo 67 y su prohibición de instalar aduanas libres en los territorios del sur de la república Argentina.

Reforma de la Constitución de 1949 (1949-1956): Durante el primer gobierno **peronista**, se incorporaron los derechos sociales y las nuevas funciones de un **Estado** más intervencionista. Se estableció la función social de la propiedad y la posibilidad de la reelección presidencial. El conjunto de la oposición antiperonista se retiró del recinto de sesiones, dejando solo al oficialismo. Fue derogada por la **Revolución Libertadora** el 27 de abril de 1956.

Reforma de la Constitución de 1957 (1957-1994): La **Revolución Libertadora** derogó la Constitución **peronista** de 1949 "por defectos formales y contenido totalitario" y reestableció la Constitución de 1853 con las reformas de 1860, 1866 y 1898. La reforma más importante fue la introducción de derechos sociales del artículo 14 bis. También se agregó al artículo 67 el inciso 11, referente al código "del trabajo y seguridad social". El resto de las modificaciones previstas no llegó a implementarse, ya que un conjunto de diputados se retiraron de ls sesiones, dejando a la Convención Constituyente sin el número mínimo necesario para sesionar.

Reforma de la Constitución de 1994 (1994 →): Luego de la firma del **Pacto de Olivos** en 1993, se reformó la Constitución, estableciéndose límites a las facultades del Poder Ejecutivo y reduciendo su mandato de 6 a 4 años, con reelección. Reglamentó la promulgación de los decretos de necesidad y urgencia, y proclamó la autonomía de la Ciudad de Buenos Aires.

Reforma financiera (1977): Conjunto de medidas económicas tomadas por el Ministro de Economía del **Proceso de Reorganización Nacional**, José A. **Martínez de Hoz**. Entre las medidas más importantes cabe mencionar liberación de las tasas de interés bancarias y el levantamiento de las restricciones al movimiento de capitales con el exterior. El objetivo de la RF era transferir ahorro al sector financiero dentro de un sistema de libre contratación, desligándolo del **Estado**. En consecuencia, el sector financiero tuvo una expansión espectacular: se multiplicaron las entidades financieras bancarias y no bancarias, ingresaron bancos del exterior y las empresas nacionales tomaron préstamos externos, generándose una inmensa **deuda externa**.

Reforma laboral: Ver **Ley de Reforma Laboral.**

Reforma Universitaria (15-6-1918): Rebelión del movimiento estudiantil de Córdoba –y luego de todo el país y gran parte del continente (fue por ejemplo decisiva en la formación del APRA peruano) – contra profesores, programas e instituciones conservadoras y clericales. La RU luchó por la democratización de las universidades y se declaró adversaria del imperialismo, el militarismo, la **oligarquía** y la Iglesia. Los principales reclamos universitarios del 18 incluidos en el llamado *Manifiesto Liminar* redactado por Deodoro Roca fueron: autonomía universitaria académica frente al poder político, elección de autoridades por la comunidad universitaria, ingreso irrestricto, libre asistencia, gratuidad y asistencia social, libertad de cátedras y concursos, co-gobierno de estudiantes, profesores y graduados. El **radicalismo**, con el fin de ganar apoyos, respaldó las medidas que se reclamaban, produciendo así un fortalecimiento de la clase media, que creció tanto en la sociedad como dentro del **partido radical.**

Reformas Borbónicas (América, 1778): Conjunto de medidas implementas por la Corona española –Carlos III, de la dinastía Borbón–, cuyo fin era detener la penetración extranjera en sus colonias de América y controlar a los **criollos** a través de una mayor intervención estatal. En lo administrativo, los Virreinatos de México y Perú se subdividieron y se crearon el Virreinato de Nueva Granada y el **Virreinato del Río de la Plata**. Se atacaron también los intereses de la Iglesia, que aparecía como un obstáculo a la modernización económica, y se expulsó a su sector más rebelde, los **jesuitas**. En lo económico, a través del **Reglamento de Libre Comercio**, hubo un fuerte aumento de impuestos, lo que generó rebeliones (como la de 1780-81 en Perú, Bolivia y norte de Argentina, liderada por el indio **Túpac Amaru**). Uno de los objetivos de la Corona era debilitar a las *élites* criollas que habían avanzado demasiado y amenazaban al poder colonial. Las RB perjudicaron a la industria americana y llevaron al crecimiento de la importación de manufacturas europeas, fortaleciendo además a los comerciantes criollos.

Reformas rivadavianas (1823-1826): Conjunto de medidas implementadas por B. **Rivadavia** en su calidad **de Ministro de Gobierno de Buenos Aires. Entre otras medidas, las RR crearon el Banco Nacional, impulsaron obras públicas, crearon la UBA y sancionaron la Ley de enfiteusis.**

Regidores (colonización españo- la): Consejeros del **Cabildo** encargados de la administración municipal. Al principio procedían de las **clases** altas, pero cuando el Cabildo perdió peso aumentó la cantidad de R criollos.

Régimen **(1880-1912 / 1930-1943):** Calificativo despectivo utilizado por los **radicales** para hacer referencia a **los gobiernos conservadores** oligárquicos basados en el **fraude** electoral. La **Ley Sáenz Peña** de 1912 acabó con el R, pero éste retornó con el **golpe de Estado de 1930**, que inauguró la *Década Infame*. Los radicales se llamaban asimismo *"La causa contra el R"*.

Reglamento de Libre Comercio (Virreinato del Río de la Plata, 12-10-1778): Legislación implementada por la Corona española en el Río de la Plata, con el fin de impulsar el intercambio comercial entre España y sus colonias y frenar el avance del contrabando y de las potencias competidoras, como Inglaterra, Francia y Portugal. Como parte de las **Reformas Borbónicas**, el RLC dio autorización para comercializar con las colonias extranjeras y otros países, destacándose la explotación a gran escala de la ganadería, aunque esto produjo la decadencia de las industrias autóctonas. Se vieron favorecidas las exportaciones de cueros y carnes saladas, a raíz de las medidas librecambistas, comenzando una etapa de transformaciones económico-sociales.

Relación económica triangular: Situación planteada aproximadamente entre 1920 y 1940, por la cual Gran Bretaña permaneció como el principal consumidor de las carnes argentinas mientras que Estados Unidos se constituyó en proveedor de capitales y bienes de consumo de la Argentina. A su vez, EE.UU. se convirtió en el principal competidor de las carnes y cereales argentinos. El comercio argentino con Gran Bretaña generó superávit, mientras que el realizado con Estados Unidos generó déficit.

Relaciones carnales **(década de 1990):** Término con el que el gobierno de C. **Menem** –en particular en boca de su **Ministro** de Relaciones Exteriores, Guido Di Tella– designó los vínculos de la Argentina con los EE.UU., significando la cercanía y completa identificación de esta administración con los planteos norteamericanos.

Remes Lenicov, Jorge (1948 →): Economista **peronista** argentino. Como Ministro de Economía de E. **Duhalde**, en 2002 pesificó los depósitos bancarios en dólares y decretó la **devaluación** del peso, luego de más de una década de **convertibilidad**. La medida favoreció a los grandes bancos y exportadores y perjudicó fuertemente a ahorristas y asalariados.

Renovación peronista (1985-1989): Lí-

nea interna del **PJ** impulsada por Antonio **Cafiero**, José Manuel De la Sota, José Luis Manzano y Carlos Grosso. La RP planteó la democratización interna del movimiento **justicialista**, caracterizado históricamente por el verticalismo y la violencia. En las elecciones de 1985 presentaron listas separadas del PJ y, para fortalecerse, se enfrentaron con el ala sindical del movimiento, tratando de reforzar el rol político y parlamentario del **peronismo**. La RP intentó revalorizar la democracia, que históricamente el peronismo había dejado en un segundo plano. De este modo, intentó competir con el alfonsinismo gobernante. Sin embargo, perdió las elecciones internas de 1988, donde C. **Menem** fue elegido candidato presidencial.

Repartimiento (América colonial, 1556-siglo XVIII): Tributo o trabajo forzado de los indios repartidos entre los encomenderos designados por el Rey de España, quien a cambio otorgaba protección militar, educación cristiana y realizaba obras de infraestructura. Durante el siglo XVI el trabajo forzado fue reemplazado por tributos en especie o dinero. Junto con el R, surgieron otras formas como la **mita** peruana, trabajo obligatorio pero remunerado. Las revueltas de fines del siglo XVIII aceleraron su abolición.

Repetto, Nicolás (1871-1965): Político

y médico argentino. Dirigente del **Partido Socialista**, director del diario *La Vanguardia* y cofundador de El Hogar Obrero. Varias veces diputado nacional, en 1932 acompañó a Lisandro **de la Torre** en la fórmula presidencial de la **Alianza Civil**. Fue encarcelado durante el gobierno de Juan D. **Perón**.

***República bananera* (principios del siglo XX →):** Países coloniales o semicoloniales –formalmente independientes– de la periferia, productores especializados de uno o dos productos básicos exportables al mercado mundial, y controlados por gobiernos y/o empresas extranjeros. El término surgió cuando la *United Fruit Corporation*, de capital norteamericano, compró buena parte del territorio de Honduras y Guatemala –países cuya producción excluyente eran las bananas– a precio de remate. Las RB se sometieron económicamente a las potencias capitalistas dominantes –EE.UU. e Inglaterra en primer lugar– en particular desde fines del siglo XIX y principios del siglo XX. Gracias a la rapidez del transporte y a la conservación, los países centrales comenzaron a importar frutas tropicales y subtropicales. Así, el nombre de Malaya se identificó cada vez más con el caucho; el de Brasil, con el café; el de Chile, con el cobre; el de Cuba, con el azúcar y los cigarros puros, entre otros. Pero la trampa de esta especialización era que estos países dependían por completo de estos productos sin posibilidades de diversificar sus economías, como resultado de la expansión colonial de las potencias capitalistas en la búsqueda de mercados: el imperialismo era la consecuencia de una economía internacional basada en la rivalidad de varias economías industriales competidoras.

***República posible* (Juan B. Alberdi, 1852):** Régimen político que **Alberdi** propuso en las *Bases*, en momentos de fuertes enfrentamientos en el país, consistente en un ejercicio del sufragio limitado a una minoría. La RP o *república restrictiva* consistía en un gobierno transitorio, fuerte y autoritario –no arbitrario–, que se impusiera por sobre los bandos en disputa (**unitarios y federales**) y permitiera impulsar la producción, sobre la base de una *élite* económica (representada por J. J. de **Urquiza**) e intelectual (el propio Alberdi y otros) y la atracción de capital y mano de obra provenientes del extranjero. Una vez consolidado este modelo centrado en las libertades civiles, se daría paso a lo que denominó la *república verdadera* (ver), con una ampliación de las libertades políticas.

***República restrictiva*:** Ver *república posible*.

***República verdadera* (Juan B. Alberdi,**

1852): Régimen político que **Alberdi** propuso como fase final de la *"república posible"* (ver). La RV sería aquella que contase con una ciudadanía ilustrada y republicana, lo que permitiría ampliar la participación política y el voto. De alguna manera, la **Ley Sáenz Peña** expresó las aspiraciones alberdianas.

Residencia: Ver **Ley de Residencia** y **Juicio de Residencia.**

Resistencia peronista (16-9-1955 / 25-5-1973): Organización de los dirigentes sindicales **peronistas** tras el golpe militar de la **Revolución Libertadora**, que intervino la **CGT**. La RP fue fuerte especialmente entre los dirigentes sindicales jóvenes, que lucharon en particular contra los gobiernos militares y oligárquicos y contra la penetración del capital extranjero, pugnando por el regreso al poder de **Perón**. La RP accionaba en defensa de las condiciones laborales y de la organización sindical, incluyendo huelgas y sabotajes en las fábricas, protestas individuales o sublevaciones militares (como la del General J. J. **Valle**, asesinado en 1956).

Restaurador de las leyes: Denominación con la que se hace referencia a Juan Manuel de **Rosas**, quien fuera designado con ese título por la Sala de Representantes el 25 de enero de1830.

Revolución Argentina (28-6-1966 / 25-5-1973): Denominación de la dictadura militar que derrocó al gobierno de A. **Illia**. Su primer Presidente fue Juan C. **Onganía**, sucediéndole R. **Levingston** y A. **Lanusse**. La RA favoreció la concentración del capital en favor de las transnacionales e implantó un plan económico antipopular, que generó protestas –como la del **Cordobazo**– y represión. Los partidos políticos fueron proscriptos y las universidades fueron intervenidas (ver *La noche de los bastones largos*).

Revolución Bolchevique: Ver **Revolución Rusa.**

Revolución burguesa: Ver **revoluciones burguesas.**

Revolución China (China, 1-10-1949): Toma del poder por parte del Partido Comunista chino, encabezada por Mao Tsé Tung. China estuvo controlada, desde la Guerra del opio a mediados del siglo XIX, por el capital británico. En diversos conflictos, perdió Hong-Kong, Corea, Formosa y Vietnam. Con la caída de la dinastía Manchú en 1925 y la llegada al poder del partido nacionalista *Kuomintang* orientado por Sun Yat-sen, se inició la occidentalización del país, que pasó del Imperio a la República. Sin embargo, la existencia de caudillos regionales –los señores de la guerra– y la invasión japonesa de 1931 detuvieron ese proceso. A partir de allí, se desató una guerra de liberación nacional y –luego de la retirada de Japón– se produjo una guerra civil. La presión de EE.UU. –que quería controlar la zona y desplazar a Japón– unió a los **nacionalistas** con los **comunistas** de Mao. Pero el sucesor de Sun Yat-sen, Chang Kai-Shek, rompió la alianza con los comunistas y los persiguió. La guerra contra Japón continuó hasta el final de la **Segunda Guerra Mundial**. Los nacionalistas eran apoyados por EE.UU., y su base social se componía de **terratenientes**, parte de la pequeña burguesía y el Ejército. Pero la inmensa masa campesina y los sectores obreros estaban con los comunistas, partidarios de la reforma agraria y la nacionalización de la banca y de la industria. Finalmente, en 1949 el PC tomó Pekín y se hizo del poder, dando comienzo a la República Popular e iniciando importantes transformaciones sociales. Con el fin de salir del atraso feudal, la RC expropió la tierra de los latifundistas y la repartió entre los campesinos, que la trabajaron en forma intensiva (y no extensiva) mejorando la productividad. La burguesía también resultó afectada. Y la mujer obtuvo la igualdad de derechos con el hombre. Sin embargo, los rasgos burocráticos, autoritarios y personalistas del **maoísmo** (ver) no tardaron en emerger, exacerbándose especialmente desde 1966, con la lla-

mada Revolución Cultural. Luego de la muerte de Mao en 1976, China emprendió una lenta transición al **capitalismo**, aunque manteniendo la simbología revolucionaria.

Revolución Cubana (Cuba, 1-1-1959): Derrocamiento armado de la dictadura de Fulgencio Batista y toma del poder político por parte de la guerrilla encabezada por Fidel Castro Ruz y Ernesto **Che Guevara**. Hasta la revolución, Cuba era una *"república bananera"*, dominada por completo por latifundistas del azúcar y el capital norteamericano. Desde 1902, EE.UU. había impuesto la Enmienda Platt, que habilitaba a la potencia a invadir Cuba en caso de ver afectados sus intereses en la isla. Los campesinos eran superexplotados y vivían en la miseria, la enfermedad y la ignorancia. El 43 % de la población era analfabeta y la inmensa mayoría no tenía casa propia. Existía además un pequeño proletariado industrial y una clase media bastante importante, especialmente en el sector estudiantil. Cuando en 1952 Batista se hizo del gobierno con un golpe de Estado, un joven universitario militante del nacionalista Partido Ortodoxo, Fidel Castro Ruz, organizó el Asalto al Cuartel Moncada (1953), planteando reformas democráticas y sociales, pero fue derrotado y encarcelado. Ya fundado el Movimiento 26 de Julio en 1956, Castro y el médico argentino Ernesto Che Guevara ingresaron al país clandestinamente junto con un puñado de combatientes en el barco *Granma*, y organizaron la guerrilla en la Sierra Maestra. Campesinos y sectores urbanos se fueron sumando a la lucha (por ejemplo, con la huelga general de abril de 1958), que triunfó el primer día de 1959. La RC condujo a la reorganización drástica de la educación –la campaña de alfabetización colocó al país entre los más alfabetizados del mundo–, a la reforma agraria y urbana y a la nacionalización de los monopolios norteamericanos (empresas azucareras, petroleras, bancos, transportes, electricidad, etc). En pocos años, los índices sociales de la isla experimentaron avances notables, creciendo las obras públicas y el empleo y poniendo al país a la vanguardia continental y en algunos casos mundial –como en el caso del sistema de salud cuyos indicadores de mortalidad infantil son los más bajos de América–. Los sectores privilegiados de la vieja Cuba fueron confiscados y gran parte de ellos huyeron hacia EE.UU., desde donde organizan hasta la actualidad la contrarrevolución. Afincados muchos de ellos en la Florida, han sido llamados despectivamente como "*gusanos*". Debido al carácter antiimperialista y anticapitalista de las medidas tomadas, el Presidente norteamericano John F. Kennedy apoyó a los "gusanos" e invadió la isla,

rompiendo relaciones con Cuba, pero las fuerzas invasoras fueron expulsadas en Bahía Cochinos (1961). En el marco de la **Guerra Fría**, la U.R.S.S. decidió apoyar a Cuba comprándole azúcar –Cuba nunca logró revertir la dependencia del monocultivo– y abasteciéndola de petróleo. También instaló rampas de misiles, lo que desató la llamada crisis de los misiles. En este contexto, Castro declaró el carácter socialista de Cuba y su adhesión al **marxismo-leninismo**, por lo que el país fue expulsado de la **OEA** (1962). Comenzó así un bloqueo comercial y político por parte de los EE.UU. que aún hoy perdura, ahogando la economía de la isla. Junto con ello, la influencia **stalinista** de la U.R.S.S. se hizo sentir, por ejemplo, en la estatización del pequeño comercio (el **socialismo** plantea la estatización de los grandes medios de producción, no de la pequeña propiedad). El alineamiento con la U.R.S.S. y la adhesión a la tesis stalinista del socialismo en un solo país (ver) generaron críticas por parte del Che Guevara, quien no simpatizaba con la burocracia soviética y aspiraba a que el triunfo de la revolución en otros países latinoamericanos aminorara la dependencia de Cuba con los soviéticos. Finalmente, en 1965 Guevara dejó su cargo en el gobierno y se fue a organizar movimientos revolucionarios en África y Sudamérica. La derrota de esos y otros intentos de extender la revolución (por ejemplo, en 1966 Castro impulsó una internacional revolucionaria latinoamericana, la OLAS, para disgusto de la U.R.S.S., aunque fue rápidamente abortada) y el viraje hacia posiciones más conservadoras (como en Nicaragua o como en la declaración de Castro en 1986 acerca de que en América Latina no había posibilidad de una revolución socialista por cincuenta años), han llevado a Cuba al aislamiento, lo que ha reforzado las tendencias burocráticas y parasitarias del PC y el **Estado** cubanos –los **sindicatos** no son independientes del Estado y ningún partido político (aunque defienda la revolución) salvo el PC está permitido– y ha facilitado un importante aumento de la diferenciación social, con el retorno de flagelos que la revolución había eliminado –como la prostitución, la mendicidad, las tiendas especiales y el racionamiento de alimentos básicos–. De este modo, con grandes dificultades –especialmente tras la desaparición del bloque soviético en 1991– la RC subsiste, aunque resignando aquel impulso a la revolución socialista internacional de las primeras épocas y concentrándose en la resistencia nacional contra el Imperio norteamericano. Tomando en cuenta los antecedentes de otros países (China, Europa del Este, la propia U.R.S.S., Vietnam), el fomento a la entrada de capital extranjero (incluso de propiedad de los "gusanos") y de moneda extranjera a partir de la reforma constitucional de 1992 –especialmente en el turismo– coloca a la RC ante la perspectiva, tal vez no muy lejana, de una lenta restauración del **capitalismo** (estas medidas, por ejemplo, han liquidado el monopolio del comercio exterior –base esencial del socialismo–).

Revolución de 1890 (26-7-1890): Revuelta armada de la **Unión Cívica**, en reclamo de elecciones libres y honestidad política, llevada a cabo en el marco de la sucesión presidencial de Miguel **Juárez Celman** y el estallido de una **crisis** financiera (ver **Crisis del 90**). Liderados por Leandro N. **Alem**, los sublevados tomaron el Parque de Artillería (actual Palacio de Tribunales) y fueron apoyados por algunos cuarteles. Aunque fue derrotada, causó la inmediata renuncia de Juárez Celman, quien fue reemplazado por Carlos **Pellegrini**. La R90 planteó un desafío a la *élite* dominante, que supo resolver la cuestión negociando con un sector de los rebeldes (**Mitre**, que fundó la **Unión Cívica Nacional**) y marginando al otro (**Alem** e **Yrigoyen**, que crean la **Unión Cívica Radical**). Radicales, **socialistas** y **liberales** aparecieron como nuevas corrientes políticas, frente a los tradicionales partidos **conservadores** de la **oligarquía** (el **PAN** en especial). También conocida como *Revolución del Parque.*

Revolución de 1893 (29-7 al 30-9-1893): Alzamiento armado de la **UCR** que provocó la renuncia del Gobernador de la Provincia de Buenos Aires, Julio A. Costa. El movimiento se extendió a Santa Fe y Rosario, donde Leandro N. **Alem** y Lisandro **de la Torre** encabezaron a los insurrectos. Si bien la R93 fue aplastada por las tropas de J. A. **Roca**, la autoridad del Presidente Luis **Sáenz Peña** quedó muy debilitada.

Revolución de 1905 (4 al 7-2-1905): Alzamiento armado **radical**, encabezado por Hipólito **Yrigoyen**. Fue derrotado.

Revolución de Mayo (25-5-1810): Proclamación del gobierno autónomo del **Virreinato del Río de la Plata** por parte de la **Primera Junta** y primer gobierno patrio, presidido por Cornelio **Saavedra**. La invasión napoleónica de España en 1808 desplazó del trono al Rey **Fernando VII**, lo que llevó a los **criollos** a exigir al **Virrey Cisneros** la convocatoria de un **Cabildo** Abierto, que terminó destituyendo a éste. Si bien en un primer momento un sector reconoció al Rey (la proclama revolucionaria destituía al Virrey en nombre del Rey), pronto predominó la tendencia opuesta, lo que derivó en la declaración formal de la independencia seis años después. Entre 1810 y 1820, Buenos Aires intentó consolidar su rol de preponderancia en el proceso revolucionario, pero su fracaso condujo a una guerra civil que duró más de tres décadas. Las interpretaciones de la RM son diversas: la historiografía clásica demo-liberal (Halperín Donghi, J. L. Romero, L. A. Romero, J. Chiaramonte, F. Luna, entre otros) atribuye el movimiento al derrumbe de la Corona española, es decir, a acontecimientos externos, disolviendo el hecho revolucionario en un simple cambio de autoridades ante una situación de vacío de poder. La corriente revisionista (J. M. Rosa, F. Chávez) reconoce el hecho revolucionario, aunque adjudica al sector de la burguesía triunfante un carácter congénitamente parasitario, posición que comparten N. Galasso y F. Pigna. Las visiones desde el **marxismo** varían desde aquellos que niegan la existencia de una burguesía revolucionaria y hablan de un mero cambio político, en particular por la ausencia de una **burguesía nacional** industrial (M. Peña) hasta los que destacan la presencia de una **burguesía comercial** y latifundista ilustrada y librecambista (**Moreno, Saavedra, Castelli, Belgrano**, etc) que transformó las relaciones de producción coloniales tributarias del feudalismo español (con los comerciantes monopolistas como clase dominante) en relaciones capitalistas en el agro, y construyó las bases de un **Estado** nacional centralizado. De allí la defensa que hicieran los líderes revolucionarios de la concentración de la propiedad y del librecambio. Autores como Orsi, Sala de Touron y otros provenientes del trotskismo han planteado una visión crítica del rol jugado en los años subsiguientes a la RM por los próceres criollos (especialmente **Belgrano**) y su alineamiento con el Directorio y la invasión portuguesa a fin de aplastar la rebelión confederal artiguista.

Revolución de Octubre: Ver **Revolución Rusa.**

Revolución del 90: Ver **Revolución de 1890.**

Revolución del Parque: Ver **Revolución de 1890.**

Revolución Francesa (Francia, 14-7-1789 / 9-11-1799): La más importante de las llamadas **revoluciones burguesas**, representa el ascenso al poder político de la burguesía, el triunfo de la Ilustración y la definitiva consolidación del **capitalismo**. En 1788 se desató una crisis económica que derivó en hambruna. De veintiséis millones de habitantes veinte eran campesinos y la mayoría vivía en la pobreza. El clero y la nobleza, las clases privilegiadas, se opusieron a pagar un impuesto a la tierra como modo de enfrentar la crisis y el déficit estatal. Fue entonces cuando se convocó a los Estados Generales, ámbito de discusión de los tres estados –las clases sociales de la época–, donde el tercer estado o estado llano del pueblo –con mayoría de representantes, pero que perdía las votaciones, ya que se realizaban por estado (2 a 1) – se rebeló contra el *Antiguo Régimen*, proclamando una asamblea constituyente, que elaboró la *Declaración de los derechos del hombre y del ciudadano* centrada en la trilogía de libertad, igualdad y fraternidad. Cuando el Rey quiso disolverla por la fuerza, el pueblo de París se alzó en armas y tomó la prisión de La Bastilla, acabando con la monarquía absoluta de Luis XVI, el régimen feudal, los derechos señoriales sobre los campesinos, las corporaciones, el diezmo de la Iglesia y todos los privilegios legales y fiscales del clero y la nobleza. Los bienes de la Iglesia fueron confiscados y el clero debió someterse al poder político y a la Constitución. Se estableció el sufragio universal para los varones y Francia se convirtió en una monarquía constitucional y los *feuillants* accedieron al poder. En los años subsiguientes, se sucedieron enfrentamientos entre distintos sectores políticos y sociales como los mencionados *feuillants*, los girondinos y los jacobinos. En la RF se sucedieron: 1- la monarquía constitucional (1789-1791), donde el Rey convive con una asamblea legislativa, 2- la Primera República, subdividida en la República Girondina (1791-1793) y la República Jacobina (1793-1794, cuyo ocaso estuvo ligado a la pérdida del apoyo popular de los *sans-culottes*) y continuada con, 3- el Directorio (1794-1799, período conservador ligado a los intereses de la gran burguesía, que instaló el voto censitario). Se considera que el golpe de Estado que dio paso al, 4- Consulado (1799-1804) puso fin a la Primera República y a la RF. Posteriormente se desarrolló el Imperio (1804-1814), al cual le sucedió la Restauración de las monarquías anteriores a la RF.

Revolución Gloriosa (Inglaterra, 5-11-1688): Proceso revolucionario que acabó con la monarquía absoluta e instauró una monarquía constitucional (aunque en rigor Inglaterra nunca tuvo una Constitución escrita) y parlamentaria, es decir, un Rey controlado en su poder por un Parlamento. Influida por el protestantismo, la RG consolidó el triunfo de la burguesía *whig* –protestante y parlamentarista– sobre los sectores **terratenientes** de la nobleza tradicional. Entre 1642-1649 se produjeron enfrentamientos que derivaron en el ajusticiamiento del Rey Carlos I y la monarquía fue abolida. Entre 1649 y 1658, el líder parlamentario Oliver Cromwell implantó una República a la que gobernó de modo autoritario, disolviendo el Parlamento y despertando la oposición de la burguesía. Entre 1660 y 1685 la monarquía fue restaurada y

el catolicismo volvió a ser religión del **Estado.** Pero los protestantes destituyeron al Rey Jacobo II instaurando en el trono a Guillermo III de Orange. A través del Parlamento, la burguesía **liberal** logró imponer las libertades religiosas, de comercio y propiedad, etc. Ya no habría un Rey por voluntad divina sino por voluntad de la Nación, representada en el Parlamento. Se le llamó "gloriosa" por ser una revolución incruenta, sin derramamiento de sangre.

Revolución Industrial (Inglaterra, 1750-1830): Primer pasaje histórico –en Inglaterra primero y en un conjunto de países europeos y unos pocos más en el resto del mundo, después– desde una economía artesanal y agraria a otra dominada por la industria y la manufactura mecanizada. El crecimiento económico, la innovación tecnológica y organizativa y las transformaciones sociales son algunos de los rasgos centrales de la RI. El nivel de producción y productividad aumentó en ese período como nunca antes en la historia de la Humanidad. La **burguesía industrial** impulsó este proceso. Al mismo tiempo, los niveles de explotación y miseria de los asalariados fueron enormes. La industria comenzó a crecer, mientras que el sector agropecuario comenzó a perder su liderazgo. Algunas de las principales características de la RI fueron las siguientes: se difundieron las fábricas, creció la urbanización, aumentó la población urbana, se formaron y/o consolidaron la burguesía industrial y el proletariado industrial, se aceleró la innovación tecnológica, creció el comercio, se desarrollaron los transportes y las comunicaciones, se desarrolló la clase media, mejoró la educación, subió la esperanza de vida y bajó la mortalidad infantil. Entre las teorías que intentan explicar el origen de la RI están aquellos que cuestionan –precisamente– la existencia de una revolución, planteando –en cambio– una "evolución acelerada" en el marco de la continuidad de un proceso de transformaciones previas que se fueron acumulando (Nef, Ashton). Rostow –por su parte– aportó el concepto de "despegue" o *take off*, como primer motor del proceso de industrialización. La mayoría de las clasificaciones identifican a este primer período como **Primera Revolución Industrial**, dada la existencia de las posteriores **Segunda Revolución Industrial** y **Tercera Revolución Industrial** (ver ambas entradas).

Revolución inglesa: Ver **Revolución Gloriosa**.

Revolución Libertadora (16-9-1955 / 1-5-1958): Denominación de la dictadura militar que se implantó tras el **golpe de Estado de 1955** que derrocó a Juan D. **Perón**. La RL, de orientación liberal, intentó favorecer a los sectores de grandes propietarios, en especial agropecuarios. El **peronismo** y el **comunismo** fueron proscriptos y perseguidos. Si bien en un primer momento asumió la presidencia E. **Lonardi**, pronto fue destituido por los sectores golpistas más antiperonistas, encabezados por el nuevo Presidente, P. **Aramburu** e I. **Rojas**, del ala "*gorila*".

Revolución productiva (Carlos Menem, 1989): Famosa promesa de la campaña electoral de 1989, del candidato **peronista** luego elegido Presidente, Carlos **Menem**. Junto con el "*Salariazo*", le sirvieron para ganar el voto de amplios sectores obreros. Las promesas nunca se cumplieron.

Revolución Puritana: Ver **Revolución Gloriosa**.

Revolución Rusa (Rusia, 7-11-1917): Primera revolución **marxista** triunfante, la RR significó la toma del poder político por parte de los obreros y campesinos, bajo el liderazgo del **Partido Bolchevique** de V. I. **Lenin**. Con un país devastado por la **Primera Guerra Mundial** –donde el ejército ruso estaba mal preparado y desmoralizado– con la represión política feroz del zarismo, con el hambre y la miseria, con la explotación de los campesinos por parte de los terratenientes, con el surgimiento de un in-

cipiente proletariado industrial con ideas izquierdistas y con la opresión de las nacionalidades, estaban dadas las condiciones para un alzamiento. Con el antecedente de la Revolución de 1905, varias corrientes políticas lucharon contra el Zar: los populistas proponían un **socialismo** con base en la comuna agraria, los socialistas revolucionarios ponían el acento en la revolución política contra la autocracia y los mencheviques defendían el tránsito hacia una revolución burguesa como paso previo al socialismo. Pero fueron sin duda los bolcheviques la dirección política de la RR, quienes plantearon la necesidad de organizar a la clase obrera tras un partido que fuera la vanguardia que guiara a los campesinos, con el fin de pasar sin escalas burguesas a la dictadura del proletariado. Con la Revolución de Febrero, los mencheviques parecieron imponer su criterio: bajo el gobierno de Kerenski, continuaron con la guerra, se apoyaron en la burguesía y reprimieron las crecientes manifestaciones de las masas. Los bolcheviques, hasta entonces minoritarios, ganaron la simpatía creciente con su planteo de paz inmediata y se fortalecieron en los *soviets*, órganos de democracia directa de obreros y campesinos. En octubre, Lenin y León Trotsky encabezaron la toma del Palacio de Invierno de San Petersburgo, sede del gobierno, concretando los planteos de Lenin conocidos como las Tesis de Abril: "Todo el poder a los *soviets*". Entre las primeras medidas de la RR hay que mencionar: la firma de la paz con Alemania, la confiscación de la tierra a los nobles y terratenientes y su colectivización, beneficiando a los campesinos (reforma agraria), el control obrero de la producción a través de los *soviets*, la nacionalización de las industrias y los bancos más importantes, el desconocimiento del pago de la deuda externa, el reconocimiento de la autodeterminación a las nacionalidades y una campaña de alfabetización masiva. Según Eric Hobsbawm, la RR triunfó por tres razones: 1- porque contaba con un poderoso partido obrero, el Partido Bolchevique, 2- porque contó con la ayuda de oficiales del ejército temerosos de que el ex Imperio ruso se desmembrara aún más. 3- porque los campesinos consideraban que con los "rojos" aumentaban sus posibilidades de mantener la tierra. La influencia de la RR fue enorme en todo el mundo y alentó la organización de los trabajadores en partidos socialistas. La derrota de revoluciones similares en otros países (Alemania, Hungría, Finlandia, etc) y el devastamiento provocado por la guerra civil, fueron algunos de los factores que desviaron el rumbo de la RR de sus objetivos comunistas. La llegada al poder de Stalin barrió con los principios fundamentales del marxismo-leninismo que habían llevado al poder a los comunistas en 1917: revolución mundial, internacionalismo proletario, dictadura del proletariado, entre otros. Se inició entonces el período de la contrarrevolución conocido como **stalinismo**.

Revolución Sandinista (Nicaragua, 19-7-1979): Derrocamiento del dictador Anastasio Somoza por el Frente Sandinista de Liberación Nacional (FSLN). El nuevo gobierno se enfrentó a EE.UU., que organizó un ejército contrarrevolucionario, los *"Contras"*. Aunque planteaba transformaciones sociales profundas –entre ellas la reforma agraria, que se cumplió parcialmente– el sandinismo rechazó la aplicación de medidas socialistas y se apoyó en sectores más moderados, ligados por ejemplo a la Iglesia Católica. En 1984, Daniel Ortega del FSLN fue elegido Presidente, pero en las elecciones de 1990 triunfó Violeta Chamorro, representante de la derecha, y el FSLN entró en una profunda crisis.

Revoluciones burguesas (Europa, siglos XVI-XIX): Toma del poder político por parte de la burguesía a través de una revolución social violenta, lo que implicó la confiscación de la nobleza y sentó las bases materiales para el desarrollo del **capitalismo**. La primer RB se produjo en Holanda en el siglo XVI. Pero fueron sin duda la **Revolución Inglesa** del siglo XVII y la **Revolución Francesa** del siglo XVIII las más importantes. También son consideradas RB las revoluciones de 1830 y las **revoluciones de 1848**.

Revoluciones de 1848: Movimientos revolucionarios que estallaron en Europa como consecuencia de los conflictos entre el avance de la industrialización y la resistencia de las fuerzas feudales a los cambios. Desde 1830, en Francia gobernaba la alta **burguesía industrial** y bancaria. Los obreros de las ciudades y la pequeña burguesía (comerciantes, profesionales, artesanos) tenían un creciente descontento. También la burguesía **liberal** o republicana –que luchaba por extender los derechos políticos– estaba disconforme. La crisis económica agravó la situación, provocando revueltas. En 1848 se produjeron revoluciones burguesas nacionalistas en varios países europeos (Francia, Alemania, Austria, Hungría). En Francia, el alzamiento revolucionario iniciado el 22 de febrero fue impulsado por una alianza de la burguesía republicana y el proletariado contra la monarquía de Luis Felipe. La rebelión obrera fue sofocada pero la burguesía logró imponer sus objetivos, por lo que la frágil alianza entre estas dos clases se rompió. Finalmente, todo desembocó en el Segundo Imperio, el gobierno bonapartista de Napoleón III. Aunque desde el punto de vista social todas las R48 fueron sofocadas, cambiaron el mapa político y económico derrumbando definitivamente las aspiraciones monárquicas de asegurar su derecho divino al poder y estableciendo en algunos casos el sufragio universal y bases sólidas para el desarrollo del **capitalismo**. Desde 1848 la clase media, la democracia política, el **liberalismo** y los trabajadores (en ese mismo año surgió el *Manifiesto Comunista*) ganaron un espacio clave en el panorama político europeo.

Reyes, Cipriano (1906-2001): Dirigente sindical argentino. Del sector frigorífico, fue importante en el ascenso de **Perón** al poder, pero poco después fue encarcelado cuando denunció que el **peronismo** pretendía acabar con la independencia de los **sindicatos** respecto del gobierno.

Rico, Aldo (1944 →): Militar y político **nacionalista** argentino. Combatió en la **Guerra de Malvinas** y encabezó la llamada **rebelión carapintada** contra el gobierno de R. **Alfonsín**, en la **semana santa** 1987, por la que fue condenado y posteriormente indultado por C. **Menem**. Fundó el **MODIN** y luego fue electo Intendente de San Miguel, con una orientación fascistoide. Aliado de E. **Duhalde**, disolvió el MODIN e ingresó al **Partido Justicialista**. También apoyó transitoriamente al **kirchnerismo**.

Rivadavia, Bernardino (1780-1845): Político argentino, Secretario del **Primer Triunvirato** y primer Presidente de la República entre 1826 y 1827, cargó al que debió renunciar en el contexto de la **Guerra Argentino-Brasileña**, la crisis económica y el desconocimiento de su autoridad por las provincias del interior, en razón de haber promulgado una Constitución **unitaria**. Ligado a los nuevos sectores de la **burguesía comercial** porteña, a la **burguesía rural** exportadora y al capital británico, fue R quien solicitó el préstamo a la *Baring Brothers* que originó la **deuda externa** argentina. Entre las reformas que implementó se destaca la **Ley de Enfiteusis**.

Roca, Julio Argentino (1843-1914): Político y militar **liberal** argentino, figura clave de la llamada **Organización Nacional** y la **Generación del 80**. Representante emblemático de la **oligarquía**, por medio del **Partido Autonomista Nacional** supo negociar con las *élites* provinciales ganando su apoyo, lo que le permitió dominar la política nacional durante tres décadas, como cabeza de los **conservadores**. Luchó en la **Guerra del Paraguay**, contra las **montoneras** y fue la cabeza de la llamada **Conquista del Desierto**. Presidente de la Nación entre 1880 y 1886, bajo su mandato se concentró el poder en las autoridades nacionales, forteléciéndose el **Estado** nacional: se federalizó la Ciudad de Buenos Aires, se consolidó el Ejército nacional eliminándose las milicias provinciales, se unificó la política monetaria y se prohibió a las provincias la emisión de dinero. Estas medidas –junto con el impulso a las **inmigraciones**, la entrada de **capital** extranjero, el desarrollo de los **ferrocarriles** y leyes civiles y de educación– fueron las bases del **modelo agro-exportador**. Fue nuevamente Presidente entre 1898, dejando el mando en manos de Manuel **Quintana**, en 1904.

Roca, Julio Argentino (1873-1942): Político y abogado argentino, hijo de Julio A. **Roca**. Vicepresidente de la **Nación** de Agustín P. **Justo** entre 1932 y 1938, firmó con Inglaterra el tratado comercial conocido como **Pacto Roca-Runciman**.

Roca-Runciman: Ver **Pacto Roca-Runciman**.

Rocazo (4-7-1972): Pueblada de los habitantes de General Roca, Río Negro, contra la represión de las manifestaciones vecinales ordenada por el interventor municipal, mayor Naldo Dasso, quien acabó por renunciar.

Rodrigazo (4-6-1975): Conjunto de medidas económicas implementadas por el Ministro de Economía del gobierno de **Isabel Perón**, Celestino **Rodrigo**, que derivaron en una inflación anual del 1.000 %, una devaluación del 100 % y aumento de las tarifas y los combustibles de entre el 100 y el 200 %. Los obreros obtuvieron luego aumentos del 200 %, pero el gobierno no los aprobó, lo que generó una huelga y movilización (miles de obreros de varias fábricas de la zona norte del Gran Buenos Aires cortaron la ruta Panamericana) que terminó con la caída de Rodrigo, sólo un mes y medio después de su asunción.

Rodríguez Peña, Nicolás (1775-1853): Político y comerciante argentino, formó parte de la **Sociedad Patriótica**, apoyó la **Revolución de Mayo** y reemplazó a Mariano **Moreno** en la **Primera Junta**. Posteriormente integró el **Segundo Triunvirato** y fue designado presidente del Consejo de Estado por la **Asamblea del Año XIII**.

Rodríguez Saá, Adolfo (1947 →): Político y abogado argentino. De orientación **peronista**, asumió la presidencia tras la caída del **gobierno** de Fernando **De la Rúa**, en el llamado "*Argentinazo*" de 2001. Debió renunciar una semana después, cuando la mayoría de los gobernadores justicialistas le restaron apoyo y se reiteraron los "*cacerolazos*". Fue también Gobernador de San Luis, diputado nacional y candidato presidencial.

Rojas, Isaac Francisco (1906-1993): Marino **liberal** argentino, participó en el derrocamiento de Juan D. **Perón**

en 1955 y ejerció como Vicepresidente de E. **Lonardi** y P. **Aramburu**. Figura emblemática de los **"gorilas"** antiperonistas. En el enfrentamiento de *Azules y Colorados* (1963) participó en el segundo de los bandos.

Rojo Punzó **(1830-1852):** Color de la divisa que identificaba a los **federales** en su lucha contra los **unitarios**. El gobierno de J. M. de **Rosas** decretó en 1830 el uso obligatorio del cintillo punzó con el texto *"Federación o Muerte"*.

Rondeau, José (1775-1844): Político y militar argentino. Participó en las luchas por la independencia en el Río de la Plata, destacándose en los sitios de Montevideo entre 1811 y 1814. Por orden de la **Asamblea de 1813,** organizó un Congreso en Capilla Maciel para nombrar diputados, a fin de evitar que los representantes **federales** de la **Banda Oriental** liderados por José **Artigas** plantearan la independencia las Provincias Unidas, un modelo confederal y la capital fuera de Buenos Aires. Desplazado de Montevido por **Alvear**, fue enviado para suplantar a José de **San Martín** en la comandancia del **Ejército del Alto Perú**, siendo derrotado por los españoles en la **Batalla de Sipe-Sipe** en noviembre de 1815. En ese año había sido designado **Director Supremo** (pero estando en el norte, asumió Ignacio **Álvarez Thomas**)

y nuevamente en 1819, propiciando la invasión portuguesa de Entre Ríos y Santa Fe para acabar con el artiguismo. Para tal fin hizo acudir a los ejércitos de **Belgrano** y San Martín (aunque éste se negó). Finalmente fue derrotado por **Ramírez** y **López** en la **Batalla de Cepeda**, lo que puso punto final al **Directorio**. En 1828 fue nombrado comandante militar de la nueva República del Uruguay hasta su destitución en 1830. En la **política** uruguaya defendió a los **colorados**.

Rosariazo **(17-5-1969):** Levantamiento popular contra la dictadura militar de Juan C. **Onganía** producido por el asesinato del estudiante J. Cabral. Doce días después del R estalló el *Cordobazo*. Posteriormente, hubo un segundo R.

Rosas, Juan Manuel de (1793-1877): Político argentino, Gobernador de Buenos Aires entre 1829-1832 y 1835-1852, en este segundo mandato concentró el poder en sus manos –en lo que se dio en llamar la "suma del poder público" o "facultades extraordinarias"– apoyado por los ganaderos y estancieros de Buenos Aires, críticos de la política implementada por **Rivadavia** y la **burguesía comercial** porteña. Postuló el **federalismo**, pero su objetivo central era lograr la autonomía y el aislamiento de la Provincia de Buenos Aires del resto de la **Confederación Argentina,** en defensa del control bonaerense de la aduana y oponiéndose a conceder la **libre navegación de los ríos** (esto lo enfrentó con los **caudillos** del interior y el capital extranjero). Por ello firmó el **Pacto Federal** primero pero retiró la firma de Buenos Aires después, oponiéndose a convocar un congreso general constituyente. R organizó matanzas de **unitarios** y liberales porteños y reprimió a los intelectuales opositores de la **Asociación de Mayo**, aunque también persiguió a opositores de todas las provincias por medio de la policía secreta denominada *Mazorca*. **Nacionalista conservador**, buscó garantizar el orden y la tradición contra los cambios, lo que le hizo ganar el respaldo de la Iglesia. Encabezó la **Campaña del Desierto** contra los indígenas en defensa de los **terratenientes** (1833-34), los que incorporaron nuevas tierras para la creciente actividad de los saladeros. Líder carismático y poderoso estanciero, supo ganar en su apoyo a las masas rurales bonaerenses, a las que sometió y disciplinó utilizándolas también contra las facciones opositoras de la *élite*. Fue derrocado por **Urquiza** tras la **Batalla de Caseros** y se exilió en Inglaterra. R es reivindicado por las corrientes nacionalistas y revisionistas como símbolo del enfrentamiento con la **oligarquía liberal de Mitre** y **Roca** (aunque tuvo muy buena relación con los comerciantes británicos). La historiografía **marxista** lo identifica como un caso de bo-

naparismo y el liberalismo lo vincula con el despotismo y la barbarie. (Ver también **caudillismo** y **rosismo**).

Rosismo (**1829-1852**): Corriente política y régimen político **nacionalista** y **conservador populista** –los análisis **marxistas** lo incluyen en su categoría de bonapartismo y las visiones **liberales** lo incluyen como un caso de despotismo–, implementado en la Provincia de Buenos Aires –pero con influencia en toda la **Confederación Argentina**– liderada por Juan Manuel de **Rosas**, estanciero y **caudillo** de gran popularidad, quien accedió a la gobernación tras un acuerdo con los partidarios del asesinado **líder federal** Manuel **Dorrego**, lo que le permitió derrotar militarmente al General Juan **Lavalle**, representante de la **burguesía comercial** porteña. Rosas persiguió a sus opositores **unitarios** (comerciantes porteños, intelectuales), federales (caudillos provinciales del interior y el **Litoral**) apelando a la llamada *Mazorca*, mientras que aquellos se aliaron a franceses e ingleses (que exigían la **libre navegación de los ríos** al igual que el Litoral) para derrocarlo. Debió dejar el poder tras su derrota en la **Batalla de Caseros** a manos del General **Urquiza**. Considerado por los nacionalistas como un régimen defensor de la soberanía nacional, autoritario para los **liberales** (hoy diríamos **fascista**) y defensor de la gran propiedad para los **marxistas**, el R sigue siendo aún tema de polémica.

Rucci, José Ignacio (1924-1973): Sindicalista **peronista**, dirigente de la Unión Obrera Metalúrgica, donde enfrentó a Augusto **Vandor** y fue apoyado por Lorenzo **Miguel**, quien lo propuso como Secretario General de la **CGT** en 1970, cargo que ejerció hasta que fue asesinado por los **Montoneros** tres años después. Figura emblemática de la llamada **burocracia sindical**, fue uno de los organizadores del *"Operativo Retorno"* de **Perón** en 1972.

Ruckauf, Carlos Federico (1944 →): Político **peronista**, asumió diversos cargos en varios gobiernos **justicialistas**, entre ellos el de Vicepresidente de C. **Menem**. Acusado por delación de **obreros** en la época de la dictadura militar del **Proceso de Reorganización Nacional**, posteriormente cobró notoriedad con planteos filo-**fascistas**, como el de la *"mano dura"*.

Saavedra, Cornelio de (1759-1829): Militar, hacendado y político nacido en Potosí, Presidente de la **Primera Junta** tras la **Revolución de Mayo** de 1810 en Argentina, donde adoptó una postura conciliadora y de gradualismo en la ruptura con España, enfrentándose con Mariano **Moreno**.

S

Sáenz Peña, Luis (1822-1907): Político y abogado argentino, Presidente de la Nación entre 1892 y 1895, año en que renunció en el marco de constantes conflictos con opositores políticos, especialmente con los **radicales**, delegando el mando en su Vicepresidente, José E. **Uriburu**. Su presidencia se caracterizó por su debilidad y por su dependencia respecto to de Julio A. **Roca**.

Sáenz Peña, Roque (1851-1914): Político y abogado argentino, hijo de Luis **Sáenz Peña**. Ejerció a la presidencia de la Nación en el período 1910-1914, año en que falleció. En 1912 fue impulsor de la reforma electoral que lleva su nombre: la **Ley Sáenz Peña** (ver). Fue sucedido por su Vice, Victorino **de la Plaza**.

Saladero: Establecimiento pecuario dedicado a la faena de ganado vacuno y porcino. En el Río de la Plata, la actividad de los S tuvo sus inicios a principios del siglo XVII, encontrándose pequeñas exportaciones de carnes secadas al sol y precariamente saladas (charque), cueros y grasa. La salazón se efectuaba dentro de las estancias. En este primer período se exportó este tipo de carne a Brasil, Cuba y Angola. Dado el poco aprovechamiento de los vacunos sacrificados para la obtención del cuero, surgió la preocupación entre los estancieros y los funcionarios respecto a la forma de la exportación de carnes saladas. El salto cualitativo se produjo a mediados del siglo XVIII, con el crecimiento de la demanda externa de sebo y cueros, lo que influyó en las **Reformas Borbónicas** (ver). El primer S en Argentina se instaló en 1795, fortaleciendo desde entonces a los estancieros. Ya en el siglo XIX, el gobierno de **Rosas** expresó los intereses de los ganaderos bonaerenses saladeristas. Los S fueron formas embrionarias de manufacturas en las que –junto con el predominio de la mano de obra esclava– aparecieron los peones de las estancias, vinculados a un tipo de relaciones sociales capitalistas. Su decadencia está directamente relacionada con el surgimiento de los **frigoríficos** (ver) y la creciente influencia de la agricultura, a fines del siglo XIX.

Salamanca, René Rufino (1940-1976): Sindicalista del llamado sindicalismo combativo y dirigente del SMATA Córdoba. Ligado políticamente al **PCR**, fue secuestrado el mismo día en que se produjo el **golpe de Estado de 1976**, el 24 de marzo.

Salariazo (1989): Famosa promesa del candidato **peronista** luego elegido Presidente, Carlos **Menem**, en la campaña electoral de ese año. Junto con la *"Revolución productiva"*, le sirvieron para ganar el voto de amplios sectores obreros. Las promesas nunca se cumplieron.

San Martín, José de (1778-1850): Político y militar argentino, libertador de Argentina, Chile y Perú. Luego de vivir en España e Inglaterra, llegó a Buenos Aires en 1812 y organizó el Ejército de Granaderos a Caballo, formando parte además de la **Logia Lautaro** y ejerciendo como Gobernador de Cuyo. Fue luego nombrado jefe del Ejército del Norte y organizó el Ejército de los Andes con el que cruzó la cordillera, venciendo militarmente a los realistas y logrando la independencia de la Argentina (1816), Chile (1818) y Perú (1821). Aunque no simpatizaba con las ideas republicanas y confederales de José **Artigas**, desechó –a diferencia de **Belgrano**– reiterados intentos del **Directorio** de involucrarlo en las luchas civiles argentinas que se desataron tras la independencia, priorizando la lucha continental contra el dominio español. En 1823 partió a Europa y ya no volvió al país. Es considerado –junto con Simón Bolívar y Bernardo O´Higgins– el máximo libertador de América.

San Nicolás: Ver **Acuerdo de San Nicolás.**

Santillán, Carlos Nolasco (1951 →):

Sindicalista y político argentino, cobró notoriedad encabezando las luchas del gremio estatal de Jujuy, en oposición el gobierno de C. **Menem**. Fue miembro de la organización **piquetera CCC**, con la que rompió para formar la organización Tupac Catari. También militó en el **Partido Comunista Revolucionario**, de tendencia **maoísta**, pero recientemente acercó posiciones con el **Frente de Izquierda y de los Trabajadores**, en particular con la corriente sindical de **Izquierda Socialista**, encabezada por el *Pollo* Sobrero.

Santillán, Darío: Ver *Masacre del Puente Pueyrredón*.

Santucho, Mario Roberto (1936-1976): Guerrillero argentino. En 1961 fundó el **FRIP**, logrando influencia entre los obreros del azúcar de Tucumán. En 1965 se unió con **Palabra Obrera**, dando nacimiento al **PRT**, pero tres años después ambas organizaciones se separaron, formándose el PRT *El Combatiente* (S) y el PRT *La Verdad* (N. Moreno). Bajo la influencia de la **Revolución Cubana** y la **Guerra de Vietnam**, optó por la guerrilla como forma de tomar el poder, para lo cual creó en 1970 el **ERP**. Luego de su fuga del penal de Rawson en 1972 y de la derrota del ERP a manos del Ejército en 1975, S fue asesinado por fuerzas militares al año siguiente.

Sarmiento, Domingo Faustino (1811-1888): Político, militar, educador y escritor argentino. Partidario de los **unitarios**, se opuso a **Rosas** y los **caudillos** –en particular a F. **Quiroga**–, participando en la **Batalla de Caseros**, aunque también se distanció de J. J. de **Urquiza**. Aliado de B. **Mitre**, se incorporó al **Partido Liberal** y fue designado Presidente de la Nación, cargo que ejerció entre 1868 y 1874. Impulsor de la persecución de los indígenas y los **gauchos**, acuñó la frase **"civilización y barbarie"**, asociando la primera con las modernas ciudades europeas y la segunda con la vida **rural** tradicional, la herencia española y la mestización indígena. Durante su **gobierno** finalizó la **Guerra del Paraguay** y se impulsó la llegada de **inmigrantes** (a los que veía como superiores a los nativos) y **capital extranjero**: desarrolló especialmente los **ferrocarriles** y puertos, sentando las bases para la consolidación del **modelo agro-exportador**. De acuerdo con el ideario **positivista** de la época, desarrolló la **educación** como herramienta de **orden y progreso** (con el fin de superar la etapa cultural hispánica) y tomó al **modelo** norteamericano como ejemplo de organización estatal y **modernización**, bajo la consigna alberdiana de **"gobernar es poblar"**, impulsando el acceso a la **tierra** para los inmigrantes y la formación de **colonias agrícolas**, chocando por ello con los grupos más **conservadores** y pro latifundistas de la **oligarquía**.

Sarratea, Manuel de (1774-1849): Político, militar y comerciante argentino. Participó en la **Revolución de Mayo** e integró el **Primer Triunvirato**, participando de las negociaciones en las cuales se cedió la **Banda Oriental** al Gobernador realista Elío. Combatió luego a José **Artigas**, líder **federal**, a quien declaró traidor. Dos años después viajó a Europa enviado por el **Directorio** a cargo de Gervasio **Posadas**, para pedir sumisión al Rey español. Ante el fracaso de la gestión negoció junto con Manuel **Belgrano** y Bernardino Rivadavia el nombramiento en el Río de la Plata de un hermano de **Fernando VII**, Francisco de Paula, pero no tuvo éxito. Tras la derrota del Directorio en la **Batalla de Cepeda**, negoció con los líderes de Santa Fe y Entre Ríos, Estanislao López y Francisco Ramírez, firmando el **Tratado del Pilar** como Gobernador de Buenos Aires. Este hecho puso punto final a la experiencia del federalismo, porque poco antes había sido derrotado Artigas (sus ex aliados Ramírez y López optaron por conciliar con Buenos Aires). No logró sacar de la anarquía a la Provincia de Buenos Aires, abandonando el poder en ese mismo año, 1820. Como representante de los grandes comerciantes porteños y diplomático de Bernardino **Rivadavia**, propició en 1828 la separación de la Banda Oriental, favoreciendo a los intereses británicos. Juan Manuel de **Rosas** lo nombró embajador en Río de Janeiro y Francia.

Scalabrini Ortiz, Raúl (1898-1959): Historiador y político argentino. Enrolado en el **nacionalismo** popular, adhirió al yrigoyenismo. Posteriormente fundó **FORJA** junto con A. **Jauretche**, H. Manzi y G. del Mazo y en sus últimos años apoyó al **peronismo**. Entre sus obras principales encontramos a: *Política británica en el Río de la Plata* (1936).

Scioli, Daniel Osvaldo (1957 →): Deportista, empresario y político **peronista** argentino. Fue Secretario de Turismo y Deporte de la Nación bajo la presidencia de Carlos **Menem**, Vicepresidente de Néstor **Kirchner** entre 2003-2007 y Gobernador de la Provincia de Buenos Aires desde entonces. También preside el Partido **Justicialista**. Representante de fuertes intereses empresariales y de estilo conciliador, es uno de los presidenciables para 2015, aunque no es claro si se presentará por el **kirchnerismo** o si tejerá alianzas más hacia la derecha del espectro político.

Se va a acabar, se va a acabar, la burocracia sindical (década de 1960 →): Consigna cantada por diversos grupos, por lo general de **izquierda**, contra la llamada **burocracia sindical**. El cántico refleja la aspiración de esos sectores de terminar con lo que identifican con un modelo de sindicalista autoritario, corrupto y que negocia con el poder político y empresarial a espaldas de los trabajadores a los que dice representar.

Secretaría de Trabajo y Previsión (27-11-1943): Dependencia laboral creada por el gobierno surgido con el **golpe de Estado de 1943**. Desde la STP, Juan D. **Perón** comenzó su política de concesiones a los trabajadores y de cooptación de dirigentes sindicales.

Segunda fundación de Buenos Aires (11-6-1580): Refundación de Buenos Aires, realizada por Juan de **Garay**, con el nombre de Santísima Trinidad. Buenos Aires había sido despoblada cinco años después de su **Primera Fundación** (1536); aún en 1620 contaba tan sólo con mil habitantes. En los primeros años prosperó, ya que la plata proveniente del **Potosí** pasaba por Buenos Aires, pero en 1594 la Corona prohibió toda actividad comercial en defensa de los comerciantes de Lima.

Segunda Guerra Mundial (Aliados vs Eje, 1-9-1939 / 2-9-1945): Enfrentamiento armado mundial entre el Eje –Alemania, Italia y Japón– y los Aliados –Francia e Inglaterra, a los que se sumaron luego EE.UU. y la U.R.S.S.– Según E. Hobsbawm, la principal **cau-** sa de la SGM fue la agresión de las potencias descontentas con el resultado de la **Primera Guerra Mundial:** Alemania, Italia y Japón. Tanto en Europa como en Asia la lista de pérdidas humanas es impresionante: cincuenta y cinco millones de víctimas, treinta y cinco millones de heridos, tres millones de desaparecidos. Entre las víctimas: un millón y medio de personas murieron debido a bombardeos aéreos, cinco millones de judíos fueron exterminados en los campos de concentración y hubo treinta millones de muertos entre la población civil. La victoria de los aliados acabó con el **nazi-fascismo** y fortaleció a EE.UU. y la U.R.S.S., dando comienzo a la *Guerra Fría*. Todos los gobiernos de Argentina (Ortiz, Castillo y Ramírez) se declararon neutrales hasta el último año de la guerra, aunque las posiciones al respecto estaban totalmente divididas: la **oligarquía liberal** y los grupos de **izquierda** se inclinaba por loa Aliados, mientras que los grupos **nacionalistas** militares y la jerarquía de la Iglesia simpatizaban con el Eje. En lo económico, la merma de artículos manufacturados se agravó por la imposibilidad de importarlos o de producirlos localmente. La carne se exportaba a buenos precios lo que provocaba inflación, afectando especialmente a los asalariados. El 26 de febrero de 1944 el país rompió relaciones con el Eje y en marzo de 1945 –cuando la guerra estaba de-

finida a favor de los Aliados– le declaró la guerra. Luego de la guerra, se aceleró definitivamente la **sustitución de importaciones** y el proceso industrialista.

Segunda Internacional (14-7-1889 / 30-6-1951): Organización política que agrupó a partidos obreros y **socialistas**, con predominio de los grupos **marxistas**, especialmente del Partido Socialdemócrata Alemán. Luego de la muerte de F. Engels, sus principales dirigentes fueron Karl Kautsky y Gueorgui Plejánov. En 1896 sufrió la separación de los sectores anarquistas. Con el estallido de la **Primera Guerra Mundial** y el apoyo de varios de sus partidos a sus propios Estados nacionales, la SI sufrió la ruptura de la **izquierda** marxista que terminó por constituir la **Tercera Internacional** en 1919, liderada por Lenin. La SI abandonó el marxismo –rechazó la **Revolución Rusa**– y se colocó en el terreno del parlamentarismo, propugnando reformas sociales sin cuestionar las bases del sistema capitalista. En 1923, la SI pasó a llamarse Internacional Laborista y Socialista. En 1951, luego de divisiones, escisiones y cambios de nombre, pasó a llamarse Internacional Socialista, asumiendo desde entonces posturas mucho más conservadoras.

Segunda Revolución Industrial (1860-1940 aprox.): Segunda etapa de la Revolución Industrial y del **capitalismo** (fase imperialista), caracterizada por la asociación entre la ciencia y la **industria**, la importancia del capital financiero, el uso de la electricidad como fuente de energía, el **petróleo** como combustible, el acero como materia prima –fundamental para el desarrollo de los **ferrocarriles**–, la vulcanización del caucho, la fabricación de sintéticos, la línea de montaje y la mecanización, el motor a combustión, el automóvil y el avión, el teléfono, la radio y el cine, el desarrollo de la química, la formación de los sindicatos, entre otros rasgos. Inglaterra perdió el papel preponderante que tenía en la economía mundial a manos de Estados Unidos y Alemania.

Segundo Plan Quinquenal (1953-1957): Plan económico implementado por el **peronismo**. Se propuso como objetivos desarrollar la industria de base o industria pesada –petroquímicas y metalúrgicas– y aumentar la productividad, contrastando fuertemente con el énfasis distribucionista (se congelaron los salarios) y **nacionalista** del **Primer Plan Quinquenal**. El SPQ casi no pudo llevarse a cabo: el **golpe de Estado de 1955** implicó la incorporación de la Argentina al **Fondo Monetario Internacional** y la profundización del cambio en la dirección económica.

Segundo Triunvirato (8-10-1812 / 31-1-1813): Poder Ejecutivo de tres cabezas integrado por Juan José **Paso**, Nicolás **Rodríguez Peña** y Antonio **Álvarez Jonte**, surgido de un golpe de Estado encabezado por la **Logia Lautaro**. Por decisión de la **Asamblea del año XIII** convocada por el ST, éste fue reemplazado por el **Directorio**.

***Semana Roja* (1 al 10-5-1909):** Represión policial contra la manifestación obrera **anarquista** del **Primero de Mayo** en Plaza Lorea durante el gobierno de José **Figueroa Alcorta**, con un saldo de doce muertos. La lucha en las calles duró diez días.

***Semana Santa* (14 al 19-4-1987):** Sublevación de unos doscientos oficiales *"carapintadas"* encabezados por Aldo **Rico**, que reclamaban el cese de las citaciones judiciales a militares acusados de violaciones a los derechos humanos durante el **Proceso de Reorganización Nacional**. A pesar del apoyo popular en las calles, el Presidente **Alfonsín** cedió a los reclamos dictando las Leyes de **Punto Final** y **Obediencia Debida**.

***Semana Trágica* (7 al 14-1-1919):** Represión policial desatada durante el gobierno de Hipólito **Yrigoyen** contra los obreros de los talleres metalúrgicos Vasena –una de las empresas más importantes del país en manos del capital británico– que reclamaban mejoras en las condiciones laborales (Jornada de ocho horas, descan-

so dominical, etc). Culminación de un proceso de casi cien huelgas, esta represión a la huelga general declarada por la **FORA anarquista** –y a la marcha de ciento cincuenta mil trabajadores– produjo la muerte de varios miles de obreros y la elaboración de decenas de miles de prontuarios policiales. El gobierno perdió el control y pidió la intervención de los militares. Una vez recuperado el equilibrio, Yrigoyen concedió las mejoras pedidas.

62 Organizaciones (26-8-1957 →): Denominación de los 62 **sindicatos** peronistas –y algunos **comunistas**– que se agruparon a partir de un Congreso extraordinario convocado por la **Revolución Libertadora**, que tenía como fin la normalización de la **CGT**, sin permitir que la central sindical quedara en manos del **peronismo**. Sin embargo, al encontrarse en minoría, los antiperonistas o **"sindicatos libres"** abandonaron el congreso y fundaron las **32 Organizaciones** (llamados **"gremios amarillos"** por los peronistas). Por su parte, el peronista Andrés Framini formó la **CGT Auténtica** en septiembre de 1957. La 62 O contaban con los principales sindicatos (UOM, textiles, petroleros, carne, UTA, Luz y Fuerza, etc). En sus primeros años, las 62 O lanzaron dos programas de corte **nacionalista** que planteaban algunas reformas importantes (control del comercio exterior, expropiación de **latifundios**, control obrero de la producción, etc); se trata del **Programa de La Falda** (27-9-1957) y del **Programa de Huerta Grande** (abril de 1962). El 18 de enero de 1966, las 62 O se dividieron en dos sectores: *"De pie junto a **Perón**"* o *"62 O leales a Perón"* (José Alonso del vestido, expulsado junto con dieciocho sindicatos) y el **neoperonismo** (Augusto **Vandor**, líder del llamado *"peronismo sin Perón"*), que mantuvo la denominación de 62 O y colocó a Donaires al frente de la CGT en reemplazo de Alonso. A fines de 1967 surgió otra línea interna encabezada por el dirigente de la construcción Rogelio Coria: la Nueva Corriente de Opinión, que se alineó con el gobierno de **Onganía** (ver *participacionistas*). El 20 de mayo de 1968 Perón ordenó su disolución y la reunificación sindical bajo el mando de Vandor. Posteriormente y hasta la actualidad, las 62 O constituyen el brazo político peronista en el movimiento sindical, destacándose la conducción del metalúrgico Lorenzo **Miguel**. Es desde su fundación la organización sindical más poderosa, contando hacia 1972 con cerca de un millón ochocientos mil afiliados.

SIAM (1910 →): Sigla de la Sociedad Industrial Argentina de Maquinarias Di Tella, complejo industrial de capitales nacionales orientado a la fabricación y distribución de diversos productos, tales como maquina-

ria, bombas, aparatos eléctricos, gasoductos y equipos. Fue fundada por Torcuato Di Tella y se convirtió en un símbolo de la **burguesía nacional** y la **sustitución de importaciones**. Precisamente, su fundación estuvo relacionada con la imposibilidad de utilizar amasadoras de harina importadas, lo que derivó en la elaboración de estas máquinas por parte de esta firma, que proveyó a las panaderías. El éxito inicial permitió la expansión a otras áreas, como la fundición. Aunque tuvo algunas diferencias iniciales con el **peronismo**, la familia Di Tella terminó por coincidir con el modelo de **nacionalismo** económico planteado por aquel. Las dificultades que tuvo que ir afrontando la **industria** nacional fueron arrastrando a S, que hacia fines de la década de 1960 presentaba serias dificultades financieras y retrasos tecnológicos.

Síganme, que no los voy a defraudar **(Carlos Menem, 1989):** *Slogan* de la campaña presidencial peronista de ese año. Hacía referencia a la confianza en **Menem**, el caudillo que venía a traer la esperanza para el pueblo.

Sindicalismo: El término tiene dos acepciones: 1- El S como corriente histórica del movimiento obrero y, 2- el significado actual, que es el que aquí desarrollaremos (para el primero ver **S revolucionario**). El S es el agrupamiento de los trabajadores en organizaciones que defienden los intereses de clase de los obreros bajo el **capitalismo**. Los primeros S surgieron a comienzos del siglo XVIII en Inglaterra; los *trade unions* (asociación de oficios) iniciales no tenían una connotación clasista, surgiendo como una organización colaboradora de la patronal. Sin embargo, pronto los S lucharán por sus derechos y se ligarán al **marxismo** y al **anarquismo**. La **Primera Internacional** influyó decisivamente en la formación de S, cuyas actividades fueron proscriptas, en el contexto de la **Segunda Revolución Industrial**. Hacia fines del siglo XIX varios factores acercarán a los S a posiciones más moderadas o reformistas: a) La derrota de la Comuna de París (ver), b) La obtención de mejoras materiales inmediatas, c) La legalización del movimiento obrero (con Francia en 1884 como primer antecedente) y d) La formación de S católicos que propiciaron la colaboración de clases impulsados por la encíclica *Rerum Novarum*. Así, en el S del siglo XX encontramos cuatro grandes tendencias ideológicas: 1- El marxismo impulsaba un S revolucionario que se organizara políticamente (es decir, que construyera un partido obrero) y que luchara por tomar el poder derrocando al capitalismo e instaurando la dictadura del proletariado, 2- El S revolucionario anarcosindicalista que bregaba por la huelga general y una confederación de sindicatos en reemplazo del **Estado**, 3- el S reformista **socialdemócrata** que reconocía la lucha de clases pero aspiraba a llegar al **socialismo** en forma evolutiva y a través de leyes parlamentarias y, 4- el S reformista que negaba la lucha de clases o se oponía abiertamente a ella como era el caso de los S católicos o del **peronismo** en la Argentina. En nuestro país, precisamente, el primer S se creó en 1857: la Sociedad de Tipógrafos, convertida en Unión Tipográfica veinte años después y que en 1878 impulsara la primera huelga general de la historia argentina. En 1891 se fundó la primera organización sindical, la **FORA**; formada por anarco-sindicalistas y socialistas, sus enfrentamientos internos la llevaron a su disolución sólo un año más tarde. Desde entonces, hubo numerosos reagrupamientos y divisiones: 1892 **Círculo de Obreros Católicos**, 1901 **FOA** (anarco-sindicalista), 1903 se escinde de ésta la **UGT (socialista)**, 1904 la FOA pasa a ser FORA, 1906 la UGT tiene mayoría **sindicalista**, 1909 la UGT y sindicatos autónomos fundan la **CORA**, 1915 se divide la FORA (**FORA del 5° Congreso** y **FORA del 9° Congreso**), 1922 surge la **USA** de la fusión de CORA-FORA con mayoría sindicalista, 1926 una escisión socialista de la USA forma la **COA**, 1928 **CUSC (comunistas)**, 1930 de la unión de la USA y la COA surge la **CGT** (ver). En la década de 1930 la FORA pasa a llamarse **FACA**, 1936 reaparece la USA,

1942 se divide la CGT en **CGT N° 1** y **CGT N° 2**. Con **Perón** en el poder en 1946 fue disuelta la CGT N° 2, quedando sólo la CGT N° 1 o CGT a secas desde entonces. En 1949 aparece el **Movimiento Pro Democratización e Independencia Sindical** (comunistas). Después de 1955 se forman las **62 Organizaciones peronistas**, los **32 Gremios Democráticos** (antiperonistas) y los **"19"** (comunistas). En 1962 aparece el **MUCS** (comunistas, peronistas de **izquierda** e independientes) y durante el gobierno de **Illia** se dividen las 62: "Peronistas" (**Vandor**) y "De pie" (**Alonso**), mientras que en 1968 se produce una nueva división entre la CGT *"Participacionista"* de Vandor y la **CGT de los Argentinos** de Ongaro. En las décadas de 1970 y 1980 aparecen la **CGT RA** (**Ubaldini**) y la **CGT Azopardo** (Triaca). En la década del ´90 surge la **CTA** y durante el gobierno de **Duhalde** se reunifica la CGT, formándose un triunvirato liderado por Hugo **Moyano**, quien en 2005 pasa a dirigir la central sindical. (Ver también la entrada **sindicato**). Durante el **kirchnerismo**, el S sufrió numerosas divisiones, llegando a tener cinco centrales en los últimos años de Cristina **Fernández de Kirchner**.

Sindicalismo combativo: Ver **combativo**.

Sindicalismo revolucionario (fines del siglo XIX-principios del siglo XX): Corriente del movimiento obrero surgida en Francia que luchó por la toma del poder a través de la huelga general revolucionaria por parte de los **sindicatos** (rechazando a los partidos políticos) y la administración del poder por parte de éstos, con prescindencia del **Estado**. El SR planteaba que una confederación de sindicatos (y no la dictadura del proletariado como sostiene el **marxismo**) debe suplantar al Estado y que una representación de delegados sindicales debe reemplazar al Parlamento **liberal**. La huelga general es una herramienta para lograr el control sindical de los medios de producción. Aunque surgió con influencias **anarquistas** (George Sorel), el SR adoptó luego una identidad propia. Su postura elitista y voluntarista y su reivindicación del corporativismo influyeron en el posterior surgimiento del **fascismo**, aunque cuando éste se consolidó el SR ya estaba en declinación. En la Argentina fueron conocidos como los **"sindicalistas"** (ver).

Sindicalistas (1903-1930): Corriente obrera originada en el **sindicalismo revolucionario** francés, pero que adoptó una postura reformista que postulaba la lucha sindical reivindicativa y la negociación con los gobiernos, en oposición a la posición revolucionaria de los **anarquistas** y **marxistas** y al parlamentarismo del **Partido Socialista**. Surgidos como un desprendimiento del PS, los S –así se hicieron llamar, abandonando el calificativo de "revolucionarios"– se apoyaban en los gremios más numerosos y concentrados, como los estibadores, los portuarios calificados y los ferroviarios. En sus filas eran numerosos los obreros nativos calificados –hijos de inmigrantes–. Su espina dorsal era la FOM, Federación Obrera Marítima, que implicó el advenimiento de obreros nativos a una posición de liderazgo en el movimiento sindical. Disputó la mayoría obrera con los socialistas luego de 1910, reclutando en esa década a muchos anarquistas que buscaban vías más moderadas de acción política. El sindicalismo fue el sector privilegiado por los gobiernos de H. **Yrigoyen** (1916-22, y 1928-30). Entre 1922 y 1930 se agruparon en la **USA**, luego participaron de la fundación de la **CGT** en 1930, entrando poco después en decadencia. Muchos de sus cuadros confluyeron a mediados de la década de 1940 en el **Partido Laborista** y en el **peronismo**.

Sindicato (siglo XVIII →): Organización colectiva que representa los intereses corporativos de la clase trabajadora, en defensa de sus condiciones de trabajo y de vida en la sociedad capitalista. Los primeros *trade union* surgieron en Inglaterra, impulsados por marineros, mineros, tejedores y calceteros, bajo la forma de gremios para artesanos especializados. Las protestas obreras ante la miseria sufrida en el marco de la **Revolución Industrial** vieron surgir –hacia 1830– la idea del S general y su arma más importante: la huelga general. Entre mediados del siglo XIX y principios del siglo XX se desarrollaron S **anarquistas, comunistas, socialdemócratas** y cristianos. En algunos casos, los S se han vinculado a partidos políticos o directamente se han convertido en éstos, como fueron los casos del laborismo inglés, Solidaridad en Polonia y el PT de Brasil. En la Argentina el primer S fue el de la Asociación Tipográfica Bonaerense (1857) y luego se destacó La Fraternidad, que agrupó a los maquinistas y fogoneros de los trenes (1887). (Ver también **sindicalismo**).

Sindicatos Libres: Ver **32 Organizaciones.**

SITRAC-SITRAM (23-3-1970 / 26-10-1971): Sindicatos clasistas de Córdoba que surgieron poco después de las jornadas del *Cordobazo*. El S-S –formado por el Sindicato de Trabajadores Concord (Fiat) y el Sindicato de Trabajadores de Materfer (materiales ferroviarios)– representó al sindicalismo combativo de **izquierda** (en su mayoría no **peronista**), en oposición a la llamada **burocracia sindical**. En marzo de 1970, cinco mil obreros de Fiat tomaron la planta en Córdoba y expulsaron a los dirigentes sindicales que calificaban como traidores. El S-S fue disuelto cuando el Ejército entró por la fuerza en las fábricas y encarceló a sus dirigentes, entre ellos Gregorio Flores y José Páez, quienes posteriormente se incorporaron al **trotskismo**.

Sobremonte, Rafael de (1746-1827): Marqués español, Virrey del Río de la Plata desde 1804. Huyó a Córdoba con el dinero público tras las **invasiones inglesas** argumentando estar organizando un contraataque. Fue destituido por Santiago de **Liniers** y regresó a **España**.

Socialcristianismo: Ver **Doctrina social de la Iglesia**.

Socialdemocracia (1875 →): Hasta las primeras dos décadas del siglo XX, la S era sinónimo de la organización política internacional de obreros, agrupados bajo la bandera del **marxismo** –en contraposición a las posturas anti-partido de los **anarquistas**–, destacándose en especial la existencia de dos partidos socialdemócratas de masas: el PSD alemán y la S rusa. Luego de la división que se dio durante la **Primera Guerra Mundial** –cuando la mayoría de los partidos socialdemócratas apoyaron a sus respectivas **burguesías nacionales**, desoyendo el internacionalismo proletario–, los socialdemócratas pasaron a ser la **izquierda reformista** –planteando el objetivo socialista a través de la vía de la democracia parlamentaria– y los **comunistas** la **izquierda revolucionaria** –defensores de la vía insurreccional y la destrucción del **Estado** burgués–. En 1889, la S se agrupó en la **Segunda Internacional** (más adelante llamada Internacional Socialista) y fue adoptando posiciones crecientemente pro-capitalistas, cada vez más alejadas del **socialismo**. En Europa, la S estuvo muy ligada –desde mediados del siglo XX– al llamado **Estado de Bienestar Keynesiano** y al neocorporativismo, modelo de **capitalismo** social que –aunque procuraba aliviar la posición desfavorable del trabajo asalariado– descreía de la lucha de clases como vía de transformación social. Sin embargo, con el auge del neoliberalismo a partir de mediados de la década de 1970, la S acercó posiciones con aquel, limitando sus planteos sociales y estatistas. En la Argentina, pertenecen a la internacional socialdemócrata el **Partido Socialista** y la **Unión Cívica Radical**.

Socialismo (siglo XIX →): Según el **marxismo**, el S es una doctrina que plantea como fin la propiedad colectiva de los medios de producción y como medio la revolución social contra el **capitalismo** por parte de los trabajadores, a escala mundial. El S marxista –cuyo antecedentes pueden rastrearse en el jacobinismo francés y el S utópico de Saint-Simon– es hostil al **Estado**, aspirando a delegar las funciones de éste en una sociedad formada por productores libres, en una sociedad sin clases. Para las corrientes reformistas –las **socialdemócratas** o las autoproclamadas socialistas–, lejos de oponerse al capitalismo y al Estado, el S es sinónimo de un capitalismo social con fuerte intervención estatal en el mercado, con el fin de alivianar las desigualdades sociales. Una variante especial de S es el llamado **stalinismo** que -desde la U.R.S.S.- planteó el S en un solo país, caracterizado por el rechazo de los planteos marxistas y **leninistas** y la concentración de los medios de producción en manos de un Estado controlado por una fuerte burocracia **nacionalista**, modelo adoptado luego por otros países, entre ellos China. En otro sentido, **Marx** utiliza el término S para definir a la primera fase en la transición del capitalismo al **comunismo**. En el S, los medios de producción son socializados y desaparece la explotación del hombre por el hombre y toda forma de discriminación, pero subsisten aún tendencias provenientes de la vieja sociedad capitalista, por ejemplo, en lo relativo al consumo (donde los productos del trabajo se distribuyen –no de acuerdo a la necesidad (criterio que se impone en el comunismo)- sino según el trabajo aportado por cada uno). Continúan en vigencia todavía el derecho y el Estado, aunque a través del gobierno de los trabajadores o dictadura del proletariado el cual –con la paulatina desaparición de las clases sociales– se irá extinguiendo, para entrar en la fase comunista. De todas formas, estos planteos son muy generales, ya que Marx dijo alguna vez: "No soy el cocinero que provee las recetas del porvenir".

Socialismo científico (Karl Marx y Friedrich Engels): Conjunto de postulados del **marxismo** o **materialismo histórico**, planteado como superación del **socialismo utópico**.

Socialismo en un solo país (Joseph Stalin): Modelo que se llevó adelante en la U.R.S.S. a partir de la llegada al poder de J. **Stalin**, consistente en concentrar las fuerzas en organizar el **socialismo** al interior del país, en contraposición al planteo **marxista**, **leninista** y **trotskista** de extender la **revolución socialista** a todas partes del mundo (a riesgo de aislar a la **Revolución Rusa** de no hacerlo). Dado que Marx había planteado el carácter internacional de la lucha de clases y del enfrentamiento entre el **capitalismo** y el socialismo, el SEUSP acabó por trabar el desarrollo de las fuerzas productivas y por estrangular la dictadura del proletariado en la U.R.S.S., fortaleciendo a una burocracia estatal **nacionalista** encargada de repartir recursos escasos

y por ende, privilegiada y despótica. Una de las consecuencias de este
planteo fue la disolución del partido
mundial de los trabajadores –la **Internacional Comunista** o **Tercera Internacional**– fundado por Lenin en
1919. (Ver también **stalinismo**).

Socialismo libertario: Ver **anarquismo**.

Socialismo nacional: Postura que
plantea la posibilidad de construir
un modelo de sociedad **socialista**
bajo los marcos y características nacionales. Aunque el SN fue impulsado por sectores críticos del **stalinismo** (por ejemplo, Jorge A. **Ramos** en
la Argentina), su hostilidad a la construcción de una organización internacional de trabajadores es común. De
hecho, en América Latina el acercamiento de este tipo de organizaciones hacia la **burguesía nacional** (en
la Argentina, hacia el **peronismo**) ha
coincidido con la estrategia de los
partidos comunistas orientados por
el stalinismo.

Socialismo real: Ver **stalinismo**.

Socialismo utópico (Karl Marx, 1848):
Término acuñado por Blanqui y adoptado por Marx para contraponerlo
con su propia doctrina, el **socialismo
científico**. Para Marx, pertenecían al
SU los socialistas franceses e ingleses–como el conde Claudio Enrique
de Saint-Simon o Robert Owen– que

querían llegar a una sociedad socialista sin una revolución contra el **capitalismo**, a través de reformas. En el
fondo, confiaban en que las banderas de libertad, igualdad y fraternidad eran posibles bajo un capitalismo "limado" de sus peores aspectos,
poniendo el énfasis en una distribución más equitativa y ética de la riqueza y en la búsqueda de atenuan-
tes a los excesos producidos por la
industrialización. Como más adelante sucedería con la **socialdemocracia** (ver), Marx procuró demostrar la
utopía de pretender cambiar la sociedad sin impulsar la lucha de clases o negando la vía revolucionaria.
El SU sentará antecedentes para el
posterior desarrollo del **cooperativismo** (ver).

Socialistas: En la Argentina, los S surgieron a fines del siglo XIX con la
llegada de los **inmigrantes**, proponiendo reformas en favor de los trabajadores –especialmente a través de
leyes parlamentarias– pero sin cuestionar las bases del **capitalismo**. Ver
Partido Socialista.

**Sociedad de las Naciones (28-6-1919
/ 24-10-1945):** Organismo internacional creado con la finalización de la
Primera Guerra Mundial (ver), con
la idea de imposibilitar futuras guerras y que sería una adaptación moderna de la Santa Alianza. Sus fines
eran: velar por el cumplimiento de

los tratados recientemente firmados, administrar las colonias de los países vencidos, poner fin a la carrera armamentista e imponer sanciones a los Estados belicistas. Fue aprobada entusiastamente por los aliados, aunque no contó con la adhesión de los EE.UU. al negar el Congreso de ese país la autorización para integrarse (esto a pesar de que uno de los principales mentores del proyecto era el Presidente norteamericano Wilson, autor de los llamados Catorce Puntos). La U.R.S.S. y Alemania tampoco fueron de la partida. A pesar de las buenas intenciones, la SN se convirtió en un instrumento de dominación con el que los vencedores quisieron perpetuar las ventajas de su victoria (Lenin la calificó como una "cueva de bandidos"). Sus reiterados fracasos para frenar guerras y conflictos (no contaba con una fuerza armada internacional) y el estallido de la **Segunda Guerra Mundial**, acabaron con la SN, que formalmente encontró su reemplazo en la **ONU**.

Sociedad Patriótica (23-3-1811 / 5-3-1812): Agrupación fundada sobre la base del modelo de los clubes revolucionarios franceses por los partidarios de las ideas del poco antes fallecido Mariano **Moreno**. Críticos de la **Junta Grande**, un mes después de su creación sus integrantes fueron separados del gobierno por Cornelio **Saavedra**. Partidaria de una independencia completa de las **Provincias Unidas del Río de la Plata**, entre otros, la integraban Juan **Larrea** y Nicolás **Rodríguez Peña**. El 13 de enero de 1812 fue reflotada por B. de Monteagudo, pero poco después la mayoría de sus miembros pasaron a la **Logia Lautaro**. Experimentaron desde entonces un franco viraje conservador.

Sociedad Popular Restauradora: Ver *mazorca.*

Sociedad post-industrial (1970 →): Denominación que se usa para describir a las sociedades capitalistas surgidas de la **Tercera Revolución Industrial**. Sus características centrales serían: el papel preponderante de la tecnología, el debilitamiento de la categoría "trabajo" en su concepción tradicional, la crítica al derroche de energía y al agotamiento de los recursos naturales del modelo anterior, la búsqueda de fuentes de energía y materias primas alternativas, la crítica al fortalecimiento del **sindicalismo**, la búsqueda de un régimen laboral de sometimiento de los trabajadores, la búsqueda de reemplazo de mano de obra por máquinas (computadoras, comunicaciones, etc), el rechazo a la producción en masa de bienes estandarizados, la producción "a pedido" para una demanda menos numerosa y más exigente (la oferta se ajusta a la demanda), sofisticadas técnicas de publicidad para detectar dónde hay demanda y de qué productos o servicios, un enorme aumento de la productividad, un gran aumento del desempleo, la caída de los salarios de los que siguen ocupados, mayores ganancias para la burguesía, entre otras.

Sociedad Rural Argentina (10-7-1866 →): La primera organización representativa de intereses sectoriales de la Argentina moderna (existió una SRA entre 1826 y 1854). Es, desde siempre, la expresión gremial de los grandes propietarios agropecuarios pampeanos, miembros de la *élite* **terrateniente** y ganadera, y partícipe de numerosos gobiernos. Cuenta con aproximadamente diez mil miembros. Si bien predominan los ganaderos –y en particular los **invernadores**– su composición se ha diversificado, abarcando productores de granos, lecheros, etc. Además, los intereses económicos de sus asociados se han diversificado hacia el comercio, la **industria** y las finanzas. En cuanto a su ideología, defiende firmemente la propiedad privada, la libre empresa y la subsidiariedad del **Estado**, con el cual prefieren una relación de influencia personal y el contacto directo con los funcionarios.

Solanas, Fernando *Pino* (1936 →): Director de cine y político argentino.

Fue electo diputado nacional por el **Frente Grande** en 1994 (del que se separó por diferencias con *Chacho* **Álvarez**) y candidato a Presidente en 2007 por **Proyecto Sur**, obteniendo el 1,6 % de los votos. Actualmente es senador nacional por UNEN, una coalición de partidos de centroderecha y centroizquierda.

Solano Lima, Vicente (1901-1984): Político argentino. Funcionario del gobierno **conservador** de la Provincia de Buenos Aires entre 1935 y 1941, en 1956 fundó el **Partido Conservador Popular** y se acercó al **peronismo**. En 1963 **Perón** lo nombró candidato del Frente Nacional y Popular. En 1973 llegó a la vicepresidencia de la Nación acompañando a Héctor J. **Cámpora**, renunciando poco después.

***Soldados de Perón*:** Ver **Montoneros**.

Sourrouille, Juan Vital (1940 →): Economista argentino. Ministro de Economía del gobierno de Raúl **Alfonsín** y gestor del **Plan Austral** (ver).

SRA: Sigla de la **Sociedad Rural Argentina**.

Stalinismo (U.R.S.S., 1925-1991): Conjunto de planteos y prácticas políticas de Joseph **Stalin** y sus sucesores. El S surgió como un movimiento anti-comunista dentro de la revolución **comunista** producida en **Rusia** en

1917. Con la muerte de **Lenin**, Stalin –manteniendo un lenguaje y una fraseología propias del **marxismo**, pero renegando en los hechos de él– logró desplazar de la conducción del partido y del **Estado** a sus opositores –en particular a León **Trotsky**– e impuso una feroz dictadura burocrática que barrió con los *soviets* –la base de la dictadura del proletariado– defendiendo la teoría **nacionalista** del **socialismo en un solo país** en oposición a la revolución socialista internacional. Precisamente, la tesis del socialismo en un solo país sirvió como base del enquistamiento en el Estado obrero de una burocracia. Dado que el marxismo concibe a la revolución socialista como un fenómeno internacional, y que el sostenimiento de un socialismo aislado no permite desarrollar las fuerzas productivas para garantizar la abundancia, la escasez resultante obliga a repartir recursos exigüos, llevando al grupo distribuidor en el poder a ocupar una posición de privilegio y a desinteresarse por la extensión de la revolución social en favor de su interés burocrático. En ese contexto, el igualitarismo fue cediendo terreno cada vez más a la división de la sociedad entre una masa trabajadora y una burocracia estatal y partidaria parasitaria y despótica. Por otra parte, en lugar de buscar integrar al campesinado medio –los *kulaks*– a la construcción del **socialismo**, la burocracia expropió sus tierras y los persiguió, implementando luego una industrialización forzada. Toda disidencia fue perseguida –los líderes comunistas de la revolución fueron marginados y/o asesinados, unos cinco millones de miembros del PCUS fueron arrestados (de los cuales unos cuatrocientos mil fueron ejecutados), junto con miles de personas enviadas a campos de concentración– y poco a poco las conquistas que la clase obrera había logrado con la **Revolución de Octubre** fueron desapareciendo. De todas formas, el desarrollo de la industria pesada modernizó al país y lo colocó en un nivel de competencia mundial (en 1929 la URSS produjo el 5 % de la industria manufacturera mundial, elevándose diez años después al 18 %), aunque limitando seriamente el consumo de masas, lo que generó un creciente descontento. Aunque denunció sus crímenes y moderó sus prácticas, la llamada desestalinización posterior a la muerte de Stalin no cambió en lo esencial la estructura del régimen. En el plano internacional, el S renegó de la **Internacional** comunista como agrupamiento político de los trabajadores e impulsó el *Comintern*, que agrupaba a los partidos comunistas del mundo bajo el mando autoritario de Stalin, con políticas contradictorias (desde considerar a la **socialdemocracia** como **fascista** hasta unirse a ella en el Frente Popular). Tras la muerte de Stalin, el

PCUS y sus partidos aliados no variaron en lo fundamental sus planteos: impulsaron la llamada coexistencia pacífica con EE.UU. y retacearon apoyos a los movimientos revolucionarios del mundo, a los que sólo consideraron como instrumentos de los intereses de la burocracia estatal soviética. En América Latina y otros países del Tercer Mundo, el S se manifestó a través de la estrategia de la **liberación nacional**, consistente en el apoyo a las **burguesías nacionales** y el rechazo a la formación de partidos obreros marxistas independientes. Con la caída de la U.R.S.S., buena parte de los ex dirigentes soviéticos procuró acomodarse a la restauración capitalista y la mayoría de los partidos stalinistas del mundo acentuaron sus rasgos reformistas.

Stolbizer, Margarita (1955 →): Abogada y política argentina, diputada nacional por la **UCR**, partido del que se separó en 2007 para fundar el **GEN** y apoyar la candidatura presidencial de Elisa **Carrió**. Se presentó como candidata a gobernadora de la Provincia de Buenos Aires en 2007 (16,6 %) y 2011 (11,7 %). Fue electa diputada nacional por el **Frente Amplio Progresista** en 2013.

Subversión (1976-1983): Durante el **Proceso de Reorganización Nacional**, la dictadura militar denominó S a todo acto opositor (una huelga, un atentado con bomba, un reclamo de alimentos, un libro crítico, etc) que ésta consideraba que debía ser reprimido. Se estima que unos treinta mil *desaparecidos* fueron el resultado de la llamada lucha contra la **S**.

Suma del poder público (1835-1852): Concentración en un órgano del **Estado** del poder público. En la Argentina, al calor de la experiencia de J. M. de **Rosas**, la SPP está prohibida por el artículo 29 de nuestra Constitución.

Sustitución de importaciones: Modelo de acumulación de capital centrado en el reemplazo de las importaciones de productos industriales por otros de fabricación nacional. En los países más importantes de América Latina –como Brasil, México y la Argentina– la SI relevó al **modelo agro-exportador**, especialmente tras la **Crisis del 30**, atravesando diversas etapas: en un primer momento se desarrolló la industria liviana, productora de bienes de consumo (textiles, alimentaria, muebles), generadora de empleo pero con bajos niveles tecnológicos y de productividad. Aldo Ferrer señaló que si antes de 1930 el 40 % de las importaciones argentinas eran de bienes de consumo, éstas cayeron al 10 % en la década del ´50, mientras que los productos intermedios pasaron del 30 al 60 %. En una segunda fase, se desarrolló la producción de máquinas relativamente simples (maquinaria agrícola, piezas y partes simples, equipamiento de la **industria** textil); y en una tercera etapa se impulsó la manufactura intermedia de uso masivo (cemento, acero, químicos). Los límites de la SI pueden observarse en lo sucedido en la Argentina: la SI no cambió la estructura productiva del país porque no invirtió en bienes de capital, lo cual llevó a una baja productividad y altos costos, obligando a importar insumos básicos. La dependencia con el exterior continuó, ya que el país dependía de la importación de combustibles, repuestos, bienes intermedios y capital. La producción local –muy cara– sólo subsistió con el mantenimiento de la protección estatal. Pero el Estado, al quedarse sin divisas –las exportaciones además disminuyeron al aumentar el consumo interno– sufrió un estrangulamiento externo que lo dejó sin respuestas, desatándose la **devaluación** de la moneda y la inflación. La segunda etapa de la SI se centró en la industria pesada: producción de bienes de consumo durable (sobre todo automóviles y electrodomésticos), siguiéndole otra centrada en la producción de bienes de equipos complejos (motores diesel, equipamiento industrial y electricidad) para finalmente concluir con la manufactura de bienes intermedios de industrias avanzadas (aceros especiales, petroquímicas y materiales no ferrosos). La SI entró en colapso a principios de la década de 1970 con la llamada **Crisis del Petróleo**, desnudando la dependencia de capitales, financiera y tecnológica del capitalismo periférico, con respecto a los países capitalistas más desarrollados. Fue –como lo definió Cristina Lucchini– una "industrialización sin revolución industrial."

T

Tablita (1978): Medida económica tomada por Alfredo **Martínez de Hoz**, Ministro de Economía durante el **Proceso de Reorganización Nacional**. La llamada "pauta cambiaria" devaluaba mensualmente el peso en forma decreciente y anunciada hasta alcanzar cero, lo que trajo una gran afluencia de dólares de los bancos internacionales, generados por el aumento del **petróleo** ("petrodólares"). Fue uno de los factores principales del enorme aumento de la **deuda externa** durante la dictadura militar.

Tacuara (1956 / 29-5-1970): Grupo proveniente del **nacionalismo** católico y de la juventud de la **Alianza Libertadora Nacionalista** (se hacía llamar "Grupo T de la Juventud Nacionalista") que tomó su nombre de la lanza utilizada en los siglos XVIII y XIX por los ejércitos de **caudillos** y los indios pampas, influido ideológicamente por la doctrina de J. A. Primo de Rivera (sus lemas eran *"Religión o muerte"*, *"Haga Patria, mate a un judío por día"* y *"Dios, Patria y Hogar"*). Cambiado su nombre en 1958 por el de **Movimiento Nacionalista T**, en octubre de 1960 se desprendió de éste un grupo que formó la derechista Guardia Restauradora Nacionalista. A fines de 1962 una escisión formó el **Movimiento Nacionalista Revolucionario T**, que planteaba el acercamiento con la **izquierda peronista** (en 1970 pasó a formar parte de **Montoneros**). Sufrió otras escisiones (Frente Nacional Socialista Argentino, Hermandad Nazi, etc) y también logró acercamientos de sectores nacionalistas dispersos (comandos armados como Reconquista o 1ᶜ de Mayo, Juventud Nacionalista Socialista Argentina, Panzer, etc).

Tamborini, José P. (1886-1955): Político y abogado argentino. Varias veces diputado, Ministro de Marcelo T. de **Alvear**, senador y tres veces candidato a Presidente (por la **UCR** (1937 y 1952) y por la **Unión Democrática** en 1946).

Tendencia Revolucionaria: Denominación de la **izquierda peronista** (ver también *La Tendencia*).

Teología de la Liberación (América Latina, 15-8-1967 →): Corriente de la Iglesia latinoamericana y tercermundista que en la Conferencia de Medellín del Episcopado de América Latina planteó el compromiso con los pobres y sostuvo que el **socialismo** está más cerca del evangelio que el **capitalismo**. Influidos por Juan XXIII (en su encíclica *Pacem in terris* planteó que en el **marxismo** hay elementos buenos, merecedores de aprobación), Paulo VI (encíclica *Popularum Progressio*) y especialmente por Helder Cámara y Leonardo Boff ("La violencia de los de arriba engendra la violencia de los de abajo"), la TL sostuvo posiciones de **izquierda** y en algunos casos apoyó las luchas guerrilleras –con el **Che Guevara** como símbolo– como fue el caso de Camilo Torres, Oscar Romero y Carlos Mugica, entre otros–. La TL fue condenada por el ala conservadora de la Iglesia y explícitamente rechazada por Juan Pablo II, quien la calificó de **"populista"**.

Teoría de la dependencia (América Latina, décadas de 1960 y 1970): Corriente sociológica crítica de la denominada "teoría del despegue", que sostiene que el desarrollo de unos países se basa en el subdesarrollo de otros sometidos a aquellos por lazos de dependencia (centro y periferia). En el contexto de la descolonización, la **Guerra Fría** y la "edad de oro", la TD planteó que hay un lazo entre las estructuras internas de los países dependientes con las estructuras externas de la economía mundial, de tal modo que los países periféricos están condenados a mantener una economía agrícola atrasada o a impulsar una industrialización limitada. Además, los dependentistas no creían que las causas del atraso estuviesen dadas por una cuestión de cultura política (planteo de la Sociología de la modernización), sino por los vínculos de ciertas *élites* nativas con los grupos económicos mundiales más poderosos. Encontramos dos vertientes de la TD: el estructuralismo (CEPAL, con autores como R. **Prebisch**, A. **Ferrer**, O. Sunkel, F. Cardoso y C. Furtado) plantea la posibilidad de un desarrollo nacional capitalista autónomo, contraponiendo un rol progresivo de la **burguesía nacional** con el carácter reaccionario de las **oligarquías** nativas. Así, Cardoso dirá que Brasil, país capitalista dependiente, tuvo en la década de 1970 un desarrollo espectacular de su **industria**. En cambio, el dependentismo **marxista** –por ejemplo, A. Günder Frank y T. Dos Santos– sostendrá que el **Tercer Mundo** sólo puede romper con la dependencia si impulsa transformaciones revolucionarias de carácter socialista, siguiendo el ejemplo de Cuba. La implantación de dictaduras militares en Latinoamérica en la década de 1970, el auge **neoliberal** y la consolidación de la **globalización**, agregarán interrogantes sobre muchos de los supuestos de esta teoría.

Teoría de la modernización (Gino Germani): Teoría sociológica que trata de explicar la dirección de la historia en términos de nivel de progreso, desarrollo y modernidad. En América Latina, la TM se basó en la distinción básica entre sociedad moderna y sociedad tradicional. Según esta postura, los empresarios competitivos, la tecnocracia, las FF.AA. profesionales, la **industria**, la ciudad y la difusión de ciertos valores (búsqueda del éxito y el beneficio), llevan a la modernización, mientras que las tradiciones y costumbres arraigadas, la vida rural y agrícola, las masas analfabetas y los políticos caudillistas constituyen un obstáculo a la misma. La idea de que existe un camino evolutivo que va de lo tradicional a lo moderno fue criticada por la **teoría de la dependencia**.

Teoría de los dos demonios (1984): Postura sostenida por el gobierno de R. **Alfonsín** que colocó en el mismo nivel a la represión estatal del **Proceso de Reorganización Nacional** y a las organizaciones guerrilleras, condenando a ambas por igual. Se adjudica la expresión al escritor Ernesto Sábato, miembro destacado de la **CONADEP**.

Tercer Mundo (1955 →): Término creado por un grupo de sociólogos franceses (como Alfred Sauvy) –en el marco de la **Guerra Fría**– para describir a los países de la periferia, subdesarrollados o con industrialización insuficiente, no pertenecientes al **Primer Mundo (Occidente)** ni al **Segundo Mundo** (el bloque soviético), en su mayoría pertenecientes a Asia, África y América Latina. La Conferencia de Bandung dio origen a los *"no alineados"*, agrupamiento de los países **tercermundistas**.

Tercera Internacional (4-3-1919/ 31-5-1943): También conocida como *Komintern*, fue creada por Lenin, quien planteó la necesidad de crear un partido obrero mundial para que la revolución **socialista** triunfase en otros países –además de Rusia– en especial los más desarrollados. Para Lenin, la **Revolución Rusa** de 1917, producida en un país poco industrializado, era sólo el paso inicial hacia la revolución mundial. Para ello era necesario organizar un partido revolucionario mundial, siguiendo las enseñanzas de la **Primera Internacional** de Marx y de la **Segunda Internacional** de Engels, antes de lo que los **comunistas** consideraron una traición de la **socialdemocracia** tras la muerte de éste. En sus diez primeros años, la TI incorporó a numerosos partidos comunistas del mundo sobre la base de las "veintiún condiciones" básicas (etapa del frente único con los socialistas). A partir del VI Congreso en el período 1929-35 –ya en pleno auge del **stalinismo**– se produjo el viraje hacia un enfrentamiento con la socialdemocracia, acusada de "social-fascista" (período denominado *"clase contra clase"*). Entre 1935 y 1943 se aplicó la política del VII Congreso: el frente popular. El desinterés de Stalin por una política internacionalista –defendía la tesis del **"socialismo en un solo país"** – lo llevó a disolver la TI en 1943.

Tercera Posición (peronismo, 1949): Doctrina de no alineamiento de la Argentina en la política exterior de la segunda posguerra. **Perón** veía inevitable una nueva guerra mundial entre Estados Unidos y la Unión Soviética. A partir de allí apostaba a que ese conflicto ayudase a que Argentina apareciese como una gran potencia regional, sobre la base de la autarquía económica. El pronóstico no se cumplió, aunque la TP sirvió como antecedente para la formación de los *No alineados*.

Tercera Revolución Industrial (1940 →): Tercera etapa de la **Revolución Industrial** y del **capitalismo** (fases **keynesiana** y **neoliberal**), caracterizada por el uso de la energía atómica como fuente de energía, el uranio y el hidrógeno como combustible, el plástico como materia prima, los "nuevos materiales", la automatización, naves espaciales y satélites, la televisión y las comunicaciones vía satélite, el desarrollo de la física nuclear, la electrónica, la cibernética y la informática, la participación sindical en los gobiernos, entre otros rasgos.

Tercermundismo (mediados del siglo XX →): Movimiento de los países del **Tercer Mundo**. El T pone el énfasis en el subdesarrollo y la pobreza de los países de la periferia, en contraste con los países ricos. Si bien el movimiento surgió en el marco de la *Guerra Fría* –diferenciándose de los dos "mundos" encabezados por EE.UU. y la U.R.S.S. – perdura hasta hoy como expresión de los países pobres. De todas formas, la organización política que había dado fuerza a sus planteos se encuentra francamente debilitada.

Tercermundistas: Ver **Teología de la Liberación.**

Terratenientes: En la economía clásica, propietarios de la tierra cuya retribución es la renta (o renta de la tierra). También se llama T a los hacendados propietarios de grandes extensiones de tierras o **latifundios** (por lo que son llamados también latifundistas). Bajo el **capitalismo**, el T se convierte en burgués y se distingue del propietario feudal precapitalista. Para el caso argentino ver **oligarquía.**

Terrorismo de Estado: Planificación estatal represiva que incluye asesinatos, torturas y secuestros, con el objeto de perseguir a los opositores políticos. En la Argentina el TDE fue una de las bases del **Proceso de Reorganización Nacional.**

TIAR (América, 2-9-1947 →): Sigla del **Tratado Interamericano de Asistencia Recíproca,** firmado en Río de Janeiro en la Conferencia Interamericana. En consonancia con la **Doctrina Monroe,** el T establecía que los países americanos estaban obligados a la defensa militar de otro país del continente ante la agresión sufrida por países extracontinentales. El T fue desoído varias veces por EE.UU., por ejemplo en Guatemala (1954), Cuba (1962), Santo Domingo (1965) y durante la **Guerra de Malvinas**, cuando la potencia del norte apoyó a Gran Bretaña contra la Argentina.

Tirano prófugo: Calificativo con el que la **Revolución Libertadora** designaba al derrocado Presidente Juan D. **Perón**.

Tosco, Agustín (1930-1975): Dirigente sindical argentino de **izquierda** del gremio de Luz y Fuerza de Córdoba, líder en las jornadas del *Cordobazo*. Representó a los llamados gremios independientes, opositores a la llamada **burocracia sindical**. Sus posiciones eran cercanas a las del **Partido Comunista** aunque nunca perteneció a éste.

Transnacionales (década de 1950 →): Empresas que controlan activos, fábricas, oficinas, etc, en varios países. Actúan desde el país donde tiene su sede central o casa matriz, a través de las fronteras nacionales. Las ETN o multinacionales operan en mercados oligopólicos, con la meta de expandirse en el mercado mundial, asegurando la producción al mínimo costo posible gracias a la disponibilidad de tecnología avanzada y mano de obra barata y obteniendo una máxima ganancia, que proviene de las economías a gran escala y ventajas monopólicas en el mercado. En América Latina, las T –fundamentalmente las norteamericanas– crecieron fuertemente al calor de las políticas desarrollistas, especialmente en las industrias automotriz, electrónica, petrolera y plástica. Los gobiernos de la región –que planteaban una **sustitución de importaciones** orientada al desarrollo de la industria pesada– le otorgaron todo tipo de beneficios, tales como excepciones legales y créditos. Fue el caso, por ejemplo, de A. **Frondizi** en la Argentina, J. Kubitschek en Brasil y E. Frei en Chile.

Transnacionalización (1945 →): Expansión mundial de las empresas transnacionales. El proceso implicó un relativo despegue de los capitales con respecto a su origen nacional. La T aumentó considerablemente durante la Segunda Posguerra y continuó hasta la mitad de la década de 1970. Luego surgió el concepto de **globalización**, que es hoy el más utilizado.

Tratado ABC: Ver **ABC**.

Tratado de Comercio Libre: Ver **Reglamento de Libre Comercio**.

Tratado de Defensa de Río: Ver **TIAR**.

Tratado de la Triple Alianza: Ver **Triple Alianza**.

Tratado de Libre Comercio: Ver **NAFTA.**

Tratado del Beagle (Argentina-Chile, 1986): Acuerdo limítrofe entre la Argentina y Chile por la posesión de tres islas del Canal de Beagle (Nueva, Lennox y Picton), lugar de estratégica conexión entre los océanos Atlántico y Pacífico. Con la mediación de El Vaticano, las islas fueron adjudicadas a Chile y se fijaron nuevas líneas del mar territorial y de la zona de explotación exclusiva de cada país. El gobierno de Raúl **Alfonsín** convocó en la Argentina a un plebiscito que ratificó el acuerdo, que puso fin a un conflicto que había puesto a los países vecinos al borde de la guerra en 1978.

Tratado del Cuadrilátero (25-1-1822): Pacto firmado entre Corrientes, Entre Ríos, Santa Fe y Buenos Aires, que derivó en un Congreso General, en 1824. En el mismo afloraron las posturas opuestas sobre la organización del **Estado:** no se cuestionaba ya la forma de gobierno republicana y representativa, pero sí era punto de discusión si el Estado debía ser **unitario o federal.** Los unitarios pretendían que el gobierno estuviera centralizado en Buenos Aires, en tanto que los federales deseaban la descentralización del ejercicio del poder político. Este sector estaba vinculado a las provincias del Litoral que reclamaban la **libre navegación de los ríos.** El Congreso de 1824, tras designar Presidente de la Nación a **Rivadavia,** sancionó la **Constitución Nacional de 1826,** de orientación unitaria, rechazada –como la de 1819– por las provincias, lo que condujo a la disolución de las autoridades nacionales surgidas del Congreso General.

Tratado del Pilar (23-2-1820): Pacto firmado entre el gobierno porteño de Manuel de **Sarratea** –surgido de la derrota de Buenos Aires en la **Batalla de Cepeda**–, y los caudillos de Entre Ríos y Santa Fe Francisco **Ramírez** y Estanislao **López.** Estipulaba que los representantes de las provincias debían convocar a una convención constituyente, buscando poner fin a los enfrentamientos internos. Aunque se lo identifica como origen del **federalismo** (Buenos Aires reconoció el sistema federal como forma de gobierno) y es considerado el primero de los "pactos preexistentes" mencionados en la **Constitución Nacional,** puede afirmarse su contrario, dado que de sus cláusulas se desprende el abandono del proyecto federal que había encabezado José **Artigas** desde la **Banda Oriental,** derrotado un mes antes en Tacuarembó.

Tratado Interamericano de Asistencia Recíproca: Ver **TIAR.**

Tratado Roca-Runciman: Ver **Pacto Roca-Runciman.**

32 Organizaciones (26-8-1957 / 31-1-1963): Agrupamiento de los **sindicatos** antiperonistas. También llamados "32 Gremios democráticos" o "**sindicatos libres**", se oponían tanto a las **62 Organizaciones peronistas** como a los **comunistas** agrupados en las **19 Organizaciones**. En 1957 contaban con 29 gremios y más de un millón de afiliados, pero tres años después su fuerza se había reducido a una mínima expresión.

Trelew: Ver *Masacre de Trelew.*

Tres A: Ver **Triple A.**

3 de febrero (1852): Ver **Batalla de Caseros.**

Triple A (21-11-1973 / 24-3-1976): También conocida como las "**Tres A**", la **Asociación Anticomunista Argentina** fue una organización terrorista de ultraderecha creada durante el tercer gobierno **peronista** por José **López Rega**, mano derecha de J. D. **Perón** e **Isabel Perón**. Formada por elementos policiales y parapoliciales, la **AAA** se dedicó a asesinar obreros, estudiantes, guerrilleros y militantes populares, para impedir una supuesta revolución **comunista**. La **CONADEP** le adjudica más de cuatrocientos homicidios, entre ellos los del diputado peronista Rodolfo Ortega Peña, de sindicalistas de la **izquierda peronista** como Atilio **López** y de la izquierda

marxista (C. Robles del **PST**, J. Fischer y M. A. Bufano de **Política Obrera**, Silvio Frondizi) y del cura tercermundista Carlos Mugica. La TA fue la antesala del **Proceso de Reorganización Nacional**. Según varios estudios periodísticos (por ejemplo, el del ex militante **montonero** Miguel Bonasso), la TA fue organizada con el aval de Perón.

Triple Alianza (Argentina, Brasil y Uruguay, 1-5-1865): Tratado firmado por estos tres países por el que declararon la guerra a Paraguay (**Guerra de la TA**), país gobernado por Francisco Solano López, que amenazaba con desarrollar un proyecto de **capitalismo** autónomo y con pretensiones industrializadoras.

Trotskismo (U.R.S.S., 1922 →): Corriente política **marxista** fundado por León Trotsky, líder –junto con Lenin– de la **Revolución Rusa** de 1917. Su tesis fundamental es que la revolución socialista tiene un carácter permanente e internacional (de allí surge el concepto de "revolución permanente" y la necesidad de constituir un partido obrero internacional). El T apareció como la oposición más importante contra el **stalinismo**, siendo ferozmente perseguido por éste. El T defendió la continuación del rumbo **comunista** de la **Revolución de Octubre** y denunció los desvíos de Stalin. Así, desde la Oposición de Izquierda, el T enfrentó la burocratización del Estado obrero (formación de una burocracia parasitaria y conservadora), la destrucción de los *soviets*, el abandono del objetivo de la revolución socialista a nivel internacional (**socialismo en un solo país**) y la colectivización forzada del campo. Convertido en el enemigo a vencer, Trotsky fue expulsado del PCUS primero y de la U.R.S.S. después, para terminar siendo asesinado por un agente de Stalin en 1940 en México. En relación con los países coloniales y semicoloniales, el T afirma que la llamada **burguesía nacional** es incapaz de luchar en forma consecuente por la independencia nacional prefiriendo pactar con los **latifundistas** y el imperialismo y someterse a ellos antes que impulsar un proceso de **liberación nacional** que pudiera ser aprovechado por la clase obrera para desatar una revolución contra el **capitalismo**. Según el T, sólo el proletariado y su partido pueden llevar a cabo las tareas nacionales (independencia del país) y democráticas en un proceso que debe derivar en la dictadura del proletariado y la revolución socialista. En 1938 Trotsky creó la **Cuarta Internacional**. El movimiento trotskista ha tenido –desde la muerte de su líder– diversas tendencias, por lo general enfrentadas entre sí, pero no ha logrado transformarse en una organización de masas salvo en algunos casos –en particular, en Sri Lanka y Bolivia en la década de 1950 y parcialmente en Francia y Bolivia–. Entre los dirigentes más destacados que se han reivindicado del T podemos mencionar al belga Ernest Mandel, al peruano Hugo Blanco y a los argentinos Nahuel **Moreno** y Jorge **Altamira**.

Túpac Amaru (1740-1781): Cacique peruano descendiente de los incas. En 1780, José Gabriel Condorcanqui se sublevó contra los españoles al comando de un ejército de diez mil hombres, movimiento que se extendió hasta el norte del **Virreinato del Río de la Plata**. La llamada **Rebelión de TA** fue derrotada y éste, asesinado.

U

Ubaldini, Saúl Edolver (1936-2006):
Sindicalista **peronista** del gremio cervecero, Secretario General de la **CGT** entre 1982 y 1990. Ejerció una fuerte oposición al gobierno **radical** de R. **Alfonsín**, realizando trece paros generales. Posteriormente, aunque fue diputado nacional, pasó a un segundo plano apoyando a los diversos gobiernos peronistas que se sucedieron.

UCEDE: Ver **Unión de Centro Democrático**.

UCR: Ver **Unión Cívica Radical**.

UCR Antipersonalista: Ver **Antipersonalistas**.

UCR Junta Renovadora (1-1 al 28-5-1946): Sector disidente de la **UCR** que apoyó al General J. D. **Perón** en las elecciones presidenciales de febrero de 1946, en las que éste triunfó. La UJR participó junto al **Partido Laborista** y grupos menores en la alianza electoral que enfrentó a la **Unión Democrática** –donde estaba la UCR– y colocó a Hortensio Quijano como candidato a Vicepresidente, finalmente electo. La **Junta Renovadora radical** se convirtió en la plataforma **política** que sostuvo a Perón, a quien respondió institucional y organizativamente (por ejemplo, se organizaron "unidades básicas" al estilo de los comités radicales, haciendo campaña por Perón). En mayo de 1946, Perón disolvió a todas las fuerzas que lo apoyaron y las fusionó en el **Partido Único de la Revolución Nacional**, luego **Partido Peronista**.

UCRI (9-2-1957 / 24-6-1972): Sigla de la **Unión Cívica Radical Intransigente**, uno de los dos sectores en que se dividió la **UCR**, defensora del *Programa de Avellaneda*, políticamente más cercana al **peronismo** y opositora a la **Revolución Libertadora**. Estaba encabezada por Arturo **Frondizi**, quien –tras un pacto con **Perón**– accedió a la presidencia de la Nación entre 1958-1962 obteniendo más de cuatro millones de votos (45,1 %). Su gobierno se alejó de los planteos **populistas** y **nacionalistas** del *Programa de Avellaneda* y adhirió al **desarrollismo**, siendo derrocado en 1962 por un golpe de Estado. En las elecciones de 1963 obtuvo el 16,4 % de los sufragios (casi un millón seiscientas mil boletas). En 1972, la U pasaría a denominarse **Partido Intransigente** (O. **Alende**), quedando A. Frondizi en el **MID** desde noviembre de 1963.

UCRP (9-2-1957 / 24-6-1972): Sigla de la **Unión Cívica Radical del Pueblo**, uno de los dos sectores en que se dividió la **UCR**, representante del ala políticamente más alejada del **pe-**

ronismo y más cercana a la **Revolución Libertadora** y al **liberalismo**. Estaba encabezada por Ricardo **Balbín** y participaban en ella también los sectores internos del unionismo (Zavala Ortiz) y el sabattinismo (Sabattini). En las elecciones presidenciales de 1958 obtuvo dos millones seiscientos mil votos (29 %) con la fórmula Balbín-Del Castillo (frente a cuatro millones de la **UCRI**), pero accedió a la presidencia de la Nación entre 1962-1966 (José María **Guido** y Arturo **Illia**, el primero como Presidente provisional del Senado y el segundo al triunfar en las elecciones de 1963, donde obtuvo unos dos millones cuatrocientos mil votos, un 25 %). A partir de 1972 este sector radical retuvo la sigla original de UCR.

UDELPA (2-1-1962 / 4-1983): Partido de orientación conservadora fundado por P. **Aramburu**. Aliado al **PDP** se presentó a las elecciones de 1963 con la fórmula Aramburu-Thedy (U aportó setecientos veinte mil votos, un 7,5 %) y la consigna *"Llene el Congreso de gorilas"*, logrando el tercer lugar (en total un 14 %). Se disolvió con el asesinato de Aramburu y algunos de sus dirigentes adhirieron en 1973 a la **Alianza Popular Revolucionaria**. En 1983 lo que quedaba de U se sumó a la coalición conservadora FUFEPO.

UDESO: Ver **Unión para el Desarrollo Social**.

UGT (16-1-1902 / 26-9-1909): Sigla de la Unión General de Trabajadores, formada por gremios socialistas escindidos de la **FOA** –controlada por los **anarquistas**–. La U tenía una importante presencia en unos cien gremios como gráficos, talabarteros y herreros, llegando a representar a unos cien mil obreros hacia 1906. Desde su cuarto Congreso, el 23 de diciembre de 1906, la U pasó a ser dirigida por la corriente **sindicalista**, lo que derivó en la constitución de la **CORA** por parte de los socialistas en 1909.

UIA: Ver **Unión Industrial Argentina**.

Unicato **(1874-1916):** Denominación del régimen político durante las presidencias **liberales** vinculadas a la **oligarquía terrateniente** dominante en el **modelo agro-exportador** –aunque se identifica especialmente con la presidencia de Miguel **Juárez Celman** que derivó en la **Crisis de 1890**–. Se caracterizó por la concentración del poder en manos del Presidente y su partido, el **PAN**. Las presidencias del U fueron las de N. **Avellaneda**, J. A. **Roca**, el mencionado M. Juárez Celman, C. **Pellegrini**, L. **Sáenz Peña**, J. E. **Uriburu**, M. **Quintana**, J. **Figueroa Alcorta**, R. **Sáenz Peña** y V. **De la Plaza**.

Unidad Socialista (3-11-1985): Alianza electoral de partidos reivindicados socialistas. En las elecciones presidenciales de 1989 la fórmula **Estévez Boero-Bravo** obtuvo algo más de doscientos treinta mil votos, un 1,4 %. En 2003 se volvió a presentar, logrando alrededor de doscientos veinte mil votos, el 1,1 %.

Unión Cívica (13-4-1890 / 26-6-1891): Partido político de un sector de la *élite* disidente que surgió exigiendo al gobierno la moral administrativa, la libertad de sufragio y el respeto a la ciudadanía. Opositora a Miguel **Juárez Celman** y denominada inicialmente **UC de la Juventud** la formaban, entre otros, Aristóbulo **del Valle**, Bartolomé **Mitre**, Bernardo de **Irigoyen**, Pedro Goyena y Leandro N. **Alem**. El 26 de julio de 1890 la UC ocupó el Parque de Artillería de los actuales tribunales buscando proclamar a Alem Presidente provisional y llamar a elecciones sin **fraude**. La *Revolución del Parque* fue sofocada pero Juárez Celman debió renunciar. La UC se dividió en 1891, dando paso a la formación de la **Unión Cívica Nacional** –encabezada por Mitre– y la **Unión Cívica Radical** –liderada por Alem–.

Unión Cívica de la Juventud (1-9-1889 / 13-4-1890): Partido constituido por jóvenes porteños provenientes del **Partido Republicano** y el Partido Católico, tras un mitín en el Jardín Florida. Es el antecedente inmediato de la **Unión Cívica**.

Unión Cívica Nacional (26-6-1891 / 26-6-1901): Uno de los dos sectores en que se dividió la **Unión Cívica**. Encabezada por Bernardo de **Irigoyen** y Bartolomé **Mitre**, la UCN representaba a los principales exportadores y comerciantes de Buenos Aires. Aunque inicialmente presentó la fórmula Mitre-**Irigoyen** para las elecciones presidenciales de 1892, terminó apoyando la candidatura de Luis **Sáenz Peña** impulsada por el **PAN** de Julio A. **Roca** (ver *acuerdistas*). Pero a fines de 1893 los cívicos tomaron distancia del roquismo, lo que se profundizó en 1897 cuando Roca se candidateó a Presidente (sin embargo, tras reunirse con Roca, Mitre decidió apoyarlo). Cuando al cumplir ochenta años Mitre anunció su retiro de la vida pública, la UCN se disolvió.

Unión Cívica Radical (26-6-1891 →): Primer movimiento político popular de la Argentina y uno de los primeros movimientos **populistas** latinoamericanos. Según David Rock, la **UCR** tuvo sus orígenes en una minoría escindida de la *élite*, que a principios de siglo sumó a crecientes franjas de la clase media. Hasta 1896, la UCR -conducida por Leandro N. **Alem**- llevó adelante una sucesión de rebeliones armadas para derrocar al gobierno **conservador**. En 1889, se había formado la **Unión Cívica de la Juventud** y en 1890 la **Unión Cívica** –que en 1891 se dividió en UCR y **Unión Cí-**

vica Nacional (Mitre) –. Rock sostiene que hasta 1896 los radicales eran un grupo minúsculo sin respaldo popular, cuando Hipólito **Yrigoyen** surgió como sucesor de Alem y reorientó al partido para ganarse el apoyo de los hijos de inmigrantes, estudiantes y las clases medias con aspiraciones profesionales, además del respaldo de los jóvenes oficiales del Ejército, que estaban contra los privilegios de la **oligarquía**. La ideología radical no pasaba de un ataque moralista a la oligarquía y la demanda de un gobierno representativo. Como vimos, utilizó la abstención y la "**intransigencia revolucionaria**". Su énfasis en la función del **Estado** y en la solidaridad social chocaban con las ideas dominantes del positivismo de la oligarquía y se basaban en las ideas del filósofo alemán K. Krause. Su programa era muy difuso; los radicales no querían producir cambios económicos profundos, sino consolidar el **modelo agroexportador**. Pero sí buscaban un sistema político que permitiera la participación de los sectores medios. Para ello, se alzaron en armas varias veces, como en 1893 y 1905, aunque sin éxito (ver **Revolución de 1893** y **Revolución de 1905**). En 1898 un sector encabezado por Bernardo de **Irigoyen** pactó con Mitre y **Roca**, lo que produjo una división interna entre este grupo (los "*acuerdistas*") y los seguidores de H. Yrigoyen ("antiacuerdistas"). Con la aprobación de la **Ley Sáenz Peña** en 1912, la organización partidaria aumentó y se formaron los caudillos de barrio o punteros, que -a cambio del voto cada dos años- cumplían gran cantidad de pequeños servicios para sus vecinos. Así, el comité nacional y los provinciales estaban manejados por **terratenientes** y los comités locales por la clase media. Rock plantea que –dado el peso de los terratenientes dentro del partido– no es de sorprender que el radicalismo no apoyara la reforma agraria o la industrialización. La UCR apoyaba sí una moderada intervención del Estado que corrigiera los excesos del liberalismo, para defender a los pobres, pero en una concepción paternalista y que no cuestionaba de fondo al **librecambismo**. La UCR era una especie de partido democrático conservador, con importantes vínculos con la Iglesia y no tantos con el Ejército. Cuando llegaron las elecciones de 1916 –donde la fórmula Yrigoyen-Luna se impuso con casi trescientos setenta mil votos (cerca del 50 %) contra doscientos cincuenta mil de los partidos restantes- ya la UCR había perdido el respaldo de muchos terratenientes que veían con desconfianza el avance de los sectores medios. En 1922 se impuso M. T. de **Alvear** con unos cuatrocientos sesenta mil sufragios, un 53 %. Para 1928 fue reelecto Yrigoyen con un 57,4 %, unos ochocientos cuarenta mil votos, quien fue derrocado por el primer golpe de Estado del siglo XX en 1930. Levantanda la abstención en 1935, en 1937 la fórmula Alvear-Mosca obtuvo unos ochocientos quince mil votos, un 40 %, pero perdió ante la **Concordancia** de los conservadores. En 1946, la UCR encabezó la **Unión Democrática**, derrotada por el naciente **peronismo** y lo mismo sucedió con la fórmula radical **Balbín-Frondizi** en 1951 (que obtuvo casi el 32 %, unos dos millones cuatrocientos mil votos). En distintos momentos, el radicalismo se dividió por enfrentamientos internos, destacándose las divisiones producidas en 1924 –**personalistas** y **antipersonalistas**–, en 1942 –**unionistas e intransigentes**– y a fines de 1956 –**UCR del Pueblo** y **UCRI**–. De esta última surgieron los gobiernos de Frondizi, **Guido e Illia** entre 1958 y 1966. En 1973 el radicalismo fue derrotado dos veces: en marzo con la fórmula Balbín-Gamond (dos millones y medio de votos, un 21,3 %) y en septiembre con el binomio Balbín-**De la Rúa** (dos millones novecientos mil sufragios, casi el 24,4 %). En 1983, por primera vez, la UCR derrotó al peronismo en elecciones libres y sin proscripciones; la fórmula **Alfonsín**-Martínez obtuvo siete millones seiscientos mil votos, casi el 52 %. En 1989 **Angeloz**-Casella fueron derrotados, lo mismo que **Massaccesi**-Hernández en 1995. En 1999, con la Alianza, F. **De la Rúa** accedió a la presidencia, pero debió dejar el poder dos años después (ver *Argentinazo*). El radical Julio **Cobos** se unió al **kirchnerismo**, asumiendo la vicepresidencia en 2007 junto con Cristina **Fernandez de Kirchner**, pero rompió la alianza en 2008 tras el conflicto con los sectores rurales, a los que apoyó. Los gobiernos de la UCR se caracterizaron –a lo largo del siglo XX– por su énfasis en el aspecto institucional y político y su relación conflictiva con la economía y las corporaciones, tanto empresariales como sindicales y militares. De hecho, con la excepción de Alvear, todos los demás presidentes radicales –Yrigoyen en su segunda presidencia, Frondizi, Illia, Alfonsín, De la Rúa– fueron víctimas de golpes de Estado o no terminaron sus mandatos. Por otra parte, la UCR misma –o al menos importantes sectores de ella– avaló el fraude de la *"Década Infame"* (al presentar listas electorales, salvo en el período 1932-1935) y respaldó los golpes de Estado que derrocaron a gobiernos **peronistas** (1955 y 1976). A pesar de su reivindicación de la democracia, cientos de intendentes de este partido asumieron sus cargos durante el **Proceso de Reorganización Nacional** y su líder Ricardo Balbín llamó a las FF.AA. combatir a la *"guerrilla fabril"*. En las elecciones presidenciales de 2011 su candidato Ricardo Alfonsín ocupó el tercer lugar con alrededor del 12 % de los votos.

Unión Cívica Radical Antipersonalista: Ver **Antipersonalistas.**

Unión Cívica Radical del Pueblo: Ver **UCRP.**

Unión Cívica Radical Intransigente: Ver **UCRI.**

Unión de Centro Democrático (26-7-1982 →): Organización política de la derecha **liberal** creada por Álvaro **Alsogaray,** funcionario de varios gobiernos civiles y militares. En 1983 la fórmula Alsogaray-Oría obtuvo cerca de doscientos cincuenta mil votos, un 3,6 %, logrando tres diputados nacionales. La **UCEDE** llegó a ser tercera fuerza electoral a fines de los ´80 con la **Alianza de Centro** y se destacó su juventud universitaria, UPAU. En los ´90, apoyó decididamente al gobierno de Carlos **Menem.** Posteriormente se alió con R. **López Murphy** y los hermanos **Rodríguez Saá.** Otros dirigentes: María Julia Alsogaray, Adelina de Viola y Alberto Albamonte.

Unión del Pueblo Argentino: Ver **UDELPA.**

Unión Democrática (2-5-1943 / 1-4-1946): Alianza entre la **Unión Cívica Radical,** el **Partido Socialista,** el **Partido Comunista** y el **Partido Demócrata Progresista.** Se presentó para las elecciones del 24 de febrero de 1946 que dieron el triunfo a **Perón** por 52 % a 46 %. La formación de una alianza de demócratas y comunistas fue propuesta por el PC en 1941, luego de la invasión **nazi** a la U.R.S.S. Si bien la UD tenía en su programa algunos planteos **nacionalistas** y venía inspirada en el planteo del frente popular, contó con el apoyo externo de los **conservadores** y de la embajada norteamericana encabezada por S. **Braden.**

Unión General de Trabajadores: Ver **UGT.**

Unión Industrial Argentina (7-2-1887 →): Corporación representativa de la **burguesía industrial.** Históricamente, la UIA estuvo subordinada a la **burguesía agraria** y ocupó un lugar secundario, que aceptó sin generar conflictos. La UIA aceptó el **modelo agroexportador,** ya que tenía múltiples vínculos económicos y financieros con la **oligarquía.** Procuró, de todos modos, salvaguardar sus intereses por ejemplo en lo referido a legislación aduanera y a la actividad de las industrias lanera, algodonera y vitivinícola, entre otras. La UIA fue perseguida durante el gobierno de **Perón,** reanudándose su actividad normal luego de 1955. En ese momento se agrupó con la **SRA** formando ACIEL. Sin embargo, a partir de los años ´60 la burguesía industrial rompió con su habitual apoyo a la burguesía agraria y planteó un programa económico proteccionista, en consonancia con la expansión del mercado interno, alejándose de planteos **liberales** y buscando apuntalar el proceso de **sustitución de importaciones** y la industrialización. Además, la burguesía industrial necesitaba importar equipos y tecnología para sus fábricas, y para hacer esto posible era necesario que ingresaran divisas del extranjero, que se conseguían mediante la exportación agropecuaria, razón por la cual entraba en conflicto con la baja productividad del campo (lo que disminuía las posibilidades de exportar).

Unión Popular (8-3-1962 / 17-4-1966): Partido **neoperonista** surgido por la proscripción del **justicialismo** y en el que participaron Andrés Framini, Augusto T. **Vandor** y Raúl Matera. El 18 de marzo de 1962, Framini triunfó en las elecciones a Gobernador bonaerense, pero el gobierno de **Frondizi** impidió que asumiera. En 1963, la UP impulsó el **Frente Nacional y Popular** pero la fórmula **Solano Lima**-Begnis fue proscripta. En 1965 se impuso en las elecciones legislativas con casi un 30 % de los votos. La derrota de este partido en las elecciones de Mendoza en 1966 (quedó tercero luego de los **conservadores** y de la lista oficial del **Partido Justicialista** apoyada por **Perón**) lo llevaron a una profunda crisis.

Unión Sindical Argentina: Ver **USA**.

Unionistas (1943-1956): Línea interna de la **UCR** reivindicada alvearista, que alentó la formación de la **Unión Democrática** con la oposición de los **intransigentes**.

Unitarios (1816-1862): *Élite* portuaria de Buenos Aires partidaria del gobierno centralizado en esa ciudad y de una política económica librecambista con eje en el puerto, que impulsara el intercambio con Europa. Bajo las banderas del **liberalismo** ilustrado, los U defendían sin embargo el monopolio aduanero para Buenos Aires y se oponían a la **libre navegación de los ríos** reclamada por **el interior** y el **Litoral**. Rechazaban también al tradicionalismo rural y religioso, el **caudillismo** y la herencia colonial española, identificándose con los modelos modernos y urbanos de Inglaterra y Francia. Los representantes más destacados de los U fueron Bernardino **Rivadavia**, José María **Paz**, Juan **Lavalle** y Bartolomé **Mitre**. Este último logró –tras su victoria en la **Batalla de Pavón** en 1861– unificar al país bajo el mando de Buenos Aires. Opuesto: **federales**.

Uriburu, José Evaristo (1831-1914): Político y abogado argentino, Vicepresidente de Luis **Sáenz Peña**, reemplazó a éste en la presidencia de la República en 1895 ejerciendo el cargo hasta 1898 y contando con el apoyo de J. **Roca**, C. **Pellegrini** y B. **Mi-**

tre. Fue árbitro en la disputa entre Chile y Bolivia en la llamada **Guerra del Pacífico.**

Uriburu, José Félix (1868-1932): Militar y político **nacionalista** argentino, encabezó el **golpe de Estado de 1930** que derrocó a Hipólito **Yrigoyen**, asumiendo la presidencia e implementando una dictadura que disolvió el Congreso, persiguió a los partidos políticos, implantó el estado de sitio y encarceló y torturó a los opositores. De ideología corporativista, admiraba al **fascismo** italiano. Por diferencias con el ala **liberal** del Ejército, debió entregar el poder en 1932 a Agustín P. **Justo**, electo en elecciones fraudulentas.

Urquiza, Justo José de (1801-1870): Político, estanciero y militar argentino, **caudillo** representante del **federalismo** del Litoral y cabeza de la oposición a J. M. de **Rosas** –rivalizando en ello con el **unitario** B. **Mitre**–. Luego de derrotar con su **Ejército Grande** a Rosas (a quien había servido durante unos quince años) en la **Batalla de Caseros** en 1852 y tras el **Acuerdo de San Nicolás**, fue nombrado Director provisorio de la **Confederación Argentina**, y convocó a un Congreso General Constituyente que al año siguiente dictó la **Constitución Nacional** (sin la Provincia de Buenos Aires) implementando –bajo un espíritu **liberal**– la **libre navegación de los ríos** y la supresión de las aduanas interiores. Primer Presidente constitucional de la Nación entre 1854-1860, aunque derrotó a Mitre en **Cepeda** en 1859 fue derrotado por éste en **Pavón** dos años después, lo que determinó la unificación nacional bajo el mando de Buenos Aires. Murió asesinado en su palacio de Entre Ríos por Ricardo López Jordán, federal opositor al gobierno central con sede en Buenos Aires.

USA (10-3-1922 / 27-9-1930 – 10-6-1937 / 4-6-1943): Sigla de la **Unión Sindical Argentina**, central obrera de la llamada tendencia **sindicalista** (aunque también participaron en minoría **socialistas, comunistas** y disidentes de la **anarquista FORA del 5º Congreso**), sucesora de la FORA del 9º Congreso. El predominio sindicalista llevó a la U a rechazar la injerencia de partidos políticos, considerando inútil la intervención parlamentaria, y a centrar el accionar en reivindicaciones económicas. Con la U, se terminó la organización basada en organizaciones de oficio y se pasó a otra fundada en sindicatos por industria. Su consigna era *"Todo el poder a los sindicatos"*. En 1926, los socialistas se retiraron de la U formando la **COA**, lo que debilitó notablemente a la U, y en 1929 lo hicieron los comunistas creando la **CUSC**. En 1930, la U se unió con la COA, dando nacimiento a la **CGT**. En 1937, la **CGT Catamarca**

cambió su nombre por el de U, hasta su disolución tras el **golpe de Estado de 1943**, cuando la mayoría de sus dirigentes se sumaron al **peronismo**.

Uturuncos (21-9-1959 / 5-1-1960): Guerrilla instalada en el cerro Cochuna, Tucumán, considerada la primer de tipo rural del país en el siglo XX y el primer grupo guerrillero moderno. Se formó con ex militantes de la **Alianza Libertadora Nacionalista**, del **PSRN** y sectores ligados a J. W. **Cooke**, y se dio a conocer con el asalto a la Comisaría de Frías, Santiago del Estero. Los U reclamaban la renuncia de A. **Frondizi** y el retorno de **Perón**. Fue rápidamente desarticulado por el Ejército. También se denominó Ejército de Liberación Nacional o Movimiento Peronista de Liberación.

V

Valle, Juan José (1904-1956): Militar **peronista**, en junio de 1956 se alzó en armas contra la **Revolución Libertadora** que derrocó a Juan D. **Perón**, pero fue fusilado. El libro *Operación Masacre*, de Rodolfo Walsh, relata los hechos.

Vandor, Augusto Timoteo (1923-1969): Sindicalista **peronista**, ex militar, dirigente metalúrgico y figura emblemática de la llamada **burocracia sindical**. Con Juan D. **Perón** en el exilio, planteó lo que se denominó *"peronismo sin Perón"* o **neoperonismo**, enfrentándose con el líder y negociando con los gobiernos de A. **Frondizi** y J. C. **Onganía**. Fue partícipe fundamental de la preparación del **golpe de Estado de 1966**. Murió asesinado por **Montoneros**.

Vanguardia Comunista (5-4-1965 / 5-1-1976): Agrupación proveniente de una escisión del **Partido Socialista de Vanguardia** que se definió partidaria del **marxismo-leninismo**, reivindicando por igual a Marx, Lenin, Stalin y Mao y declarándose enemiga de la **socialdemocracia**, el **nacionalismo** burgués y el **trotskismo**. Encabezada por Elías Semán y Roberto Cristina, en 1976 pasó a denominarse Partido Comunista Marxista-Leninista y en 1983 Partido de la Liberación.

Varela, Felipe (1821-1870): Caudillo argentino, oriundo de Catamarca. Se lo considera el último representante de las **montoneras**. Combatió en la **Liga del Norte** al mando del "Chacho" Peñaloza y del lado de la **Confederación Argentina** contra B. **Mitre**, oponiéndose a que la **organización nacional** se hiciera bajo el mando de Buenos Aires.

Vélez Sársfield, Dalmacio (1801-1875): Político y abogado argentino, redactor del Código Civil argentino entre 1864 y 1871, durante la presidencia de B. **Mitre**. Anteriormente, redactó el Código de Comercio junto con el uruguayo E. Acevedo.

Viamonte, Juan José (1774-1843): Militar argentino. Tuvo un destacado papel en la lucha contra las **invasiones inglesas**, participó en la **Revolución de Mayo** y posteriormente enfrentó a José G. **Artigas** en defensa del centralismo porteño. Fue tres veces Gobernador de la Provincia de Buenos Aires.

***Viborazo* (12 al 26-3-1971):** Rebelión obrera desatada en Córdoba durante la presidencia de R. **Levingston**, como reacción a los dichos del interventor provincial José Camilo Uriburu, acerca de que cortaría la **subversión** como se hace con las víboras: *"de un solo tajo"*, lo que provocó la indignación popular que generó la huelga general y la salida de los obreros y las organizaciones guerrilleras a la calle. El V provocó la renuncia del interventor y días después del Presidente Levingston, quien fue reemplazado por A. **Lanusse**. El V significó una continuación del *Cordobazo*.

Videla, Jorge Rafael (1925 →): Militar argentino, encabezó el **golpe de Estado de 1976**, conocido como **Proceso de Reorganización Nacional**, dictadura militar que se instauró en la Argentina tras el derrocamiento de Isabel **Perón**. Fue miembro de la Junta Militar que asumió el poder, siendo designado Presidente de la Nación hasta 1981. Durante su mandato se implementó un plan sistemático de persecución, desaparición, tortura y muerte de opositores políticos y se abrió la economía al capital financiero internacional, con un programa **liberal** y desindustrializador. Fue condenado a prisión perpetua en 1985, durante el gobierno de Raúl **Alfonsín** e indultado por Carlos **Menem** en 1990.

Viola, Roberto Eduardo (1922-1994): Militar argentino, miembro de la Junta Militar del **Proceso de Reorganización Nacional** entre 1978 y 1979 y Presidente de facto de la Nación en 1981. Fue condenado en 1985 por violaciones a los derechos humanos e indultado por Carlos **Menem** en 1990.

Virreinato (América, siglos XVI-XIX):
Unidades políticas creadas en América por la Corona española con el fin de tener un control político y económico de la región, a través de un Virrey dependiente de aquella. Los V fueron cuatro: V de México o Nueva España (1535, sur de EE.UU. a Guatemala), V del Perú (1542, abarcó toda América del Sur durante dos siglos), V de Nueva Granada (1718, Venezuela, Colombia, Ecuador y Panamá) y el **V del Río de la Plata** (1776), desprendimiento del V del Perú.

Virreinato del Río de la Plata (8-8-1776 / 25-5-1810): Una de las subdivisiones del gobierno colonial de España en América, creado por el Rey Carlos III y formado por los actuales territorios de Uruguay, Paraguay, norte y centro de Argentina y el sur de Bolivia. Rompiendo con la poítica española de concentrar el comercio en Lima y con capital en Buenos Aires, el VRP se formó como un desprendimiento del Virreinato del Perú y fue creado con el fin de controlar esta zona de creciente importancia económica para frenar el avance de competidores comerciales, como Inglaterra, Portugal y Francia. El VRP fue barrido por la **Revolución de Mayo** y los movimientos independentistas (ver).

Virrey (colonización española): Gobernante en nombre del Rey. El cargo de V se implementó en el siglo XVIII en América, con amplios poderes, aunque no ilimitados.

Vörwarts **(1-1-1882 / 29-6-1896):** Asociación de obreros alemanes impulsada por Carlos Mucke. El Club V o "Adelante" adhería a la **socialdemocracia**. En sus salones se fundó en 1896 el **Partido Socialista**, al que se incorporó (desde abril de 1894 se denominaba **Partido Socialista Obrero Internacional**). Principal dirigente: Germán Ave Lallemant

Voto bronca **(14-10-2001):** En las elecciones parlamentarias de octubre de 2001, alrededor de cuatro millones de votantes depositaron en las urnas votos no válidos, con elementos extraños (papel higiénico, fotos, figuras de personajes como Clemente, etc), en lo que se dio en llamar el VB, y que reflejó el estado de ánimo de hastío hacia la clase política por parte de un sector de la población. Entre el VB y quienes no fueron a votar sumaron alrededor de diez millones de personas. Dos meses después del VB, los saqueos y los **cacerolazos** acabarían con el gobierno de F. **De la Rúa.**

Voto cuota **(14-5-1995):** Se denominó así a los votantes de la reelección presidencial de C. **Menem.** La expresión hace referencia a que la prioridad de ese voto se orientaba a mantener la estabilidad del peso con el dólar –la llamada **convertibilidad**–, de modo de garantizar que las cuotas de los créditos tomados por esos votantes no aumentaran.

Voto femenino (9-9-1947): El VF se implementó en nuestro país a partir de la Ley 13.010, que otorgó a las mujeres igualdad de derechos civiles y políticos que los hombres. Si bien fue impulsada por Eva Perón y promulgada por Juan D. **Perón**, la lucha por esta conquista databa de mucho antes. El 11 de noviembre de 1951 más de tres millones de mujeres votaron por primera vez en una elección presidencial. Una de las principales impulsoras del VF, la socialista Alicia **Moreau de Justo** no pudo hacerlo: pesaba sobre ella una orden de captura impartida por el gobierno **peronista**.

Vuelta de Obligado: Ver **Batalla de Vuelta de Obligado**.

Y

Yacimientos Petrolíferos Fiscales: Ver **YPF**.

Yanacona (América, siglos XV-XIX): Persona que realizaba trabajos forzados por haber sido capturado en la guerra. En el Imperio Inca, siervo adscripto de por vida a un señor, encargado de las tareas domésticas y el cuidado de la hacienda. A partir de la **colonización española** el término hizo referencia a los indios.

Yanaconazgo (América, siglos XV-XIX): Institución implantada por España en sus colonias americanas –especialmente en el Virreinato del Perú– aunque también tuvo difusión en otros dominios (como fue en el caso de los incas). Siendo una de las modalidades de la **encomienda**, el Y consistía en el trabajo forzado o servil de los indios yanaconas en tierras otorgadas por la Corona a los conquistadores. Los indios –a cambio– recibían alimentación, vivienda, una parcela de tierra y formación cristiana. La **Junta Grande** suprimió todo tributo personal.

YPF (3-6-1922 →): Organismo estatal creado durante el gobierno de Hipólito **Yrigoyen** con el fin de controlar los yacimientos de **petróleo** descubiertos en el país a partir de 1907 –siendo los primeros sitios Comodoro Rivadavia, Plaza Huincul y Salta–. Su primer director fue el General Enrique **Mosconi**. Aunque diversos gobiernos hicieron planteos **nacionalistas** (el mencionado Yrigoyen, **Perón**, **Illia**), YPF prácticamente nunca tuvo el control absoluto de los recursos del subsuelo argentino, compartiendo diversas funciones y atribuciones con el capital extranjero. El propio Perón, **Frondizi**, **Onganía** y otros gobiernos civiles y militares, han otorgado constantes concesiones a empresas de capitales norteamericanos, ingleses, holandeses y españoles. El gobierno de **Menem** permitió la absorción de la firma por la española Repsol, la cual vació a la empresa y dejó a la Nación en una situación de emergencia energética. El gobierno **kirchnerista** expropió a Repsol denunciando el vaciamiento, pero inmediatamente inició un proceso de reprivatización en beneficio de transnacionales, entre ellas la norteamericana Chevron. Repsol, por su parte, recibió la promesa de una suculenta indemnización, a pesar del desfalco que el propio gobierno manifestó como causa de la quita de la concesión.

Yrigoyen, Hipólito (1852-1933): Político **radical** argentino. Encabezó la rebelión armada contra Luis **Sáenz Peña** conocida como *Revolución del Parque* (1890) y se convirtió en el líder del ala **populista** de su partido, la **UCR**. Ganando el apoyo de los sectores medios ganó las elecciones de 1916, convirtiéndose en Presidente de la Nación y gobernando hasta 1922. Mantuvo la neutralidad argentina en la **Primera Guerra Mundial**, apoyó la **Reforma Universitaria** y –aunque inició un acercamiento con los sectores **obreros**– reprimió con dureza las huelgas obreras de la *Semana Trágica* (1919) y la *Patagonia Rebelde* (1921), encabezadas por los **anarquistas**. Reelecto en 1928, fue derrocado por el **golpe de Estado de 1930**.

Z

Zamora, Luis Fernando (1948 →): Político y abogado argentino. Se inició en la política vinculado con los derechos humanos y militó en el **PST**. En 1982 fue uno de los fundadores del **MAS** y su candidato presidencial. En 1989 fue electo diputado por la alianza **Izquierda Unida**, siendo el primer legislador del país en reivindicarse **trotskista**. Posteriormente, lideró una de las alas del dividido MAS –el MST– para luego retirarse de la militancia política. Años después reapareció con **Autodeterminación y Libertad**, movimiento de orientación más moderada y muy crítico de los partidos de izquierda, siendo nuevamente elegido diputado. Aunque Z ha destacado la horizontalidad en la manera de hacer política, ha sido denunciado como personalista y verticalista por ex compañeros de bancada. En 2013 su candidatura dividió a la izquierda en la Ciudad de Buenos Aires, impidiendo que Jorge **Altamira** del **Frente de Izquierda y los Trabajadores** se consagrara diputado nacional por escaso margen.